ENTONCES ¿QUÉ *ES* LA TEOLOGÍA?

ENTONCES ¿QUÉ *ES* LA TEOLOGÍA?

Willem J. Ouweneel

Traducción de
Adolfo García de la Sienra

PAIDEIA PRESS

cantaroinstitute.org

Ouweneel, Willem J.
Entonces, ¿qué es la teología?
Traducción de Adolfo García de la Sienra
Publicado por Cántaro Publications, un sello editorial del
Cántaro Institute, Jordan Station, Ontario, Canadá.

Para precios por volumen, por favor contacte a
info@cantaroinstitute.org

Library & Archives Canada ISBN: 978-1-990771-99-6

Impreso en los Estados Unidos de América.

"Entonces respondiendo Jesús, les dijo: Erráis, ignorando las Escrituras y el poder de Dios". (Mateo 22:29)

"Y les dijo: Estas son las palabras que os hablé, estando aún con vosotros: que era necesario que se cumpliese todo lo que está escrito de mí en la ley de Moisés, en los profetas y en los salmos. Entonces les abrió el entendimiento, para que comprendiesen las Escrituras". (Lucas 24:44-45)

"[Y] que desde la niñez has sabido las Sagradas Escrituras, las cuales te pueden hacer sabio para la salvación por la fe que es en Cristo Jesús. Toda la Escritura es inspirada por Dios, y útil para enseñar, para redargüir, para corregir, para instruir en justicia, a fin de que el hombre de Dios sea perfecto, enteramente preparado para toda buena obra.". (2 Timoteo 3:15-17)

CONTENIDO

CAPÍTULO III

EL OBJETO DE ESTUDIO DE LA TEOLOGÍA   59

CAPÍTULO IV

LA TEOLOGÍA Y LAS OTRAS CIENCIAS   87

XII

Acerca del autor

Willem J. Ouweneel (1944) obtuvo su Doctorado en Biología en la Universidad de Utrecht (Países Bajos, 1970), su Doctorado en Filosofía en la Universidad Libre de Ámsterdam (Países Bajos, 1986), y su Doctorado en Teología en la Universidad del Estado Libre de Orange en Bloemfontein (República de Sudáfrica, 1993). Entre muchas otras cosas, ha sido profesor de Filosofía de la Ciencia para las Ciencias Naturales en la Universidad para la Educación Superior en Potchefstroom (República de Sudáfrica, 1990-1998), y profesor de Filosofía y Teología Sistemática en la Facultad Teológica Evangélica en Leuven (Bélgica, 1995-2014). Es un prolífico escritor (principalmente en neerlandés), y ha predicado en más de treinta países. Ha sido en varias veces candidato postulado por partidos políticos cristianos holandeses.

PRÓLOGO

Este libro es el Volumen 3 de una serie de introducciones cristianas a varias disciplinas académicas destinadas a principiantes. De los volúmenes que se han publicado hasta ahora, el primero es sobre filosofía cristiana y el segundo sobre pensamiento político cristiano. Nuestra intención no es reunir una serie de libros académicos, con muchas notas al pie eruditas y bibliografías extensas, sino más bien uno de carácter accesible, adecuado (espero) para estudiantes en los últimos años de secundaria, o los primeros años de universidad, así como para el público interesado en general.

Aquellos que deseen encontrar referencias a la literatura citada pueden encontrarlas en mi obra mucho más extensa —aunque en neerlandés— *De glorie van God* (Heerenveen, NL: Medema, 2013), el último de una serie de doce volúmenes sobre Dogmática Evangélica. El presente estudio es una especie de resumen y simplificación de la parte filosófica de ese volumen. El libro en sí fue una elaboración y actualización de parte de mi disertación teológica (Bloemfontein, Sudáfrica, 1993).

Algunas "introducciones a la teología"te dicen que los teólogos estudian la Biblia. Luego continúan enumerando las diversas disciplinas que contiene y te dan una descripción de estas disciplinas. Son como guías que te muestran un palacio. Y no hay nada de malo en eso. Pero la presente introducción es diferente. Es más como un químico llevándote a su laboratorio y mostrándote lo que está haciendo. Es decir, el propósito de este libro es analizar el fenómeno de la teología como tal.

Este es un trabajo mucho más difícil que simplemente guiarte. Por una parte, exige un conocimiento básico de ideas filosóficas fundamentales. Por lo tanto, para una comprensión adecuada de la presente introducción a la teología cristiana, recomiendo encarecidamente que comiences leyendo el primer volumen de esta serie, *Sabiduría para los pensadores: una introducción a la filosofía cristiana*. Muchas ideas en el presente volumen serán difíciles de entender sin el conocimiento del primer volumen, que forma la base de toda esta serie.

Aunque este libro está destinado a ser una introducción relativamente simple, me temo que no es tan simple después de todo. Realmente exigirá mucho del principiante. Pero recuerda, hay un premio al final de la carrera. Éste es una mejor comprensión de uno de los fenómenos más fascinantes que puedas encontrar: la teología. Las citas bíblicas en este libro son generalmente de la Versión Estándar en Inglés. Cuando se utilizan otras traducciones, ello se indica.

Willem J. Ouweneel
Zeist (Países Bajos)
Enero de 2014

CAPÍTULO I

UNA INTRODUCCIÓN
A LA INTRODUCCIÓN

Se supone que este libro es una introducción a la teología cristiana. Tal introducción debe ser presentada primero. Inmediatamente necesitaremos responder algunas preguntas introductorias vitales.

La primera, por supuesto, es: ¿qué es la teología? Muchas personas hoy en día usan el término de manera bastante descuidada. Hablan de la "teología" de los apóstoles Pablo, Juan y Pedro, o de la "teología" de los diversos autores de los Evangelios, etcétera. Lo que quieren decir es simplemente la(s) doctrina(s) bíblica(s) de Pablo, Pedro, Lucas o Juan. ¿Es eso lo mismo que "teología"? Esa es la pregunta. Incluso podrías preguntarte si ellos alguna vez presentaron "doctrinas bíblicas" como tal. Ellos abordaron *problemas prácticos*, y en ese contexto tocaron cuestiones doctrinales. No son lo mismo.

Desde luego, lo que los autores de los Evangelios y los otros apóstoles estaban haciendo era algo muy diferente de lo que se hace en las facultades de teología actuales, como explicaré más adelante. Lo que los profesores hacen en las facultades de teología es practicar la teología como una ciencia, una empresa teórica —una ciencia muy especial, ciertamente, pero una ciencia como muchas otras. Los apóstoles no hacían ninguna "ciencia"; estrictamente hablando, ni siquiera desarrollaron ciertas "doctrinas" bien definidas y delimitadas.

Predicaban la verdad, generalmente debido a problemas muy prácticos que surgían entre los primeros cristianos.

Incluso cuando Pablo usa la palabra "doctrina", es en este sentido muy práctico. Un hermoso ejemplo de esto es 2 Timoteo 3:10, donde habla de "mi doctrina" (RV), no como algo que debe ser "estudiado" sino como algo que debe ser "seguido" (cf. ESV, "'you have followed my teaching"; "has seguido mi enseñanza").[1] Pablo no está enseñando una especie de "ciencia", ya sea que la llames teología o como quieras, sino directrices que deben ser instrumentadas en la vida práctica cristiana.

Incluso en la Epístola a los Romanos, lo que enseña no es tanto una abstracta "doctrina de la justificación", sino más bien cómo podemos llegar a ser justos y aprender a vivir como tales.

En este libro uso la palabra ciencia en un sentido muy amplio que incluye no solo las ciencias naturales, sino también las humanidades; como la psicología, la sociología, la economía, y, como mencioné antes, la teología. "Ciencia", en el sentido amplio en el que estoy usando la palabra, es lo que los alemanes llaman *Wissenschaft* y los holandeses *wetenschap*. La teología científica (académica, erudita) es una disciplina académica, algo que se practica en las facultades de teología.

¿Teología "cristiana"?

La segunda pregunta que tendremos que responder es: ¿qué es la teología cristiana? Para algunos lectores, esto puede sonar como una pregunta tonta, porque la única teología que conocen es la hecha por cristianos. Sin embargo, esto no

---

[1] 'ESV' son las siglas de la *English Standard Version* de la Biblia. En general seguimos aquí la versión Reina Valera 1960, cuyas siglas serán RV.

se aplica a *toda* la teología. Hoy en día, una *yeshivá* judía, es decir una escuela de estudios rabínicos, a menudo se llama seminario teológico; por ejemplo, el Seminario Teológico Judío de América en Nueva York. Hoy en día, los musulmanes también tienen sus seminarios "teológicos" en varios países. En un sentido amplio, la palabra griega *theologia* podría interpretarse como el estudio de "asuntos divinos", y tal estudio podría ser emprendido por personas de muchas religiones diferentes.

Hay otra razón por la que la "teología" cristiana no es en lo absoluto un asunto evidente. Lo que realmente se quiere significar es una teología que estudia la doctrina cristiana, pero no es esto lo que hacen siempre los cristianos. Conozco personas que están muy interesadas en la Biblia y el mundo antiguo, así como en la historia de las ideas que involucran, pero que no son cristianos. Una vez tuve un vecino que era agnóstico, pero me dijo que cuando era joven había considerado estudiar teología porque estaba cautivado por el fascinante mundo de la Biblia. Finalmente estudió egiptología en su lugar. Pero si hubiera elegido la teología, no habría sido el único agnóstico en hacerlo. (¡Incluso hubo algunos ateos que hicieron la misma elección!)

Si piensas que los teólogos agnósticos no pueden ser "buenos" teólogos, realmente depende de tu definición de "buena" teología. Académicamente hablando, algunos teólogos agnósticos o muy liberales pueden ser "mejores", es decir, de un estándar académico más alto que algunos teólogos que creen en la Biblia. En este sentido "horizontal", un musulmán o un ateo podría ser un teólogo "exitoso", en el sentido de un erudito de la doctrina cristiana, si él (o ella) juega correctamente el *juego del lenguaje* de la teología (tomando prestada la terminología de Ludwig Wittgenstein) y aplica correctamente las reglas hermenéuticas apropiadas y los métodos teológicos. En resumen, este académico obedece las reglas implícitas en la estructura de la teología académica. Un ejemplo de esto es el teólogo alemán Rudolf Bultmann (1884-1976), quien era extremadamente liberal en sus creencias. Sin embargo, su erudito comentario sobre el Evangelio de Juan es, desde un punto de vista académico, tan destacado que ningún erudito serio del Nuevo Testamento que trabaje en el Evangelio de Juan puede evitar este comentario.

Desde un punto de vista estrictamente estructural, el "buen" teólogo es aquel que es académicamente sobresaliente. Sin embargo, cuando se trata de asuntos de fe, debemos decir que el musulmán o el ateo está haciendo una teología apóstata, porque trabaja desde un punto de partida *apostático*, y no desde la autocomprensión de la Biblia como Palabra de Dios. Visto desde esta perspectiva, es un "mal" teólogo, y sus logros son definitivamente "infructuosos". Es decir, la bendición de Dios no puede descansar sobre ellos. Todos estos puntos serán explicados más adelante.

Todavía analizando este asunto de una teología "cristiana", podríamos hacernos la pregunta —como algunos de hecho han formulado— de por qué la teología, incluso si se entiende en el sentido del estudio de la doctrina cristiana, debería ser "cristiana". Para algunos, lo único que importa son los estándares académicos. Consideran que la teología no es más que una forma especial de "ciencia literaria", es decir, el estudio de una antigua pieza de literatura llamada la Biblia, así como de textos antiguos y más recientes directamente relacionados con la Biblia. Si añades a esta idea la noción (equivocada) de una ciencia "neutral, objetiva e imparcial," entonces entenderás por qué algunas personas incluso afirman que la idea de una "teología cristiana" es fundamentalmente errónea. La teología, como el estudio de la Biblia, o de la doctrina cristiana si lo prefieres, no debería estar "prejuiciada cristianamente", sino ser neutral, objetiva e imparcial.

Verás que, cuando se trata de la "teología cristiana", no pasa mucho tiempo antes de que nos encontremos con un montón de problemas. ¿Es la teología realmente nada más que un "estudio bíblico" o el "estudio de la doctrina cristiana"? ¿Es la teología una "ciencia"? Y, de ser así, ¿qué implica esto? ¿Cómo se puede distinguir entre una teología científica, no científica o incluso anticientífica? Si los apóstoles Pedro, Juan y Pablo fueron de hecho "teólogos", ¿fueron teólogos científicos, no científicos o anticientíficos? ¿Importa si la teología es "científica" o no? Algunos teólogos tradicionales han afirmado que la teología no es más que repetir cuidadosamente —y con reverencia— lo que dicen las Escrituras (alemán *nachsprechen*; holandés *naspreken*). Al mismo tiempo, ciertamente les gusta llamarse "científicos" o "académicos", como prefieren decir la mayoría de ellos; muchos son profesores en institutos académicos. Pero, ¿por qué sería científico o académico simplemente *repetir* lo que dice la Biblia (si me permites expresarlo así)? ¿O esto no es académico en absoluto, o de hecho es mucho más que solo repetir? ¿En qué sentido es mucho más? ¿Qué hace que la teología sea una empresa *académica, científica* o *teórica*, en lugar de nuestra lectura y manejo práctico (y exhaustivo) de la Biblia?

Algunas personas gustan de citar aquí las palabras de Pablo: "Oh Timoteo, guarda lo que se te ha encomendado, evitando las pláticas vanas y profanas, y los argumentos de la falsamente llamada ciencia" (1 Timoteo 6:20, RV). Argumentan que lo que sus *oponentes* están haciendo es "falsamente llamada ciencia", mientras que lo que *ellos* hacen es la ciencia propiamente dicha. Ni siquiera se preguntan si lo que Pablo llama "ciencia" aquí —las traducciones modernas usan "conocimiento"— tiene algo que ver con lo que hoy llamamos ciencia. Si llamamos a la teología una "ciencia", 1 Timoteo 6:20 no nos ayuda a entender lo que implica la palabra "ciencia". Lo que hoy llamamos "ciencia" es algo que tiene que cumplir con ciertos *estándares científicos (académicos, teóricos)*. Existe todo un departamento dentro de la filosofía dedicado al estudio de tales estándares académicos, y este departamento se llama filosofía de la ciencia (alemán *Wissenschaftsphilosophie*; holandés *wetenschapsfilosofie*). Éste es el estudio de lo que hace que la ciencia sea ciencia, el estudio de la ciencia en comparación con la no ciencia, y el estudio de los criterios y los métodos apropiados de la ciencia, así como el estudio de la buena ciencia (es decir, académicamente fuerte) en comparación con la mala ciencia (es decir, académicamente débil).

El "estudio bíblico"

Permíteme tratar de explicar qué es la teología *científica* comparándola con el "estudio bíblico". Muchos cristianos tienen el buen hábito de leer la Biblia regularmente, e incluso de *estudiar* (o meditar sobre) lo que están leyendo. Me refiero a reflexionar sobre el texto, intentar comprender lo que dice, a veces incluso consultando algún diccionario, concordancia o comentario para adquirir un mejor entendimiento del texto. Ellos *buscan* en las Escrituras (cf. Juan 5:39; Hechos 17:11), y están haciendo algo bueno. Pero esta lectura diaria de la Biblia, o *estudio* bíblico si prefieres, siempre tiene un propósito *práctico*. Los cristianos quieren acercarse más al Señor, desean que la Palabra llegue a sus *corazones* para su *edificación* (cf. 1 Cor. 14:3, 26; Ef. 4:12, 16, 29), desean que tenga un efecto práctico en sus vidas cristianas diarias, les gustaría que su adoración se profundice y su crecimiento espiritual avance. Un cristiano vive por la Palabra de Dios (cf. Lucas 4:4). Es su deseo no solo escuchar la Palabra, sino también ponerla en práctica (cf. Lucas 8:21). *Busca* en la Palabra para que, a su vez, la Palabra *examine* su corazón (cf. Heb. 4:12).

Todo esto es muy necesario; ningún cristiano puede prescindir de ello. La Palabra es el alimento para su alma, y no puede permitirse prescindir de ella, al igual que su cuerpo no puede prescindir del pan diario (cf. Jer. 15:16; 1 Cor. 3:2; Heb. 5:12-13; 1 Ped. 2:2). Pero, al mismo tiempo, todo esto es muy práctico. Tiene poco que ver con la teología tal como la entendemos normalmente, es decir como una empresa teórica, una ciencia. No lo digo de manera despectiva; al contrario. Si un cristiano alguna vez tiene que elegir entre la Palabra como *alimento* y la Palabra como objeto de estudio teológico, debería elegir lo primero. Los cristianos pueden prescindir de la ciencia, pero no pueden prescindir del alimento espiritual, o se morirán de hambre espiritualmente.

La teología en sí no es alimento espiritual. Es un poco como la diferencia entre el que come y el químico en el caso del pan. El hombre común *come* pan todos los días, mientras que el químico encargado de este trabajo *analiza* el pan regularmente, para establecer si la composición del pan aún cumple con los estándares oficiales de calidad. Ese es un trabajo muy útil, y deberíamos estar agradecidos de que haya químicos que controlen regularmente nuestro pan. Pero si tuviéramos que elegir, preferiríamos *comer* el pan, con todos los posibles riesgos involucrados, antes que simplemente *analizarlo* y eventualmente morirnos de hambre. La teología, como el análisis de las Escrituras, es un trabajo muy útil, en cierto sentido un poco como el trabajo del químico, pero *comer* la Palabra siempre es mucho más importante que *analizarla*.

La tendencia hoy en día es reverenciar la ciencia hasta tal punto que incluso los cristianos comunes creen que los teólogos son un grupo particularmente *elevado* de cristianos. No se dan cuenta de que el hecho de que ellos mismos coman la Palabra es mucho más importante que el análisis que los teólogos hacen de ella. Al mismo tiempo, pueden estar agradecidos de que haya teólogos que puedan ayudarles a entender mejor la Palabra y a distinguir entre un trato *saludable* con la Palabra, en contraste con las herejías (insalubres).

Varias veces, el apóstol Pablo habla de la "sana doctrina" (1 Tim. 1:10; 2 Tim. 4:3; Tito 1:9; 2:1) y de "sanas palabras" (1 Tim. 6:3; 2 Tim. 1:13). La doctrina sana, o saludable, no solo está equilibrada y armoniosa en sí misma, sino que es aquella que te *hace* espiritualmente sano. Lo hace en contraste con las herejías, que te hacen espiritualmente insalubre o desequilibrado, y te desvían. La teología puede ayudarnos a distinguir entre doctrina sana y no sana, tal como el químico distingue entre alimentos saludables y no saludables. Jesús les dice a sus oponentes: "Están en error porque no conocen las Escrituras ni el poder de Dios" (Mateo 22:29). Los teólogos pueden ayudarnos a conocer las Escrituras para que no estemos en error. El apóstol Pablo advierte a sus lectores una y otra vez: "No os engañéis" o "No os dejéis desviar" (1 Cor.

6:9; 15:33; Gál. 6:7; cf. Santiago 1:16). Es decir, comprendan correctamente lo que las Escrituras significan. La teología puede ser de una ayuda tremenda aquí.

Escuelas bíblicas

Como habrás visto, pasar de *comer* la Palabra a *analizar* las Escrituras, no principalmente para la edificación de tu alma, sino para el entendimiento teórico de tu mente sobre las Escrituras, es un gran paso. En la práctica, puede haber una escala gradual entre los dos, pero eso no cambia la diferencia básica entre estas dos actitudes hacia la Biblia. Pero ten cuidado: analizar la Palabra en lugar de *comerla* no te convierte automáticamente en un teólogo. *La teología científica es mucho más que analizar las Escrituras*. Déjame explicarlo.

Imagina que amas tanto la Biblia que consideras seguir un programa de estudios en el que llegarás a conocer la Biblia mucho mejor. ¿Qué eliges: una escuela bíblica o una facultad de teología? Intentaré evitar la palabra "seminario" aquí porque este término es bastante vago: ¿es una especie de escuela bíblica mejorada o es una institución académica? No importa. Si eres una persona práctica y si el propósito de tu estudio bíblico es práctico, te recomiendo una escuela bíblica. Si deseas crecer espiritualmente, si quieres hacer algún trabajo cristiano práctico después, o si deseas prepararte para el campo misionero, te recomiendo una escuela bíblica. Más aún, recomendaría que, si eres pentecostal, vayas a una escuela bíblica pentecostal. Si eres bautista, ve a una escuela bíblica bautista. Si eres reformado, ve a una escuela bíblica reformada. Si eres luterano, ve a una escuela bíblica luterana. Si eres católico, ve a un seminario católico. Aprenderás, según las enseñanzas pentecostales, bautistas, reformadas, luteranas o católicas respectivamente, cómo se lee y se entiende la Biblia. ¡Excelente! No hay nada de malo en eso. Ve a una escuela bíblica y aprenderás mucho sobre el pensamiento pentecostal, bautista, reformado, luterano o católico respectivamente, y por supuesto también sobre las verdades universales básicas del cristianismo, como las que se resumen, por ejemplo, en el Credo de los Apóstoles. Si eres pentecostal, podrías aprender mucho más sobre el bautismo en el Espíritu Santo y los dones del Espíritu que si *no* hubieras ido a esa escuela bíblica. Si eres bautista, aprenderás mucho más sobre el bautismo de creyentes y su relación tanto con la congregación local como con el Reino de Dios. Si eres reformado, aprenderás mucho más sobre el Pacto, la soberanía de Dios y la predestinación. Si eres luterano, aprenderás mucho más sobre la ley y el evangelio, la visión luterana de la Cena del Señor, la organización de la iglesia luterana o la doctrina de los Dos Reinos. Si eres católico, aprenderás mucho más sobre la Iglesia, el papado, la mariología, etcétera.

En todos estos casos, te beneficiarás enormemente de tu estudio en la escuela bíblica o seminario. Después te sentirás fortalecido en el poder y el significado de la tradición en la que fuiste criado. Debes estar agradecido por ello.

Pero tal estudio tiene poco que ver con la teología.
A veces lo simplifico de esta manera: en una escuela bíblica aprendes lo que enseña la Biblia, mientras que en una facultad de teología aprendes lo que durante muchos siglos la gente ha *pensado* que la Biblia enseña. Toma nota: en una escuela bíblica aprendes lo que la Biblia enseña *según la tradición a la que pertenece esa escuela bíblica*. Pero eso no es un problema. Los pentecostales, bautistas, calvinistas, luteranos,

católicos romanos y todos los demás tienen el derecho de enseñar la Biblia a sus jóvenes de acuerdo con sus respectivas tradiciones. Para muchos jóvenes, eso es realmente suficiente. No sienten la necesidad de distanciarse y poner su tradición bajo crítica. Están agradecidos por esa tradición y desean entender la Biblia a la luz de ella. No hay nada de malo en esto; *la mayoría de los cristianos son así.* No es porque no sean lo suficientemente inteligentes para estudiar teología, sino porque son personas prácticas. Les falta la vena teórica y analítica típica del académico, al igual que a muchos académicos les faltan muchas habilidades prácticas.

Los cristianos prácticos son personas que quieren *hacer* algo con su pensamiento pentecostal, bautista, reformado, luterano o católico, respectivamente, en lugar de analizar críticamente sus tradiciones como tal. No hay nada de malo con esa actitud. No hay nada malo con que las personas prácticas sean prácticas. En su estudio, reciben herramientas con las que quieren trabajar, es decir, servir, enseñar, predicar, evangelizar, hacer trabajo pastoral, etcétera. No sienten la necesidad de analizar estas herramientas, como lo hacen esos "extraños" teólogos. (¿No es "extraño" analizar el martillo en lugar de martillar con él?) Pero repito: este tipo de estudio bíblico tiene poco que ver con la teología.

Facultades teológicas

Más adelante en este libro, daré una definición más precisa de lo que creo que es la teología. Por el momento, solo quiero explicar muy brevemente algunos aspectos de lo que sucede en una verdadera facultad teológica. En un lugar así, para ser perfectamente honesto, nadie te dirá lo que enseña la Biblia. En cambio, los profesores te darán las herramientas hermenéuticas para que descubras por ti mismo lo que enseña. (La hermenéutica es la ciencia de la interpretación; estudia los principios, reglas y métodos mediante los cuales se debe analizar un texto). Además, los profesores te explicarán cómo los rabinos leían y explicaban el Antiguo Testamento, cómo los Padres de la Iglesia leían la Biblia, cómo lo hacían los grandes pensadores medievales, los reformadores y los pensadores de la Ilustración, etcétera. Los profesores te explicarán por qué creen que estos intérpretes interpretaron la Biblia de la manera en que lo hicieron. Te enseñarán cómo puedes aprender a evaluar críticamente a todos estos teólogos anteriores. Y también te enseñarán cómo puedes aprender a evaluar críticamente tu *propio* pensamiento sobre la Biblia.

Como puedes ver, eso es de lo que trata la *ciencia* como una verdadera empresa académica y teórica, y esto incluye a la teología. En primer lugar, a diferencia del conocimiento bíblico común, el conocimiento teológico debe ser *crítico* y *bien fundamentado*. Es decir, por principio, nada se da por sentado, *incluso si tu propia tradición cristiana tiene opiniones muy firmes sobre las doctrinas A o B*. Para todo lo que crees sobre la Biblia, el teólogo necesita argumentos críticos bien pensados. Ni la tradición, ni la autoridad de generaciones anteriores, ni siquiera la autoridad de tus profesores, sino el razonamiento sólido es decisivo para las teorías teológicas que vas a sostener.

En segundo lugar, la teología —el análisis académico de la doctrina cristiana— debe ser *sistemática y coherente*; es decir, debe formar, tanto como sea posible, un todo sistemático y coherente. No hay lugar para piezas de conocimiento sueltas; si ocurren, deben integrarse en el conjunto o descartarse. La teología, como cualquier ciencia, generalmente adquiere su conocimiento no de manera espontánea o arbitraria, como en la vida práctica, sino de manera ordenada y con propósito a través de la investigación sistemática, es decir mediante análisis críticos de textos. Los resultados de esta investigación se representan en teorías en las cuales los resultados de los diversos análisis se han organizado con una coherencia lógica y significativa.

En tercer lugar, la teología debe ser *desapegada y desinteresada*. La ciencia se caracteriza por la distancia fría y típica que tiene con respecto a su campo de investigación. Cuando hacemos teología, el texto bíblico no está ahí para alimentarnos, sino para ser analizado. Los textos de los teólogos del pasado no se leen para nuestra edificación, sino para ser analizados. Si, por ejemplo, quieres estudiar eclesiología (el estudio de lo que es la iglesia), no estás pensando en tu propia congregación, con la que estás completamente comprometido, o no muy comprometido en absoluto, de una manera muy práctica. No, tomas una cierta *distancia teórica*: observas la iglesia o la congregación local de una manera muy general (desapegada, desinteresada). Apagas todas tus afecciones, emociones, recuerdos y prejuicios, y solo analizas racionalmente el fenómeno de la iglesia o la congregación local en general.

Cuarto, el conocimiento teológico debe ser *reproducible*. Es decir, si los teólogos dejan de lado sus puntos de vista tradicionales, prejuicios, preferencias, afecciones y emociones, entonces, en principio, no debería hacer una gran diferencia qué teólogo ha analizado un determinado texto. La teología nunca puede ser objetiva en el sentido de no tener creencias precientíficas en las que esté arraigada. Un cristiano que estudia teología no puede evitar hacerlo desde una perspectiva cristiana. Sin embargo, la teología necesita ser objetiva cuando se trata de obtener resultados confiables. Ningún teólogo debería inclinar o adaptar sus resultados porque los efectos le convengan mejor. A veces, este tipo de objetividad ha sido llamada "intersubjetividad". Este término significa que diferentes teólogos haciendo el mismo trabajo teológico deberían llegar a resultados similares.

Repito, en una escuela bíblica los maestros te dicen lo que significa tal o cual versículo de la Biblia. En una facultad teológica, los profesores te dan las herramientas para que descubras por ti mismo lo que significa el texto. Te enseñan las reglas según las cuales debes interpretar el texto; incluso podrían enseñarte cómo evaluar críticamente las propias reglas. Te enseñan cómo los teólogos a lo largo de los siglos han interpretado el texto y por qué lo hicieron (dependiendo de los diversos marcos teológicos dentro de los cuales operaban). Luego, finalmente, cuando tienes todos los materiales necesarios a tu disposición, *tú* interpretas el texto lo mejor que puedas, de manera honesta, crítica y objetiva.

Podría haber un elemento en mi argumento hasta ahora que te parezca inconsistente. He intentado explicar en términos simples la diferencia entre una escuela bíblica y una facultad teológica. Esta última es mucho más objetiva que la primera. Sin embargo, todo el mundo sabe que también hay *facultades teológicas* pentecostales, bautistas, reformadas, luteranas y católicas. Pero, ¿cómo puede ser una escuela una institución verdaderamente académica y, al mismo tiempo, pentecostal, reformada o católica? Bueno, como puedes ver, incluso si deseas ser un teólogo crítico, desapegado, objetivo y sin prejuicios, no puedes evitar ser pentecostal, bautista, reformado, luterano o católico, o agnóstico, o ateo, para el caso. Más adelante en este libro (capítulos 8 y 9), explicaré el término *paradigma*, que es un cierto marco de pensamiento dentro del cual todo científico realiza su trabajo científico. Si quieres ser un teólogo académicamente "bueno", debes ser lo más crítico, desapegado, objetivo y sin prejuicios posible. Pero veremos que inevitablemente trabajas dentro del marco de un cierto paradigma.

Sabiduría práctica

Quiero dejar claro desde el principio que el conocimiento teológico *no* es un tipo superior de conocimiento cristiano en comparación con la intimidad práctica del cristiano con la Palabra, que lo *alimenta* y *edifica*. Explicaré esto más adelante con más detalle, pero quiero enfatizarlo desde el principio. Para bastantes teólogos, la teología parece ser un fin en sí mismo, y esto no es lo que debería ser. El objetivo de la teología es estar al servicio de la comunidad de los cristianos. Es por eso que Karl Barth llamó a su voluminosa teología sistemática *Dogmática de la Iglesia*. Una buena razón para esto es que la teología sistemática debe ayudar a la iglesia, a los creyentes comunes, a entender mejor lo que creen, en qué se basan y por qué deben hacerlo. El círculo debe cerrarse: desde nuestro conocimiento práctico de las Escrituras nos movemos hacia la teología como una empresa científica y teórica para profundizar en nuestro entendimiento, y desde allí volvemos a la fe práctica de los hijos de Dios. El conocimiento intelectual es un gran regalo de Dios. Pero si no se utiliza para profundizar nuestra *sabiduría* práctica, tiene poco valor.

Hay una gran diferencia entre el conocimiento, especialmente el conocimiento intelectual, por un lado, y la sabiduría, por otro. En principio, es posible adquirir una gran cantidad de conocimiento teológico y experiencia sin haber adquirido ninguna sabiduría en el sentido bíblico de la palabra. Esta es la sabiduría que el joven rey Salomón pide: "Da, pues, a tu siervo un corazón comprensivo (literalmente, un corazón sabio) para gobernar a tu pueblo, para discernir entre el bien y el mal" (1 Reyes 3:9, 12). Esto corresponde con lo que el Señor le dijo a Job: "He aquí que el temor del Señor es sabiduría, y apartarse del mal es inteligencia" (Job 28:28). Tal sabiduría no requiere ninguna educación superior, sino crecimiento espiritual: la Epístola a los Hebreos habla de "los maduros," es decir, "los que tienen sus facultades ejercitadas en el discernimiento del bien y del mal mediante el uso constante" (Heb. 5:14).

El conocimiento es una cuestión de educación y estudio, mientras que la sabiduría es una cuestión de madurez espiritual. Como dice Pablo: "[E]ntre los maduros impartimos sabiduría" (1 Cor. 2:6). Los estudiosos de la teología son hombres y mujeres *instruidos*, mientras que los "padres" y "madres" en Cristo (cf. 1 Juan 2:13-14) son hombres y mujeres *maduros*. Estas son cosas muy diferentes. Afortunadamente, sin embargo, hombres y mujeres pueden ser ambos. Pero eso no es algo que suceda automáticamente. Supongo que se me podría llamar un hombre "instruido", pero si soy también un hombre "espiritualmente maduro" es algo que otros deben juzgar.

La sabiduría es, en efecto, mayor que la teología. Un profesor holandés de ética, Harry Kuitert (n. 1924), escribió una vez: "todo es ético, pero la ética no es todo'". Haré una ligera adaptación de su frase y diré: "Todo en este universo tiene aspectos teológicos, pero la teología no es todo". Algunos teólogos parecen hacer de la teología *todo*. Hablan de Pablo el teólogo o de Juan el teólogo, sin ver la enorme diferencia entre la teología como una forma de empresa académica y la sabiduría práctica de Dios presentada por Pablo y Juan.

"Teólogos" antiguos

Hace algún tiempo me acordé de esta distinción cuando pasé un tiempo estudiando a un gran padre de la iglesia griega, Simeón el Nuevo Teólogo, quien vivió alrededor del año 1000. La palabra "Nuevo" en su título honorífico hace referencia a dos figuras anteriores de la iglesia que habían recibido el mismo título: el Apóstol Juan, quien en el Oriente es a veces llamado "Juan el Teólogo", y el padre capadocio del siglo IV Gregorio Nacianceno, quien también es conocido como Gregorio el Teólogo. Aquí, la palabra "Teólogo" tiene su significado original de alguien que "conoce a Dios". En este sentido, el término no tiene nada que ver con la teología académica, sino que se refiere a alguien que conoce a Dios a través de la intimidad personal. Una de las cosas que Simeón hacía era enseñar *theoria*, que en este caso no significa "teoría", sino "contemplación", la experiencia directa de Dios. "La comunión íntima [o amistad; literalmente, secreto] del SEÑOR es con los que le temen, y a ellos hará conocer su pacto" (Salmo 25:14).

Simeón afirmó haber tenido tal experiencia directa de Dios. Cuando tenía veinte años, supuestamente tuvo una gran visión de luz, que para él significaba el encuentro con Dios. En el cristianismo oriental esta luz se conoce como la "Luz de Tabor"; es decir, el resplandor que Pedro, Juan y

Santiago contemplaron en el Monte de la Transfiguración (Mateo 17:2, 5), tradicionalmente el Monte Tabor, y que supuestamente también fue vista por otros cristianos orientales.

Ya durante la vida de Simeón, observamos la antigua batalla entre la racionalidad y el sentimiento. Mientras Simeón ponía el énfasis en el sentimiento (la experiencia de Dios), su mayor oponente, el Arzobispo Esteban, ponía el énfasis en una teología fuertemente racional. Otra diferencia era que Simeón creía que toda persona no consagrada que hubiera experimentado a Dios debía tener el derecho de predicar sobre esto y de conceder el perdón de los pecados a sus oyentes. En contra de esto, Esteban abogaba firmemente por la consagración y por los ministerios oficiales en la iglesia. Estas son discusiones que se reconocen en casi todos los siglos de la historia de la iglesia hasta el presente. Y como en muchos otros casos, la racionalidad ganó y la experiencia perdió. En el año 1009, Simeón fue enviado al exilio. A pesar de esto, ejerció una influencia duradera en la espiritualidad oriental, más que Esteban, y contribuyó a mantener el equilibrio entre los aspectos racionales teológicos y espirituales de la fe. En sus escritos, ambos aspectos son tratados de manera justa. Podría llamarse un "teólogo carismático", aunque este término no existía en ese momento.

Uno de los aspectos fascinantes de alguien como Simeón es que nos recuerda fuertemente a su homónimo judío, Simeón bar Yochai, del siglo I, y a tantos otros rabinos carismáticos a lo largo de los siglos, especialmente a Baal Shem Tov del siglo XVIII, padre del movimiento jasídico. Al igual que Simeón, estos rabinos también reunían a discípulos a su alrededor y les enseñaban muchas cosas profundas y sabias de las Escrituras, mientras al mismo tiempo enfatizaban fuertemente una relación íntima personal con Dios. Pero nunca enseñaron teología como la conocemos hoy. De hecho, el judaísmo nunca ha desarrollado su propia teología, o más precisamente, su propia dogmática, y los judíos incluso parecen estar bastante orgullosos de esto.

Este es sin duda un hecho sorprendente. El estudio del Talmud llevó a la redacción de varios códigos, como el *Arba'ah Turim* de Jacob ben Asher, la *Mishné Torá* (o el *Yad haHazaká*) de Maimónides, y el *Shulján Aruj* de Yosef Karo. De la misma manera, uno podría haber imaginado que este estudio talmúdico habría llevado a la formulación de los principales dogmas judíos. Por supuesto, no había una institución formal judía comparable a la iglesia institucional que para los cristianos proclamaba declaraciones doctrinales oficiales. Pero el consenso entre los rabinos era tal que las mentes brillantes posteriores podrían haber formulado fácilmente este consenso doctrinal. Pero, aparte de los trece artículos de fe de Maimónides, esto nunca sucedió.

Haré dos anotaciones marginales aquí, sin embargo. Primero, esta falta de una dogmática judía no significa que los judíos no puedan ser tan "dogmáticos" sobre su fe como los cristianos. Segundo, en tiempos modernos estamos viendo una tendencia entre los judíos más liberales a adoptar el término "teología". Como dije, hoy en día existen "seminarios teológicos judíos", y se publican libros con las palabras "teología judía" en el título. El rabino estadounidense Jacob Neusner (n. 1932) incluso utiliza el término "teología" sin reservas en relación con el judaísmo rabínico (o talmúdico).

Racionalismo

Aquí observamos un fenómeno que ha existido entre los cristianos durante siglos: una devaluación del término "teología," que simplemente se utiliza para denotar la doctrina judía o la cristiana. El peligro de esto es que, en la práctica, "teología" se equipara fácilmente con la "fe" o con el contenido de la Biblia. La consecuencia de esto es que atacar la teología de alguien a menudo se toma como un ataque a las Escrituras mismas. No es de extrañar que los teólogos crean que simplemente "repiten" lo que dice la Biblia. Muchas divisiones en la iglesia han sido causadas por esta confusión fundamental entre la fe escritural, por un lado, y la teología académica, por otro. Siempre debemos estar preparados para "contender ardientemente por la fe que ha sido una vez dada a los santos" (Judas 3). Pero no estoy dispuesto a contender de la misma manera por teorías teológicas, e imponerlas a la gente común de la iglesia, como se ha hecho tantas veces. Éste es un problema básico en nuestro mundo occidental, profundamente racionalista. Volveré a esto en más detalle.

Para descubrir por ti mismo hasta qué punto te has convertido en víctima de este racionalismo en la teología, esta absolutización de la teología como tal, permíteme confrontarte con algunas declaraciones del gran apologista británico, C. S. Lewis (1898-1963). Él dijo en su libro *El Gran Divorcio*: "Ha habido hombres antes... que se interesaron tanto en probar la existencia de Dios que dejaron de preocuparse por Dios mismo... como si al buen Señor no le quedara más que existir". ¡Dios es infinitamente más que nuestras teorías sobre Él! En otra parte de este libro, Lewis dice: "Todos los poetas, músicos y artistas, si no fuera por la Gracia, se alejarían del amor por la cosa que describen hacia el amor por la descripción, hasta que, en lo profundo del Infierno, ya no podrían interesarse en Dios en absoluto, sino solo en lo que dicen sobre Él". Esto se aplica aún más obviamente a los teólogos académicos; pueden fácilmente ser arrastrados por la marea de sus propios brillantes pensamientos y descuidar su relación íntima con Dios.

Por favor, no me malinterpretes. Lo que estoy enfatizando aquí es la necesidad de una teología racional, no racionalista. ¿Por qué, si no, me habría convertido en profesor de teología sistemática? Sin embargo, quiero añadir que la intimidad activa con Dios y su Palabra es siempre más importante. El teólogo no solo debe estudiar e interpretar las Escrituras, sino —como buen cristiano— también *meditar* sobre ellas, lo cual es algo muy diferente. La Palabra de Dios debe investigarse, pero también debe, si se me permite el término, *orarse*. Ser miembro activo de una comunidad eclesial viva, y, si está capacitado para hacerlo, *predicar* la Palabra a los creyentes comunes o compartir esa Palabra con quienes aún no creen, salvará al teólogo de un intelectualismo malsano.

Permíteme citar aquí a algunos teólogos del mundo de habla alemana. El teólogo reformado suizo Karl (1886-1968) enfatiza la relación inmediata entre la dogmática y nuestra actitud práctica de fe, y por eso llama a la dogmática "un acto de penitencia y obediencia". Él siente que no es posible sin una actitud de oración, y para ello cita a Agustín, Anselmo de Canterbury y Tomás de Aquino. El discípulo suizo de y su sucesor, Heinrich Ott (1929-2013), afirma que el conocimiento teológico procede de la oración de fe, y que los textos bíblicos deben ser leídos y comprendidos en un estado de apertura dialógica hacia Dios, aplicándose al mismo tiempo a la oración. Según otro discípulo de , el teólogo alemán Edmund Schlink (1903-1984), la forma principal de confesión, y por lo tanto el campo principal de interés para la dogmática, es la oración y la alabanza.

Un tercer discípulo de Barth, el teólogo alemán Wolfgang Trillhaas (1903-1995), llama al cristianismo la religión más profundamente reflexionada del mundo. Según él, esto implica una pérdida de la inmediatez de la fe (piensa en lo que mencioné antes sobre la naturaleza distante de la teología). La verdadera fe siempre contiene algo de la ingenuidad de la confianza infantil en Dios el Padre, mientras que una dogmática crítica, que no es para nada ingenua, cae por debajo de la predicación, por debajo de los himnos y oraciones de la congregación de la iglesia, y por debajo de la fe misma, así como la razón cae por debajo de los grandes misterios de Dios.

El teólogo alemán Helmut Thielicke (1908-1986) lo expresa de la siguiente manera: "El que estudia teología, y especialmente dogmática, debe observarse cuidadosamente para descubrir si no está pensando cada vez más en tercera persona en lugar de en segunda persona," es decir, si habla de Dios más como "él" y menos como "tú," o, en otras palabras, si ora y alaba cada vez menos. Thielicke añade: "El que deja de ser una persona espiritual (cf. 1 Cor. 2:14-16), está automáticamente elaborando una teología falsa, incluso cuando su contenido es decente, ortodoxo y verdaderamente luterano" (Thielicke usa la palabra "luterano", pero puedes sustituirla por tu propia denominación). Yo diría: no caigas de la oración a la investigación, descuidando la primera y enfatizando la segunda.

El teólogo suizo Emil Brunner (1889-1966) contrasta la fe, la oración y el testimonio, por un lado, con la teología, por el otro. Él también advierte contra el cambio de la segunda a la tercera persona, de "tú" a "él," contra la objetivación que conlleva, de modo que el elemento personal, el "corazón", se desconecta durante la reflexión teológica. Señala el peligro de ser un "buen" teólogo desde el punto de vista académico, mientras que al mismo tiempo se es un "mal" cristiano en cuanto a la práctica de la fe. Brunner también enfatiza que la doctrina de la iglesia es siempre la confesión o *expresión* de la fe, no el *objeto* de la fe. Es decir, los cristianos no creen en ninguna confesión, ni en doctrinas teológicas, sino en la revelación de Dios, en Jesucristo mismo (cf. capítulo 5). La revelación de Dios trata sobre Jesús, *no* sobre la cristología (que no es más que nuestra humanamente defectuosa "reconstrucción" de la revelación de Dios acerca de Jesús). La fe es confrontación, es un encuentro con Jesús *mismo*, no la sumisión a una *doctrina* sobre Él. No creemos en "verdades", sino en aquel que es la Verdad (Juan 14:6). No deberíamos simplemente "razonar sobre la verdad", sino "ser de la verdad" (Juan 18:37; 1 Juan 3:19).

En resumen

¿Qué ha sucedido en este capítulo hasta ahora? Por un lado, he enfatizado la importancia de la teología. Cualquier persona que sea cristiana y que tenga el don de pensar de manera crítica, desapegada, analítica y sistemática se beneficiará enormemente del estudio de la teología, y puede convertirse en una gran bendición para otros. Aprenderá a tener una visión mucho más amplia del cristianismo, a relativizar su propia tradición específica, a acercarse a la Biblia, o a cualquier otro texto cristiano con una mentalidad mucho más crítica y objetiva, a aprender de otras tradiciones cristianas (y judías), y a adquirir un profundo conocimiento tanto de las Escrituras como de los grandes pensadores cristianos (y judíos) del pasado y del presente. Aprenderá las reglas hermenéuticas para interpretar textos y aprenderá de las formas en que muchos otros teólogos han interpretado esos textos. Aprenderá a relativizar la teología, por ejemplo, al darse cuenta de que los teólogos no establecen "verdades" sino que desarrollan "teorías" teológicas que tienen tanto valor como la pericia de los teólogos responsables (cf. capítulo 10).

Los *predicadores* predican la verdad —¡o eso esperamos!— mientras que los *teólogos* establecen lo que los expertos en el campo *piensan* que es la verdad. Los predicadores hablan con la autoridad de su Enviador —¡o eso esperamos!— mientras que los teólogos son más modestos; solo pueden hablar con la autoridad de su reputación científica. La razón de esto, debes entender, es que las teorías teológicas no son tanto dones de Dios como productos libres de las mentes de los teólogos. No estoy negando que el Espíritu Santo también puede guiar a los teólogos (Juan 16:13) —por supuesto que puede, y a menudo lo hace. Pero niego que los teólogos puedan *apelar* alguna vez a esta guía para *demostrar* la corrección de sus teorías. Si sus ideas tienen alguna verdad, no se establece por un recurso a la guía providencial de Dios, sino por la fuerza de los *argumentos* (teo)lógicos. De lo contrario, no estaríamos tratando con teología, sino con algún tipo de dogmatismo sectario. Además, hay tantos paradigmas teológicos, todos los cuales podrían afirmar haber alcanzado sus resultados teológicos bajo la guía del Espíritu (cf. capítulos 8 y 9). Eso no funciona.

Son los *profetas* quienes dicen, porque se les permite hacerlo: "así dice el Señor" (lo que ocurre más de cuatrocientas veces en el Antiguo Testamento), y en el Nuevo Testamento: "así dice el Espíritu Santo " (Hechos 21:11). Pero los teólogos, en su función de teólogos, *nunca* tienen permitido decir esto. Como teólogos, lo mejor que pueden decir es: "Pensamos que es así, pero otros teólogos piensan diferente, y podrían tener razón..." Posteriormente, presentan sus *argumentos* para que nosotros podamos compararlos con los argumentos de otros teólogos y llegar a nuestras propias conclusiones.

Observaciones finales

Por favor nota cuidadosamente que, al decir todo esto, ¡no estoy relativizando las Escrituras! Los teólogos que tienden a equiparar sus teorías con las Escrituras podrían pensar fácilmente así. Estos son los teólogos que dicen (por así decirlo), "así dice el Señor", todo el tiempo. Hablan como si los teólogos fueran profetas. Pero no lo son. Por el contrario, la Palabra de Dios es absoluta, *pero toda nuestra teorización sobre ella es relativa.* En la Biblia, básicamente no hay nada que yo me atrevería a relativizar. Pero en mi propia teología, o en la de otros, no hay nada que no relativice. Lo que Dios dice es absoluto y perfecto. Pero lo que los teólogos *afirman* que Dios está diciendo es, como toda obra humana, relativa y defectuosa. Un título anterior de este libro era *Pensando los pensamientos de Dios*. Pero el desafío perpetuo que los teólogos deben plantearse es: "¿son realmente nuestros pensamientos teológicos los pensamientos de Dios? ¿Y son las formulaciones de estos pensamientos realmente adecuadas?"

Los predicadores, si hablan en nombre del Señor y por el poder del Espíritu Santo , nos dicen cómo *son* las cosas; los teólogos nos dicen, en el mejor de los casos, cómo *podrían ser* las cosas. Los judíos de Beréa tenían algo de la mentalidad teológica. No creían a Pablo por su autoridad apostólica, sino que "examinaban las Escrituras diariamente para ver si estas cosas [que Pablo decía] eran así" (Hechos 17:11). Los teólogos llevarían esto un paso más allá. También les gustaría investigar si la *forma* en que los judíos de Beréa "examinaban las Escrituras" era conforme a las reglas hermenéuticas adecuadas. Y podrían ir un paso más allá, preguntando quién determina cuáles son las reglas hermenéuticas *adecuadas*. Verás, el teólogo *propiamente dicho* nunca se siente satisfecho; siempre continúa buscando, examinando, investigando, escrutando. Intenta llegar al fondo de las cosas, con la esperanza de contar con la ayuda del Espíritu Santo , porque "el Espíritu todo lo examina, aun lo profundo de Dios" (1 Cor. 2:10).

Los teólogos saben —o deberían saber— sobre la relatividad de las teorías teológicas, sobre el carácter efímero de éstas, y sobre las muchas diferencias entre las diversas tradiciones cristianas. Saben —o deberían saber— sobre los peligros del sectarismo, de absolutizar su propio "paradigma", y de las maneras en que las teorías teológicas en el pasado se han impuesto a los miembros de la iglesia, lo que incluso ha llevado a dolorosas divisiones eclesiásticas. Pueden estudiar la *dogmática* (es decir, la teología sistemática), pero nunca deberían ser *dogmáticos* sobre ninguna enseñanza cristiana. Cada tema teológico está constantemente abierto a nuevas investigaciones; por lo tanto, ninguna tradición es "sagrada".

Pero esa es solo una cara de la historia; comencé la sección anterior con las palabras, "por un lado". Ahora, finalmente, cambiamos a la otra cara. El *buen* teólogo es un cristiano que cree en la Biblia, es miembro de una comunidad eclesial viva, un adorador activo, alguien que ora y alaba, y a menudo un predicador. Eso es lo segundo que enfatizo, y cité a todos esos teólogos para enfatizarlo. Es un gran paso pasar de la simple frase "la Biblia dice" a las complejidades de la teología académica. Pero es igualmente importante *dar un paso atrás*. Si, al final, la teología no ilumina a los miembros de la iglesia, si no fortalece su fe y su adoración, y si no promueve su crecimiento espiritual, es de escaso valor. El cristiano que es un teólogo crítico y preciso en su oficio debe preguntarse constantemente sobre sus propias ideas y las de otros teólogos, "¿es esto correcto?". Pero cuando está en el púlpito no se presenta allí como teólogo —¡Dios no lo quiera!— sino como predicador, que de vez en cuando tiene el valor de decir, como Jesús lo hiciera tan a menudo, "Está escrito," y, por lo tanto, es verdad (Mat. 4:4, 6, 7, 10; 21:13; 26:24, 31; etcétera.). Este es un punto tan importante que volveré a él en mayor detalle.

Nota terminológica

Cuando hablo de "teología" en los capítulos que vienen, generalmente me refiero a lo que considero el corazón de la teología, es decir, la *teología sistemática* (a menudo llamada *dogmática*), junto con la teología del Antiguo y del Nuevo Testamento (hermenéutica, exégesis y teología del Antiguo y del Nuevo Testamento, respectivamente). Juntas, brindan un análisis de los textos bíblicos y un resumen de la doctrina cristiana.

Por supuesto, hay muchas más disciplinas en la facultad de teología, pero tienen un carácter más subordinado. Incluyen cosas como historia de la iglesia, historia de la teología, misiones, "teología práctica" (liturgia, homilética, consejería, etcétera), derecho canónico, y el estudio de hebreo, arameo, griego y latín, sin mencionar las ciencias más amplias de la religión, como la fenomenología de la religión, la filosofía de la religión, la psicología de la religión, etcétera.

CAPÍTULO II

TEOLOGÍA Y FILOSOFÍA

Para comprender el carácter de lo que llamamos teología, nos ayudará enormemente profundizar brevemente en la historia de la disciplina. No sólo existe algo llamado historia de la iglesia, sino también algo llamado historia de la teología. Comprenderás fácilmente que ambas siempre han ido de la mano. La teología no es algo estático como podrías haber pensado. Al contrario, sufre un desarrollo constante y cambia continuamente, al igual que los cambios que experimenta la iglesia cristiana.

Este simple hecho ya nos puede ayudar a relativizar la teología. Si eres anglicano, luterano o reformado, te recomiendo un pequeño experimento. Intenta conseguir un manual teológico anglicano, luterano o reformado del siglo XVII y compáralo con un manual (ortodoxo) anglicano, luterano o reformado de los siglos XX o XXI. Podrías sorprenderte. Me atrevo a decir que los dos libros, por ejemplo, dos manuales luteranos con cuatro siglos de diferencia, difieren más entre sí que un manual luterano ortodoxo actual difiere de cualquier manual ortodoxo reformado, pentecostal o bautista (etcétera) de la actualidad.

La teología cambia todo el tiempo, en parte porque cambian nuestros entendimientos teológicos, pero sobre todo porque las *personas* cambian. Puedes llamarte bautista o presbiteriano, pero ¡qué diferencia hay entre un bautista *premoderno* (es decir, de antes de la Ilustración del siglo XVIII), un bautista *moderno* (después de la Ilustración), y un bautista *posmoderno* (de las últimas décadas)! Bautistas, presbiterianos, luteranos, anglicanos y católicos romanos han cambiado mucho más de lo que suelen darse cuenta. (No incluyo a los pentecostales aquí porque han existido solo por un siglo, y los carismáticos aún menos tiempo). Todos ellos afectan a las épocas en las que viven, pero estas épocas tienen un efecto mucho mayor sobre *ellos*.

Están influenciados por "la corriente de este mundo" (Efesios 2:2), donde la palabra "corriente" en el griego original es *aiôn*, normalmente traducida como "edad", o a veces "mundo". Esta palabra podría traducirse bellamente aquí con el término alemán *Zeitgeist*, el espíritu (mentalidad) de la época presente.

Origen del término "teología"

Quizá el primer pensador que utilizó el término "teología" en un sentido similar al que tiene hoy fue el filósofo griego Jenófanes. En el siglo VI a.C. rechazó los dioses olímpicos tradicionales y los reemplazó con una deidad única, no antropomórfica e inmóvil, que gobernaba el universo. No nos interesan tanto los contenidos de sus ideas ahora, sino más bien la manera en que trató la noción de "teología". Se apartó de todas las especulaciones míticas sobre los dioses y dio preferencia a la razón. No las tradiciones míticas, sino solo los argumentos racionales eran permitidos en su "teología", es decir, en su razonamiento filosófico sobre lo divino. Aquí, la "teología" es parte de la filosofía: este fascinante intento de los antiguos griegos de diseñar una imagen del mundo puramente sobre la base de argumentos lógicos. En este pensamiento, la verdadera teología, es decir el verdadero conocimiento humano del mundo divino, solo puede alcanzarse a través de la filosofía. La mayoría de los filósofos griegos creían en algún dios, pero solo en un dios que pudiera ser defendido sobre la base de argumentos filosóficos.

Los padres de la iglesia vieron claramente el enorme peligro que representaba la filosofía griega para el cristianismo primitivo. Los griegos consideraban su filosofía como la "verdadera teología" porque dentro de su filosofía hablaban de Dios de manera "científica" (para expresarlo en términos más modernos). Pero para los padres de la iglesia esto era inaceptable. Ningún razonamiento humano podía ser la fuente de un conocimiento verdadero sobre Dios; sólo la *revelación divina*. Nada se podía saber sobre Dios que Él mismo no hubiera revelado a la humanidad. Esta revelación divina está contenida en las Sagradas Escrituras. Cualquier cosa que queramos saber sobre Dios, pero también sobre su creación, sobre el hombre como criatura de Dios, sobre la naturaleza, la cultura o la sociedad humana desde una perspectiva divina, debe derivarse de las Escrituras. Parece que, en la iglesia primitiva, el padre alejandrino Orígenes fue el primero en usar la palabra teología en un sentido cristiano, quizás como un desafío al mundo pagano que lo rodeaba. Para él, la teología era, de hecho, la doctrina racional y académica de Dios, en línea con los griegos, pero esta vez según la revelación de Dios en las Escrituras.

El gran padre de la iglesia Agustín (354-430) dio la vuelta a la visión de Jenófanes: según él, la teología (cristiana) era la "verdadera filosofía". Incluso afirmó que el verdadero cristiano era el verdadero filósofo; en su *De Civitate Dei* escribió: *Verus philosophus est amator Dei*, "el verdadero filósofo es el que ama a Dios", y sólo de esta manera podía conocer a Dios.

Este conocimiento de Dios es la teología. Por lo tanto, si la filosofía es el estudio de la verdadera naturaleza de Dios y la creación, y los cristianos están interesados en estos asuntos, no deberían consultar la filosofía antigua, sino la teología. En el cristianismo, supuestamente, la teología había tomado el lugar de la antigua filosofía grecorromana. La verdad sobre cualquier cosa era suministrada por la revelación divina tal como la tenemos en las Escrituras, y el teólogo cristiano era el intérprete de las Escrituras. Si estabas interesado en cuestiones filosóficas, a partir de entonces, te dirigías a la teología.

De hecho, hasta el día de hoy, muchos cristianos todavía sostienen la posición de Agustín. No es de extrañar, porque la perspectiva es bastante atractiva. Los cristianos argumentan que no necesitamos ninguna filosofía cristiana específica porque ya tenemos la teología. No obstante, no es difícil demostrar que esta posición es errónea (he discutido este punto extensamente en mi libro *Sabiduría para los pensadores*, el volumen uno de la presente serie). La gente olvida que la teología intenta responder sólo a preguntas *teológicas*. No tiene respuestas para, ni trata, preguntas típicamente *filosóficas*, tales como: ¿Qué es el conocimiento?, ¿qué es la ciencia?, ¿qué es la naturaleza?, ¿qué es la cultura?, ¿cuál es el fundamento y la coherencia de todas las ciencias especiales? En el mejor de los casos, la teología tiene cosas teológicas que decir sobre algunos de estos y muchos otros asuntos, pero no son de interés para las otras ciencias especiales.

La teología no tiene, ni ha tenido nunca, la tarea de funcionar como una ciencia fundamental para todas las ciencias especiales, desde las matemáticas hasta las humanidades. De hecho, como veremos, la teología no es más que una de las muchas ciencias especiales. Como tal, tiene sus propias preguntas filosóficas básicas (ver capítulo 1), tales como: ¿Qué es la teología?, ¿es ciencia, y si lo es, qué tipo de ciencia es?, ¿cómo se relaciona con las otras ciencias especiales?, ¿cómo se relaciona como empresa teórica con el conocimiento práctico de la fe?, ¿cuáles son sus métodos científicos específicos? Exploraremos todas estas preguntas con gran detalle en los capítulos siguientes. Pero ya es importante tener en cuenta que todas estas son preguntas *filosóficas*. La teología no es la verdadera "filosofía cristiana"; necesitamos *tanto* una teología cristiana *como* una filosofía cristiana, igualmente fundamentadas en la sabiduría bíblica.

La Edad Media

En mi humilde opinión, tanto los griegos como Agustín estaban equivocados: la filosofía no es la verdadera teología, como afirmaban los griegos, ni la teología es la verdadera filosofía, como sostenía Agustín. Sin embargo, a diferencia de los griegos, Agustín sí reconoció que la razón humana no es autónoma, lo cual fue un gran avance. Es decir, la razón por sí sola no puede encontrar la verdad; necesita la iluminación de la revelación divina. Este principio fundamental sigue siendo válido en cualquier filosofía cristiana. Agustín escribió: *Crede, ut intelligas* ("Cree para que puedas entender"). La fe precede, subyace y condiciona a la razón, no al revés. (Consulte mi libro *Sabiduría para los pensadores* para profundizar en este tema importante de la relación entre la fe y la razón).

En el siglo XIII Tomás de Aquino propuso una solución muy diferente: la filosofía no es la verdadera teología, ni la teología es la verdadera filosofía; no, ambas deben ser claramente distinguidas. La filosofía abarca el campo de lo que puede ser investigado con la ayuda de nuestra razón natural, mientras que la teología cubre el campo en el que, aunque no se prescinde completamente de la razón, dependemos por completo de la revelación divina. Existe algo llamado *teología natural*, de pero en realidad esto es más parte de la filosofía y no de la *teología sobrenatural* o *sagrada*, como se le llamaba. La teología natural, operando solo con la luz de la razón, supuestamente tiene la capacidad de demostrar lógicamente que Dios existe. Pero después de esto, la teología supranatural debe intervenir para decirnos, basándose en la revelación de Dios, qué y quién es Él.

Como puedes ver, la filosofía y la teología están cuidadosamente distinguidas aquí. Sin embargo, en el pensamiento de Tomás, no están separadas. Al contrario, ambas están estrechamente vinculadas en el sentido de que la filosofía (incluyendo la teología natural) lleva, o debería llevar, a la teología, es decir, a la teología sobrenatural. La filosofía es una *praeambula fidei* (literalmente, "precursora de la fe"), como lo expresó Tomás. Según él, sólo la teología sobrenatural es sagrada; la filosofía, y podemos añadir todas las ciencias especiales que surgen de ella, son *profanas*. La teología *sagrada* se ocupa del alma, lo espiritual, el cielo, la iglesia, la *revelación especial* (en la Biblia) y lo sobrenatural. Por el contrario, la filosofía profana se ocupa del cuerpo, lo material, la tierra, el estado y la sociedad, la *revelación general* (en la naturaleza) y lo natural. Este dualismo entre lo profano y lo sagrado a menudo se describe con los términos naturaleza y gracia, respectivamente. Así, hablamos del dualismo *Naturaleza-Gracia*.

Debido a la división que acabo de describir, puedes entender fácilmente por qué Tomás de Aquino se opuso firmemente a la noción de una filosofía *cristiana*; es decir, una filosofía basada en una cosmovisión cristiana e inspirada por las Escrituras. Al contrario, él afirmaba que la filosofía es una ciencia autónoma. Esto significa que es una ciencia independiente de cualquier fundamento externo, basada exclusivamente en la razón humana *separada de la fe*. La teología opera mediante la revelación divina, mientras que la filosofía (incluyendo todas las ciencias especiales) opera mediante la razón humana (autónoma). Por lo tanto, como dije, la primera se llamaba "sagrada" y la segunda "profana".

Te sorprendería saber cuántos teólogos aún aceptan este esquema, ya sea consciente o inconscientemente. Este grupo incluye no solo a teólogos católicos, sino también a protestantes, y no solo a protestantes tradicionales, sino también a evangélicos modernos. Decimos que este esquema dualista es de naturaleza *escolástica*. (Por cierto, la escolástica es el término general para la filosofía occidental en la Edad Media, desde aproximadamente el siglo IX en adelante). La filosofía de Tomás, usualmente llamada *tomismo*, sigue siendo la filosofía oficial de la Iglesia Católica Romana. Pero su influencia es más amplia; los primeros protestantes, como el teólogo alemán Felipe Melanchthon (1497-1560) y el teólogo francés Teodoro Beza (1519-1605), introdujeron esta forma de pensar en la teología protestante también. Desde el siglo XVI hasta el XVIII, la teología protestante fue profundamente escolástica, y en ciertos círculos sigue siéndolo hasta el día de hoy. Esto puede verse en el hecho de que en los Países Bajos Abraham Kuyper (1837-1920) y Herman Bavinck (1854-1921), algunos de los más grandes teólogos reformados a principios del siglo XX, todavía usaban el término *teología sagrada* (en holandés: *heilige godgeleerdheid*).

Sin embargo, fue solo en el transcurso del siglo XX cuando algunos pensadores cristianos comenzaron a darse cuenta de que todas las ciencias especiales son, por así decirlo, "sagradas", ya que, lo reconozcamos o no, todas están ocupadas en desentrañar la revelación de Dios, sea en la naturaleza o en las Escrituras. Y *todas* las ciencias especiales, incluida la teología, son, por así decirlo, "profanas" en el sentido de que todas operan bajo la luz de la razón humana.

Debe enfatizarse que al menos Tomás de Aquino hizo un esfuerzo por mantener la teología y la filosofía unidas. Pero un pensador posterior, el filósofo británico Guillermo de Occam (1285-1349), consideró que esto era inútil. Separó por completo la teología de la filosofía, rechazó la noción de *teología natural* con sus supuestas pruebas de la existencia de Dios, y mantuvo separadas por completo la revelación divina y la razón humana. Con él y sus sucesores, la fe y la razón se separaron para siempre. A partir de entonces, la fe ya no tenía nada que ver con la filosofía ni con la ciencia. Guillermo de Occam incluso adoptó un lema que, en una forma algo diferente, se había atribuido al padre de la iglesia Tertuliano (ca. 160-ca. 225): *Credo quia absurdum*, "Creo porque es absurdo". Es decir, tanto Tertuliano como Occam pensaban que sus creencias estaban completamente fuera del dominio de la razón. En mi terminología, Occam consideraba que la fe era no-racional, o incluso irracional, en lugar de suprarracional (véase nuevamente mi libro *Sabiduría para los pensadores*).

Resumen de las cuatro opciones

Hasta ahora, hemos encontrado cuatro soluciones al enigma de la relación entre la teología y la filosofía:

(a) *La filosofía es la verdadera teología* (Jenófanes): Esta solución es falsa porque omite la necesidad de cualquier revelación divina. Con la razón natural sola nunca podemos adquirir un conocimiento verdadero sobre las cosas divinas.

(b) *La teología es la verdadera filosofía* (Agustín): Esto es falso porque hay muchas preguntas específicamente filosóficas que deben ser respondidas solo por la filosofía, preguntas que nunca aparecen en la teología como tal. Si Agustín hubiera pensado que una filosofía *cristiana* era posible, supongo que no habría hecho tal afirmación. La teología y la filosofía tienen llamadas y objetivos muy diferentes, al igual que la psicología cristiana, la sociología cristiana, la ética cristiana, etcétera.

(c) *La teología y la filosofía deben distinguirse pero mantenerse juntas* (Tomás de Aquino): Esto implica una filosofía profana que conduce a la teología sagrada. Esto es falso porque tanto la filosofía como la teología, como acabo de decir, se ocupan de la revelación divina (en la naturaleza y en las Escrituras), ya sea que lo reconozcan o no, y ambas operan bajo la luz de la razón humana (preferiblemente guiada por el Espíritu Santo). Además, la filosofía es una *ciencia de totalidad*, mientras que la teología, como veremos, es *sólo* una de las muchas ciencias especiales. Y por último, pero no menos importante, la filosofía debería estar en armonía con la teología en el sentido de que nunca es neutral, sino que debe estar enraizada en el mismo *motivo religioso básico* que la teología. Por esta razón, en mi libro *Sabiduría para los pensadores*, he argumentado extensamente a favor de una filosofía *cristiana*.

(d) *La teología y la filosofía deben separarse* (Guillermo de Occam): En su forma más extrema, esto significa que, en adelante, la teología no tiene nada que ver con la razón humana, ni siquiera con el sentido común; supuestamente, solo se ocupa de lo misterioso, "lo absurdo". En cuanto a la filosofía (incluidas todas las ciencias especiales), no tiene nada que ver con la revelación divina, sino que puede operar exclusivamente mediante la razón natural. Rechazo totalmente ambas ideas. Primero, como ciencia, la teología es un ejercicio completamente racional. Segundo, en mi opinión, para un cristiano que cree en la Biblia solo debe considerarse una filosofía *cristiana*.

¿Una quinta opción?

Si rechazamos las cuatro opciones anteriores, podríamos preguntarnos si existe una quinta. En su forma más breve ésta implica, primero, la noción de una filosofía *cristiana*, como acabo de enfatizarlo; y, en segundo lugar, la noción de una teología que es *sólo* una de muchas ciencias especiales, arraigada en esta filosofía cristiana. En mi opinión, ambas están estrechamente vinculadas en el sentido de que, por un lado, la teología, como una ciencia especial, tiene sus propias preguntas fundamentales, que por definición son de naturaleza filosófica (preguntas como las mencionadas anteriormente: ¿Qué es la teología? ¿es una ciencia, y si lo es, sobre qué bases? ¿cómo se relaciona la teología con el estudio bíblico no científico? ¿cuáles son los criterios y los métodos de una teología académicamente sobresaliente? ¿cuál es su propósito académico? ¿cómo se forman las teorías teológicas? ¿cuál es su estatus? ¿cómo se relacionan con los dogmas y las confesiones de la iglesia? Y así sucesivamente). Por otro lado, cualquier filosofía cristiana difícilmente puede prescindir de la teología porque casi todas sus nociones cristianas fundamentales han sido investigadas teológicamente.

Es impensable escribir una introducción a la filosofía cristiana sin hacer referencia a la teología, y, viceversa, escribir una introducción a la teología sin ninguna referencia a la filosofía, es decir, a la filosofía *cristiana*. Esto es particularmente cierto porque estamos vinculados a una tradición histórica en la que la teología a menudo ha pretendido ser la representación de la fe cristiana, como si no tuviera ni necesitara ningún prolegómeno filosófico. La palabra *prolegómeno* significa literalmente "cosas que deben decirse antes"; es decir, antes de comenzar con la teología como tal. Estas preguntas fundamentales que preceden a la teología son, por definición, de naturaleza filosófica (les remito nuevamente a *Sabiduría para los pensadores*). Ninguna ciencia especial puede prescindir de tales prolegómenos *filosóficos* y, dado que la teología es una de las ciencias especiales, no es una excepción a esta regla. Pero reconozco que esto no es en absoluto evidente para muchos teólogos. A lo largo de los siglos han aprendido a desconfiar de la filosofía, y con razón, después de que tantas veces ha sido infiltrada y mancillada por el paganismo.

Tanto la filosofía cristiana como la teología cristiana son ciencias, en el sentido amplio en que he definido anteriormente este término; es decir, son formas de erudición académica. Pero, como acabo de indicar, las relaciones entre la filosofía y la teología siempre han sido bastante tensas, por decir lo menos. En una famosa conferencia publicada por primera vez en 1798, el filósofo alemán Immanuel Kant (1724-1804) habló del *Conflicto de las facultades*, especialmente del conflicto entre las facultades teológicas y filosóficas. En mi opinión, tanto teólogos como filósofos fueron culpables de este conflicto debido a su actitud "elitista" de uno hacia el otro. Los cristianos liberales tendían a dar prioridad a la filosofía como la fuente última de la verdad, mientras que los cristianos tradicionales tendían a dar primacía a la teología como la fuente última de la verdad. En mi humilde opinión, ambos estaban —y están— equivocados.

La culpa de los teólogos

Los teólogos fueron culpables del conflicto porque:

(a) Los teólogos a menudo han afirmado que la teología era la verdadera "filosofía" cristiana, como he explicado anteriormente. No veían en absoluto la necesidad de una filosofía para los cristianos y, en cuanto a ellos, la noción de una "filosofía" cristiana les resultaba absurda.

(b) Los teólogos afirmaban rutinariamente que trabajaban a la luz de la revelación divina, mientras que la filosofía, según ellos, poseía sólo la luz de la razón humana. De este modo, tales teólogos persisten, hasta el día de hoy, en el antiguo error escolástico del dualismo Naturaleza-Gracia, dividiendo la creación de Dios de una manera no bíblica. Como mencioné, *todas* las ciencias se ocupan de la revelación divina —aunque no siempre la reconozcan— porque Dios se revela no solo en las Escrituras, sino también en la naturaleza, especialmente en el orden nómico de la naturaleza, que es su propio mandato hablado para la creación. Dios se revela incluso en los productos culturales, porque estos también siempre presuponen el orden divino de la ley. La ciencia puede definirse como el intento de develar el orden nómico que rige la realidad, y en este orden nómico Dios se revela. Además, *todas* las ciencias, incluida la teología, trabajan necesariamente a la luz de la razón humana, porque la ciencia es una actividad humana lógicamente cualificada. Aunque muchos teólogos afirmen tener un *punto de partida* sobrenatural, el trabajo teológico como tal es de naturaleza analítica teórica, es decir plenamente racional.

(c) Los teólogos a veces se han jactado de que la teología es "especial" porque "recibe" sus datos de Dios, mientras que la filosofía y las ciencias comunes deben buscar los datos necesarios a través de la observación y el experimento. Este es otro error. La teología es una ciencia tan *empírica* como cualquier otra. No puede llevar a cabo una investigación académica de Dios como tal, a pesar de su nombre, "teología", es decir, "ciencia de Dios" (alemán: *Gottgelehrtheit*; holandés: *godgeleerdheid*, "enseñanza acerca de Dios"). Estrictamente hablando, la teología solo puede estudiar lo que las personas han dicho y escrito sobre Dios (véase el capítulo 3). Los teólogos estudian ciertas fuentes escritas, como la Biblia y miles de escritos judíos y cristianos. Los científicos literarios hacen lo mismo con otras piezas de literatura, y los historiadores lo hacen con las fuentes históricas relevantes para ellos. Como hemos visto, la teología a veces ha sido llamada una "ciencia literaria", un conjunto de teorías sobre un tipo específico de literatura, a saber la literatura judía y cristiana, y en particular la Biblia. Dios no puede ser colocado en la mesa de disección de la ciencia teológica, pero los escritos sobre Dios sí y, así, la teología es una ciencia empírica; sus datos sensoriales son lo que lee.

(d) Los teólogos han alardeado a menudo que la teología es capaz de trabajar con sus propios presupuestos y no necesita ningún presupuesto filosófico. Esto es comprensible en la medida en que la teología cristiana ciertamente puede prescindir de la ayuda de cualquier filosofía secular. Pero estos teólogos no eran conscientes de la posibilidad, ni mucho menos de la necesidad, de una filosofía *cristiana* para trabajar en los prolegómenos filosóficos de la teología. La verdad es que *toda* ciencia, incluida la teología, tiene no solo *prolegómenos* internos, sino también externos, es decir, filosóficos. Por ejemplo: 1. Definir si la teología es una ciencia depende de consideraciones filosóficas sobre las diferencias entre el conocimiento científico y el no científico. 2. La comparación entre la teología y otras ciencias especiales se fundamenta en una visión filosófica de la totalidad de la realidad cósmica. 3. Definir el objeto de estudio de la teología presupone una visión filosófica de la totalidad de la realidad cósmica, en la que este objeto de estudio se delimita en relación con los objetos de estudio de otras ciencias especiales (véase el capítulo 3). 4. Definir la metodología propia de la teología presupone criterios generales para la metodología científica, un tema que pertenece al ámbito de la filosofía.

(e) Los teólogos a menudo han confundido el conocimiento teológico (teórico) con el conocimiento de fe práctico, o han elevado el primero por encima del segundo. He escuchado a teólogos decir que, ya sea que se hable de creencias cristianas o de teología, al final se reduce a lo mismo. Espero que el resto de este libro deje claro por qué esto es un error fundamental (aunque ya he tocado este tema en el capítulo 1).

(f) Los teólogos a menudo han subordinado todas las ciencias especiales a la teología, debido a su afirmación de que solo la teología representa la revelación divina. Cuando se fundó la Universidad Libre de Ámsterdam en 1880 por Abraham Kuyper y otros, los estatutos prescribían que cada facultad de la nueva universidad debía basarse en "principios reformados" (*gereformeerde beginselen*) que debían ser trabajados no por la facultad filosófica, sino por la facultad teológica. Una de las razones por las cuales estos principios cristianos nunca fueron trabajados para las diversas nuevas facultades fue que la teología estaba totalmente mal equipada para cumplir con esta tarea. Y cuando, a partir de la década de 1930, *se desarrolló* una filosofía cristiana, ya era demasiado tarde para evitar el cambio de la universidad de un curso escolástico a uno liberal (lo cual fue un salto del sartén al fuego).

(g) Los teólogos a veces parecían avergonzarse de una "teología cristiana". Estaban tan ansiosos por mantener la posición de las facultades teológicas en las universidades públicas que comenzaron a afirmar que la teología, para ser "científica", debía ser neutral e imparcial. Olvidaron que una teología cristiana no es a priori menos científica que una teología liberal, socialista, darwinista, materialista o atea. No existe tal cosa como una ciencia neutral, objetiva o imparcial, ya sea filosofía, teología o cualquier otra ciencia. Solo los *especialistas*, es decir personas que tienen una visión muy limitada de su propia ciencia, pueden vivir con la ilusión de una ciencia neutral y objetiva, porque rara vez tocan los fundamentos de su ciencia. Las personas con una perspectiva mucho más amplia, confío, comprenderán mejor lo que quiero decir.

Los filósofos también fueron culpables del conflicto de siglos que he mencionado. Aunque este no es mi tema principal ahora, permítanme mencionar brevemente algunos puntos. Los filósofos afirmaron: (a) Que la filosofía, es decir, el conocimiento puramente racional de la realidad, era la verdadera "teología" (conocimiento de Dios, de los dioses, o de lo trascendente en general). (b) Que trabajar con la supuesta luz de la revelación divina despojaba a la teología de un verdadero carácter científico, porque solo la observación empírica y la razón debían ser aceptadas como fuentes de conocimiento verdadero. (c) Que la noción de una "filosofía cristiana" estaba en conflicto con la demanda científica de autonomía, neutralidad y objetividad, y el rechazo de todos los prejuicios. Nuevamente, debo referirte a mi libro *Sabiduría para los pensadores* para estos asuntos.

Necesidad de premisas filosóficas para la teología

Muchos de los errores filosóficos que los teólogos han cometido en el pasado son consecuencia de su negativa a investigar críticamente las premisas filosóficas de su propia ciencia. Desde un punto de vista histórico, esto es comprensible si consideramos las numerosas influencias perjudiciales de la filosofía *secular*, ya sea antigua o moderna, sobre la teología. Sin embargo, el deseo de deshacerse de toda filosofía secular generalmente implica deshacerse de la filosofía en su totalidad. La consecuencia es una falta de reflexión filosófica sobre los prolegómenos externos de la teología. E inevitablemente esto conduce a la teología directamente a la trampa que tanto deseaba evitar: la filosofía secular.

La razón es simple: la teología no puede funcionar sin prolegómenos filosóficos. Si rechaza la noción de una filosofía cristiana, enfrentará una difícil elección. La primera opción es caer en los brazos de la escolástica, es decir la filosofía semipagana de la Edad Media y del protestantismo temprano. La segunda opción es caer en alguna de las escuelas humanistas modernas o postmodernas: (neo)positivismo, existencialismo, filosofía analítica, postmodernismo, etcétera. La tercera opción es caer en el fundamentalismo biblicista, que es una extraña mezcla de escolasticismo y (neo)positivismo, una realidad que los fundamentalistas no suelen percibir. Sorprendentemente, tanto aquellos que abogan por una separación entre teología y filosofía (cristiana o secular), como aquellos que defienden una especie de "interacción" entre teología y filosofía (¡secular!), suelen terminar en una de estas tres trampas.

En la práctica cotidiana, resulta extremadamente difícil transmitir estas ideas a la mayoría de los teólogos. Lo sé por experiencia, ya que soy tanto filósofo como teólogo. Grandes teólogos del siglo XX, como el suizo Heinrich Ott (a quien ya he mencionado) y el alemán Otto Weber (1902-1966), aún hablaban de teología y filosofía en términos de la relación entre revelación y razón, un falso contraste que ya he expuesto. Y el teólogo germanosuizo Gerhard Ebeling (1912-2001) decía que "la orientación hacia Jesucristo" y la noción de pecado son ajenas a la filosofía. Al parecer, se refería únicamente a la filosofía *secular*, sin considerar siquiera la posibilidad de una filosofía *cristiana*. ¡Los problemas semánticos en el "conflicto entre las facultades" están profundamente arraigados!

Por supuesto, la filosofía cristiana da cabida al pecado, a la redención y a Cristo. Y puede hacerlo sin convertirse en "teología". La razón, debes recordar, es que la teología no tiene el monopolio de hablar sobre Dios y la Biblia. Tanto la filosofía cristiana como cada una de las *filosofías especializadas* cristianas (*Fachphilosophie*) subyacentes a las diversas ciencias especiales, también hablan de Dios y de la Biblia. Y lo hacen porque, desde una perspectiva cristiana, cada una de las ciencias especiales se fundamenta en una cosmovisión cristiana que hace referencia a Dios y a Su Palabra.

El gran filósofo cristiano holandés Herman Dooyeweerd (1894-1977) escribió en su libro *In the Twilight of Western Thought* (*En el ocaso del pensamiento occidental*): "[S]i se niega la posibilidad de una filosofía cristiana, también se debería negar la posibilidad de una teología cristiana en el sentido de una ciencia de la doctrina bíblica. ...Lutero llamó a la razón natural una ramera que es ciega, sorda y muda respecto a las verdades reveladas en la Palabra de Dios. Pero, si esta ramera puede convertirse en santa por su sujeción a la Palabra de Dios, es difícil entender por qué este milagro sólo podría ocurrir dentro de la esfera de la dogmática teológica. ¿Por qué no podría el pensamiento filosófico también ser gobernado por el motivo central de las Sagradas Escrituras?".

No solo Dooyeweerd planteó esta pregunta, sino que también la respondió al sentar las bases, junto con su cuñado, Dirk Vollenhoven (1892-1978), de una filosofía cristiana. Sin embargo, hasta hace poco, desafortunadamente solo un pequeño grupo de teólogos ortodoxos parece tener alguna idea de lo que podría implicar una filosofía de este tipo, y cuál podría ser su significado para la teología cristiana. Me refiero a una filosofía que no es especulación, sino que se basa en el sólido fundamento de la revelación divina. Ya en 1955, el teólogo sistemático mencionado anteriormente, Otto Weber, reconoció la importancia que una noción cristiana de ciencia tendría también para la teología. Afirmó que tal enfoque cristiano de hecho existía, y se refirió a intentos de desarrollarlo que se habían realizado en los Países Bajos no mucho antes. Citó varias obras de Vollenhoven y Dooyeweerd. Otros teólogos del siglo XX, aunque no se refirieron explícitamente a esta escuela filosófica, desarrollaron ideas estrechamente relacionadas de manera independiente. Menciono en particular a Emil Brunner, Paul Tillich y Gustav Aulén, y en menor medida a Paul Althaus, Helmut Thielicke y Wolfgang Trillhaas.

Por otro lado, el filósofo y teólogo holandés Andree Troost (1916-2008) advirtió que adoptar la visión teológica de que la filosofía es mera "especulación" llevaría a la teología rápidamente hacia un declive positivista. Una teología que pretende basarse en "hechos sólidos" acabará por destruirse a sí misma, porque los hechos sólidos no existen; solo hay "hechos para las personas". Como he dicho antes, una teología que rechaza la filosofía cristiana inevitablemente terminará enredada en alguna filosofía secular —a menudo sin darse cuenta— lo que resultará desastroso.

Racionalismo vs. irracionalismo

Déjame darte un ejemplo revelador de lo que sucede si rechazas una base filosófica cristiana para tu teología. Este ejemplo involucra la relación entre el racionalismo y el irracionalismo. Primero, quiero señalar que estos no son términos teológicos, sino filosóficos, y que se refieren a un problema estrictamente filosófico. Ninguna investigación teológica como tal puede enseñarte qué es el racionalismo o el irracionalismo, o la diferencia entre ambos. El conocimiento de estos términos y sus problemas pertenece a tu bagaje filosófico, ya sea que te des cuenta o no. Si eres un teólogo que se niega a estudiar algo de filosofía necesaria, difícilmente serás consciente de todas las complejidades teóricas que rodean los términos racionalismo e irracionalismo. Como consecuencia, puedes confundirte fácilmente.

En la filosofía cristiana, los términos racional e irracional se equilibran cuidadosamente frente a los términos no racional y suprarracional. Sin esto, las únicas alternativas que puedes ver para lo racional y el racionalismo son lo irracional y el irracionalismo.

Un ejemplo de esto es el teólogo Millard J. Erickson (n. 1932). Cuando sus ingeniosos intentos de reconciliar algunas difíciles Escrituras son desestimados por sus oponentes como formas de racionalismo, Erickson responde que tales críticas son consecuencia del habitual énfasis existencialista en la naturaleza paradójica de la realidad y la absurdidad del universo. ¿Ves lo que está sucediendo aquí? Erickson ha sido acusado (ya sea con razón o no, no es el tema ahora) de racionalismo, y la única manera en que puede defenderse es acusando a sus oponentes de irracionalismo. Al parecer, no es consciente de las opciones tercera y cuarta, es decir, lo no racional y lo supra-racional. Otros teólogos sabían que la filosofía cristiana trataba con lo suprarracional, pero rechazaban esto como vago misticismo o especulación metafísica.

De esta manera, la teología tradicional sigue enredada en el racionalismo porque no conoce ninguna alternativa, y la razón por la que no la conoce es que no tiene un marco filosófico dentro del cual lo racional y lo irracional, así como lo no racional y lo suprarracional, puedan encontrar sus lugares adecuados. Como he dicho antes, mientras la teología tenga que operar sin una filosofía cristiana que la acompañe, caerá en una de tres posibles trampas: racionalismo (ya sea del tipo escolástico o del de la Ilustración), misticismo irracionalista o biblicismo.

Permíteme darte un ejemplo de la tercera opción. Primero, muchos teólogos son conscientes de las trampas de la teología racionalista, pero piensan que están a salvo de ellas. Por ejemplo, un teólogo de este tipo, cuando se le advierte sobre los peligros que enfrenta, puede responder: "la Escritura me ayudará en este punto también", sin darse cuenta de que la Escritura en sí no nos proporciona instrucciones o armas defensivas para ayudarnos a evitar tanto el racionalismo como el irracionalismo. La Escritura ni siquiera nos enseña cómo hacer teología científica en primer lugar.

Segundo, nuestro teólogo puede decir: "simplemente estoy extrayendo mis doctrinas directamente de la Escritura, por lo que no puede salir nada mal", sin darse cuenta de que la Escritura en sí no ofrece un tratado sistemático sobre ninguna doctrina cristiana en particular. Las teorías de la teología sistemática no se "extraen" de la Escritura, sino que siempre son diseñadas por los teólogos sistemáticos. Si se lleva a cabo correctamente, la elaboración de teorías se hace para dar cuenta de los datos escriturales. Pero eso no altera el hecho de que las teorías en sí son productos mentales de los teólogos. La Biblia no contiene teorías y, por lo tanto, no se pueden extraer teorías de ella. Ni siquiera contiene doctrinas instantáneas que solo esperen ser desenterradas por el teólogo. El hecho es que la teología nunca simplemente repite lo que dice la Escritura, sino que es el producto de la reflexión teológica humana sobre la Escritura. Hay muchas bellezas relacionadas con esta empresa, pero también todo tipo de peligros, especialmente si no eres plenamente consciente de lo que estás haciendo.

Tercero, nuestro teólogo puede decir: "el Espíritu Santo me ayudará y me mantendrá alejado de las trampas". Ahora bien, por supuesto, esta guía del Espíritu es de suma importancia; como dijera Jesús, "el Espíritu de verdad. . . os guiará a toda la verdad" (Juan 16:13). Esto es válido para todos los creyentes, no solo para los teólogos. Pero el teólogo que afirma hacer exégesis de manera "científica" debe darse cuenta de que si no rinde cuentas de su metodología exegética, rápidamente se engañará a sí mismo. Un teólogo así puede fácilmente confundir sus propias ideas con la obra del Espíritu. Y aun si lo fueran, como académico no podría apelar a ello, porque en un debate teológico eso no tiene peso. Siempre debe presentar *argumentos*, no una apelación a la inspiración divina.

No hay teología sin filosofía

Espero haber demostrado al menos que los problemas involucrados son, por definición, problemas *filosóficos*, como la relación entre lo racional y lo irracional, o entre el conocimiento de la fe y el conocimiento teológico, o entre el corazón y la razón. En capítulos posteriores discutiremos problemas como el llamado objeto de estudio de la teología (capítulo 3); las presuposiciones de la hermenéutica teológica (la ciencia de la interpretación); la metodología teológica, en relación y en posible contraste con la metodología de otras ciencias especiales (capítulos 6 y 7); los fundamentos de la antropología; los problemas del tiempo y la eternidad, de la inmanencia y la trascendencia, etcétera. El hecho de que, al igual que en otras ciencias especiales, estos sean problemas *filosóficos* implica que la teología necesita sus propios prolegómenos filosóficos, arraigados en una cosmología y una epistemología cristianas coherentes.

Por supuesto, en muchos casos los teólogos en el pasado se *dieron* cuenta de la importancia de los prolegómenos filosóficos para la teología. Pero la mayoría de las veces no se percataron de la importancia de una filosofía *cristiana*; es decir, de unos prolegómenos filosóficos que estén arraigados en el mismo motivo básico bíblico que la teología misma. Usualmente, los teólogos que ven la importancia de la filosofía hablan de ella como si fuera un instrumento *neutral*, no muy diferente de las herramientas neutrales del carpintero o del médico. Tales teólogos citan libremente ya sea de la escolástica, o del pragmatismo moderno, del existencialismo, de la filosofía analítica, de la filosofía de procesos, de la fenomenología, etcétera, sin ningún reparo de conciencia. Pero, al mismo tiempo, a menudo se oponen firmemente a la noción de una "filosofía cristiana". Esto es todo un misterio, a menos que uno comience a darse cuenta del enorme poder del pensamiento escolástico, con su separación entre teología y filosofía, entre el pensamiento "divino" y el "natural", y su negación de la posibilidad misma de una auténtica "filosofía cristiana". ¿Cómo puede una verdadera teología cristiana tener tales malos compañeros de viaje, o beber de aguas tan contaminadas? Eso también es todo un misterio. Por supuesto, sé muy bien que no todo en tales filosofías seculares está mal. Pero, ¿dónde encuentra el teólogo la guía filosófica para saber qué puede adoptar con seguridad de estas filosofías seculares y qué no? ¿Confía en lo que le dice su "intuición cristiana"? ¡Sería más prudente desconfiar de ella! "No te apoyes en tu propia prudencia" (Proverbios 3:5b). ¿Lo encuentra dentro de su propia teología? Pero la teología nunca estuvo equipada para responder problemas filosóficos. Lo que necesita es una filosofía que tenga el mismo fundamento que su teología cristiana. Pero ¿por qué la solución más obvia es tan inaceptable para él y para muchos como él?

El origen de los supuestos filosóficos de la teología

Hoy en día, muchos teólogos han comenzado a darse cuenta de que no pueden prescindir de presuposiciones filosóficas. La única pregunta que queda es, *¿dónde las obtienen?* Puedo ver tres opciones posibles:

(a) *Estos prolegómenos filosóficos se derivan de la Biblia.* Un ejemplo de esto es el teólogo estadounidense Norman L. Geisler (n. 1932). Él acepta realmente una base filosófica para su hermenéutica, y la encuentra en el teísmo, el sobrenaturalismo y el realismo metafísico. Según él, estos "-ismos" son enseñados o al menos presupuestos por las Escrituras. A pesar de las buenas intenciones de Geisler, lo que ofrece es una "teoretización" inaceptable de las Escrituras, como si pudieran enseñar, o incluso presuponer, alguna teoría científica o filosófica. Las Escrituras no contienen ni presuponen teorías o "-ismos". Pero Geisler parece no reconocer la diferencia fundamental entre el lenguaje no teórico de la fe en las Escrituras y el lenguaje teórico de la filosofía y la teología. Eso es porque aparentemente carece de una filosofía cristiana en la que se analicen tales distinciones.

(b) *Los necesarios prolegómenos filosóficos se encuentran en la tradición filosófica actual.* Pero, ¿qué es esta tradición? Es, ya sea la escolástica medieval, que sigue muy viva en el seno de la teología católica romana y de la protestante tradicional, o, durante los últimos quinientos años o más, la tradición humanista con sus muchas ramificaciones. La correspondencia entre ambas es que la escolástica se vincula con el paganismo *antiguo* (grecorromano), mientras que el humanismo se vincula con el paganismo *moderno*. Pero ambas son ajenas a una teología que esté arraigada en el testimonio que dan las Escrituras de sí mismas.

Repito que esto no significa en absoluto que la filosofía humanista no tenga valor para la teología cristiana. Primero, todo esfuerzo científico, no importa cuán profundamente arraigado esté en un compromiso apóstata último, contiene importantes elementos de verdad. La perspicacia, la obstinación de la verdad brilla incluso a través de las filosofías más oscuras. Sin embargo, tales elementos de verdad no son excusa para adoptar también el marco humanista en el que están contenidos. Solo una filosofía cristiana puede ayudarnos a filtrar de manera segura los elementos de verdad del resto de tales filosofías.

Segundo, la teología nunca se realiza en una isla. Siempre se realiza en oposición, en diálogo e interacción con la cultura a la que pertenece, y, por lo tanto, también con las escuelas filosóficas de su tiempo. En ese sentido, la forma específica de una cierta filosofía o teología siempre tiene una importancia limitada, vinculada al tiempo en que fue diseñada. La filosofía y la teología mantienen su relevancia solamente si son capaces de responder no sólo a las preguntas del tiempo en que fueron diseñadas, sino también a las preguntas de tiempos posteriores. Tales preguntas son a menudo planteadas por filósofos seculares (o por artistas). Una filosofía cristiana que no sea relevante para un determinado periodo de tiempo, incluidas sus filosofías seculares, es inútil.

(c) La única opción que queda es una filosofía que *esté arraigada en el mismo motivo básico bíblico que la teología misma*, y no en alguna filosofía escolástica o humanista. En palabras del teólogo reformado estadounidense Gordon J. Spykman (1926-1993): "los prolegómenos deben ser una sola pieza con la dogmática propiamente dicha... Tal integración es posible sólo si los prolegómenos filosóficos y la teología dogmática se ven compartiendo un fundamento común. Aunque diferenciados en función, los prolegómenos y la dogmática deben estar unificados en perspectiva. La tesis principal en este punto es, por lo tanto, que los prolegómenos más adecuados para una dogmática reformada son una filosofía cristiana. El punto de partida noético para ambos es la Escritura. Proporciona las orientaciones reveladoras, las directrices, las 'creencias de control' (Nicholas Wolterstorff) para dar forma a una filosofía dirigida bíblicamente, así como a una teología cristiana".

No hace mucho, el filósofo estadounidense John D. Caputo (n. 1940) argumentó que la filosofía y la teología, aunque diferentes, son "caminos compañeros" para nutrir la "pasión de la vida". Esto es lo que eleva al hombre por encima del aburrido río de la indiferencia y la mediocridad, y nos da algo superlativo para amar más que a nosotros mismos. Aunque Caputo escribe de una manera mucho más poética, me parece que esto no es muy diferente de lo que Dooyeweerd llamó el motivo básico, y lo que otros han llamado el compromiso último del ser humano pensante.

Por supuesto, la elección de una cierta filosofía cristiana, o más específicamente, de la filosofía cristiana de Dooyeweerd, Vollenhoven y sus compañeros sudafricanos y norteamericanos, no implica que sólo *después* de esta elección sea posible una teología cristiana. Una teología cristiana radical, y una filosofía cristiana para el caso, es posible tan pronto como el motivo básico de la revelación divina de la Palabra sea realmente tomado en serio, aunque este motivo básico como tal no sea ni filosófico ni teológico. Una y otra vez, la teología debe redescubrir su punto de partida en este motivo básico y no en el pensamiento grecorromano, escolástico o humanista. Si lo hace, *automáticamente* (cf. *automatè*, "por sí misma", en Marcos 4:28) se moverá a lo largo de líneas escriturales, e implícitamente aplicará los conocimientos filosóficos inspirados por este motivo básico.

Al mismo tiempo, es obvio que la teología se *beneficiará* enormemente de una filosofía cristiana explícita y coherente que pueda servir como base para la teología. Una filosofía así garantizará constantemente que los motivos que se introduzcan sean de hecho bíblicos, en lugar de escolásticos o humanistas, y que la teología se desarrolle a lo largo de las líneas del motivo básico bíblico. El diseño de una filosofía cristiana para la teología la transformará de una teología ingenua a una plenamente científica.

El círculo hermenéutico

Una filosofía *humanista* consistente rechaza tanto una filosofía cristiana como una teología cristiana, al menos si tal teología pretende ser verdaderamente científica. Una filosofía *escolástica* consistente hace, como hemos visto, una distinción fundamental entre una filosofía neutral, objetiva, imparcial, y por lo tanto ciertamente no "cristiana", por un lado, y la "teología sagrada", por otro. Una filosofía arraigada en el motivo básico bíblico acepta tanto la posibilidad de una filosofía cristiana como la de una teología verdaderamente científica y cristiana. Si una filosofía cristiana no es posible, entonces tampoco lo es una teología cristiana. Pero si una teología cristiana es posible, también lo es una filosofía cristiana. En resumen, los humanistas rechazan ambas, mientras que los pensadores escolásticos rechazan la filosofía cristiana aunque aceptan la teología cristiana. En cuanto a nosotros, aceptamos ambas, y vamos tan lejos como para afirmar que no podemos tener una sin la otra.

Aquí hemos llegado a un estado de cosas interesante. Todos los argumentos cristianos a favor de la posibilidad de una teología fundada en el motivo básico bíblico deben explicarse *a priori* desde el motivo básico bíblico de esta teología cristiana. Y todos los argumentos en contra de la posibilidad de una teología cristiana están, en última instancia, arraigados en los motivos básicos escolásticos o humanistas de la oposición. Estamos tratando aquí con lo que se llama un *círculo hermenéutico* del que ningún pensador puede escapar. La cuestión teórica sobre la posibilidad o necesidad de una teología cristiana está *a priori* determinada por el motivo básico *preteórico* de cada uno, que es o cristiano o humanista, o una mezcla de ambos. Para decirlo en términos más simples, el que creas en una teología cristiana (científica) depende de cuán radicalmente cristiano seas.

¿Te das cuenta de lo que esto significa? En mi opinión, la pregunta de si crees que todo pensamiento humano está arraigado en un motivo religioso básico depende de tu propio motivo religioso básico. No hay manera de que pueda escapar a esta conclusión. Esto es precisamente lo que quise decir cuando hablé del "círculo hermenéutico". Si *no* crees que todo pensamiento humano está arraigado en un motivo religioso básico, no puedo evitar estar convencido de que ello es debido a tu propio motivo religioso básico. Para decirlo un poco bruscamente, ¡tu motivo religioso básico te impide creer que el pensamiento humano siempre está arraigado en un cierto motivo religioso básico!

Déjame intentar ilustrarlo. Supón que eres un racionalista; es decir, crees que la razón humana es el principio explicativo más elevado que conoces. Crees que todo lo que crees debe basarse en argumentos lógicos. Mi pregunta para ti es: ¿cómo sabes esto? ¿Cómo puedes demostrar —es decir, con la ayuda de la lógica— que la lógica es el principio más elevado? Para demostrar esto, necesitarías una posición mental "más alta", la que el filósofo estadounidense Hilary Putnam (n. 1926) ha llamado el "punto de vista del Ojo de Dios", desde el cual puedas juzgar si es lógico ser lógico. Si fuera posible para ti encontrar tal posición, estaría *más allá* de la lógica, y así refutarías tu propio punto de vista, porque lo que está *más allá* de la lógica no puede ser lógico. La tesis, "es científico suponer que todas las ideas fructíferas deben ser lógicas", en sí misma no es lógica, ¡y por lo tanto aparentemente no es científica! Así que la tesis se refuta a sí misma.

Si no puedes encontrar tal posición "más alta", tal "punto de vista del Ojo de Dios", esto significa que no puedes demostrar lógicamente tu posición y, en ese caso, tu postura también se perdería. Aparentemente, no es posible ser un racionalista coherente sin refutar tu propia posición. En otras palabras, tú también te encuentras en un círculo hermenéutico. Para creer en el valor del racionalismo como una buena posición ("lógica"), primero debes ser un racionalista.

Como he argumentado antes, tu elección del racionalismo es en sí misma necesariamente una elección *suprarracional*. En mi terminología, es una elección del corazón y, por lo tanto, en última instancia, una decisión de naturaleza religiosa porque surge de tu *compromiso último*, del Último Fundamento en el cual pones tu confianza. Así que incluso si tú, siendo un racionalista, rechazas la noción de motivo religioso básico, creo que puedo demostrar fácilmente no sólo que tu posición es insostenible, sino que tu propio pensamiento está arraigado en un motivo religioso básico. Incluso afirmo que, en última instancia, solo hay dos *compromisos últimos*: uno que es afín a la Palabra de Dios, y otro que no lo es.

CAPÍTULO III

EL OBJETO DE ESTUDIO DE LA TEOLOGÍA

Ahora llegamos a la pregunta que toca el corazón del asunto: ¿Qué es en realidad la teología? Consideremos varias descripciones tradicionales de la teología que creo no son muy satisfactorias, y luego intentemos encontrar un enfoque más adecuado.

"La teología es el estudio de Dios"

Esta es la definición más antigua y familiar, así como la más obvia de la teología, porque está directamente relacionada con el significado original del término griego *theologia*, "estudio (o doctrina) de Dios". El padre de la iglesia, Agustín (354-430), nos ofrece una descripción temprana de la teología como *de divinitate ratio sive sermo*, es decir, "conocimiento racional o predicación acerca de la Divinidad".

El teólogo neerlandés Abraham Kuyper (1837-1920) insistió en que "Dios" es el objeto de la teología. Afirmó que la teología es "el conocimiento de Dios", tal como la ciencia natural es "el conocimiento de la naturaleza". Ésta es una comparación un tanto extraña, ya que, mientras los científicos naturales tienen acceso empírico a la naturaleza, los teólogos no tienen acceso empírico a Dios, de modo que no puede haber una "observación científica" de Él. El problema con Kuyper, al igual que con muchos otros teólogos orientados escolásticamente, fue que no diferenciaba claramente entre el conocimiento *de fe* del corazón y el conocimiento racional *científico* de la Biblia. Como ciencia, la teología no tiene acceso empírico a Dios; tiene acceso empírico a *escritos sobre Dios*, especialmente a la Biblia, lo cual es algo muy distinto.

El gran teólogo sistemático neerlandés Herman Bavinck (1854-1921) describió la teología como "un sistema científico del conocimiento de Dios" en la medida en que este conocimiento ha sido revelado. Consideraba el conocimiento de Dios dentro de la teología sistemática como una "huella" del conocimiento que Dios ha revelado sobre sí mismo en su Palabra; la tarea del teólogo es *reproducir con reflexión* la verdad revelada. Hasta el final de su vida, Bavinck definió la teología como la *scientia de Deo*, "la ciencia sobre Dios". Hasta el día de hoy, varios teólogos protestantes destacados han seguido esta línea de pensamiento. El teólogo alemán Wolfhart Pannenberg (n. 1928) afirma que la teología es una "doctrina sistemática de Dios y nada más". El teólogo estadounidense Millard J. Erickson (n. 1932) nos dice que la teología es "el estudio o la ciencia de Dios". Y el filósofo alemán Lorenz B. Puntel (n. 1935) sostiene que la teología tiene un "objeto concreto"; es decir, Dios.

Una buena excepción a tales definiciones mal consideradas es la del teólogo reformado sudafricano Johan A. Heyns (1928-1994), quien enfatizó que la teología, como todas las ciencias especiales (alemán: *Fachwissenschaften*; neerlandés: *vakwetenschappen*), está orientada hacia la realidad cósmica, es decir, empírica. Si bien Dios no pertenece a esta realidad empírica, la Biblia sí. El teólogo y filósofo neerlandés Andree Troost (1916-2008) sugirió que cualquier intento de "analizar" a Dios, como si fuera un "dato" empírico como sus propias criaturas, es básicamente blasfemo. La teología nunca puede tratar a Dios como un "objeto de conocimiento" de manera directa; sólo puede tratar con lo que Dios ha revelado sobre sí mismo en las Escrituras. Así que Troost también, a su manera, subrayó el hecho de que la teología es una ciencia empírica.

Además, Troost enfatizó que nuestra doctrina teológica de Dios no es una huella o copia de la revelación divina, como si esta doctrina fuera tan perfecta como la revelación original de Dios, sino una imagen abstracta de Dios, que los teólogos han diseñado creativamente por sí mismos. Dios no puede ponerse sobre la mesa de disección de los teólogos; Él no es un objeto de análisis humano, no es un campo de estudio. El *único* objeto de análisis humano son las *enunciaciones humanas sobre Dios*, tal como las tenemos en las Escrituras, y en los comentarios judíos y cristianos sobre las Escrituras. La teología *ortodoxa* analiza estos textos basándose en la convicción de fe precientífica de que las declaraciones bíblicas sobre Dios se fundamentan en la autorrevelación de Dios. Esta convicción puede ser explicada racionalmente por la teología, pero no es en sí misma el resultado de la investigación teológica.

Por cierto, las imágenes de Dios son cosas peligrosas. Dios mismo advierte a su pueblo contra hacer "imágenes talladas" (Éxodo 20:4). Esto incluye no sólo las imágenes talladas de dioses falsos, sino incluso las imágenes que pretenden representar al propio Dios (cf. Éxodo 32:4-5). No podemos evitar formar una imagen de Dios en nuestras mentes, pero debemos tener cuidado de no "postrarnos ante ella" (Éxodo 20:5). Esta es una gran trampa para los teólogos, quienes pueden comenzar a admirar cada vez más la imagen de Dios que ellos mismos, u otros, han diseñado. Nunca debemos hacer que nuestra imagen de Dios sea más importante que

Dios mismo. Las imágenes teológicas pueden ser un medio para familiarizarnos mejor con quién es Dios, pero nada más. Si una imagen teológica, o la teología misma, se convierte en un objeto de veneración, entonces debemos "romperla en pedazos" (cf. 2 Reyes 18:4).

"La teología es el estudio de la Palabra de Dios"

Además de la definición que acabamos de discutir, ninguna parece ser más obvia y apropiada que esta: la teología estudia la Palabra de Dios. Nada parece más evidente. El teólogo alemán Hanfried Müller (1925-2009) afirma que el objeto de la teología es la "Palabra viva de Dios". El teólogo neerlandés Jan van Genderen (1923-2004) definió la dogmática (teología sistemática) como una ciencia teológica que habla sistemáticamente sobre lo que Dios ha revelado en su Palabra. Y podría citar a muchos otros teólogos cristianos también. Pero, ¿es esta definición sostenible?

Si por el término "Palabra de Dios" nos referimos simplemente a la Biblia tal como la tenemos en nuestras manos, no hay duda de que los teólogos efectivamente estudian la Biblia. Pero reconocer la Biblia como la *Palabra de Dios* es algo que trasciende y precede a todo análisis científico, incluida la teología. *Conocer* tanto a Dios como a su Palabra es una cuestión de fe, un asunto existencial del corazón regenerado del hombre. "Esta es la vida eterna: que te conozcan a ti, el único Dios verdadero" (Juan 17:3). Este tipo de conocimiento *trascendente de fe* no está directamente relacionado con la teología como tal, ya que la teología es una empresa teórica estrictamente inmanente. El conocimiento trascendente de Dios y su Palabra que el creyente tiene en su corazón no es el objeto de la teología. Más bien, es aquello que precede, precondiciona y sustenta una teología verdaderamente bíblica. A los teólogos de su tiempo, que habían hecho de las Escrituras el objeto de su continua investigación, Jesús les dijo: "No me conocéis a mí ni a mi Padre" (Juan 8:19; cf. v. 55). En cambio, de los *creyentes* se escribió: "La palabra de Dios permanece en vosotros" (1 Juan 2:14). Pero esto no se aplica necesariamente a todo teólogo. (Para los términos "trascendente", "inmanente", "existencial", "corazón" en contraste con "razón", etcétera, remito nuevamente al lector a mi libro *Sabiduría para los pensadores.*)

El teólogo británico William H. G. Thomas (1861-1924), el teólogo neerlandés Gerrit C. Berkouwer (1903-1996), el teólogo estadounidense Carl F. H. Henry (1913-2003) y otros, relacionan el objeto de estudio de la teología con la "revelación (escrita) de Dios". Por supuesto, en este punto podríamos plantear objeciones similares a las que ya presentamos contra la idea de que la teología sea el estudio de la "Palabra de Dios". Las buenas intenciones detrás de tales definiciones son evidentes, pero necesitamos hacer una distinción cuidadosa aquí. El objeto de estudio de la teología es un libro llamado la Biblia, y los teólogos que creen en la Biblia lo estudian basándose en la convicción de fe trascendente preconcebida de que esta Biblia es *la Palabra de Dios revelada.* Estrictamente hablando, ni Dios, ni la Palabra de Dios, ni la revelación de Dios pueden ser colocados en la mesa de disección del teólogo. Es la *Biblia* lo que estudia, analiza e investiga. Y si es un teólogo creyente en la Biblia, es su corazón *creyente* el que *a priori* reconoce en las Escrituras la Palabra de Dios revelada.

La idea de que la Biblia es la Palabra de Dios revelada nunca puede ser el *resultado* objetivo de ningún análisis teológico. Más bien, es la *convicción de fe trascendente* del teólogo creyente en la Biblia la que *precede* y *condiciona* sus análisis teológicos. La certeza de que las Escrituras implican una revelación divina no es una certeza científica, sino una certeza de fe, trabajada en el corazón a través de la misma Palabra de Dios y del Espíritu Santo . Esto no significa que, *a posteriori*, no podamos o no debamos presentar poderosos argumentos lógicos para nuestra convicción de fe trascendente respecto a la Biblia. Por supuesto que podemos. Una convicción trascendente y suprarracional no es una convicción mística o irracional. Al contrario, creemos que tenemos fuertes argumentos (racionales) para creer que la Biblia es la Palabra de Dios revelada. Pero estos argumentos nunca son el resultado de una investigación teológica neutral u objetiva; más bien, están determinados por la convicción de fe *a priori* del corazón regenerado.

"La teología es el estudio de la conciencia religiosa del hombre"

Algunos pensadores cristianos han intentado dar respuestas muy diferentes a la pregunta de qué es la teología. No comienzan con Dios ni con su Palabra, sino con el estudio e investigación del hombre. Esta no es, por así decirlo, una aproximación teísta, sino una aproximación antropológica, según la cual la teología es la ciencia que investiga la conciencia religiosa del hombre. La teología no puede comenzar con Dios o su Palabra, como si fueran realidades objetivas. Más bien, debe comenzar con el hombre religioso y sus creencias, o al menos eso se afirma. Al final, lo que los teólogos hacen no es la descripción objetiva de Dios o su Palabra, sino únicamente una descripción subjetiva de sus creencias acerca de Dios y su Palabra. Nunca pueden ir más allá de sus propias creencias. Si hubiera algo más allá de eso, tal convicción no sería más que otra de las "creencias" del hombre.

Esta concepción de la teología se ha vinculado a Friedrich Schleiermacher (1768-1834), quien ha sido llamado el mayor teólogo del siglo XIX. Pero, aunque Schleiermacher mismo advirtió contra el subjetivismo y el "psicologismo", en gran medida redujo la fe a la conciencia piadosa de uno mismo. El énfasis no está en la "revelación objetiva" de Dios —aunque esa expresión en sí misma es peligrosa— sino, en el mejor de los casos, en la respuesta religiosa del hombre a ella y, en un sentido aún más vago, en los sentimientos religiosos en general. Como escribió Schleiermacher: "Los teoremas de la fe cristiana son ideas de los estados piadosos del cristiano, presentadas dentro de la razón".

Cabe destacar que comenzar con la conciencia religiosa del hombre —como un dato claramente inmanente empírico— es algo muy diferente de la convicción de que la fe, en su significado trascendente-religioso, necesariamente precede y condiciona toda teología. En su discusión sobre la teología sistemática, Karl Barth (1886-1968) sugiere que, en sí misma, no es tanto un acto de fe como algo que presupone un acto de fe. En otras palabras, la forma en que un teólogo practica la teología está determinada *a priori* por la forma en que ve su objeto de estudio, ya sea que esté involucrada o no la creencia. No existe ningún conocimiento práctico o teórico sobre nada sin alguna fe o creencia previa (como he discutido en *Sabiduría para los pensadores*).

Llamar a la teología un acto de fe muestra una buena intención; después de todo, ¿qué sería la teología sin fe? No obstante, la afirmación evidencia una falta de distinción entre el conocimiento práctico de la fe y la teología teórica científica. Desafortunadamente, incluso hoy en día, la confusión escolástica entre ambas sigue siendo generalizada en la teología. Todavía es extremadamente común escuchar la afirmación no examinada de que todo buen cristiano es también "un poco teólogo", o que la fe común y la teología sólo difieren en el grado de reflexión involucrado, o que incluso cuando oramos hacemos "declaraciones teológicas", etcétera. Todo esto se dice con las mejores intenciones, pero estas afirmaciones sufren de errores de categoría.

Todas estas declaraciones pasan por alto la diferencia fundamental entre la fe práctica, suprarracional, trascendente, y la teología teórica, racional e inmanente. Fuera de la esfera de la filosofía cristiana, tal como la definen pensadores como Dooyeweerd y Vollenhoven, uno de los que, en mi opinión, ha comprendido mejor esta distinción fue el teólogo sueco Gustav Aulén (1879-1977). Vio la teología no como un estudio científico de Dios y su Palabra (véase más arriba), sino como un análisis científico de las creencias cristianas. También vio claramente la distinción entre la teología científica y la fe de los individuos creyentes o de las confesiones de la iglesia.

"La teología es el estudio del *depositum fidei* cristiano"

El *depositum fidei* es el conjunto de las creencias cristianas (de hecho, la palabra *depositum* aparece en la Vulgata, la antigua traducción latina de la Biblia; véase, por ejemplo, 2 Timoteo 1:14: "Custodia el buen depósito..."). Esta totalidad de todo lo que un cristiano cree es un asunto muy práctico. Sin embargo, la teología (sistemática) es una empresa teórica cuyo propósito es analizar y sistematizar este *depositum*. No hay un continuo entre lo práctico y lo teórico, como muchos teólogos han sugerido, porque creer en doctrinas y analizarlas son cosas diferentes; la diferencia es de esencia más que de grado. Es, usando la analogía del capítulo 1, la diferencia entre comer pan y analizarlo químicamente. ¿Cómo podría haber un continuo entre estas dos actividades? Como dice el teólogo alemán Hans Waldenfels (n. 1931): "El discurso de la fe y el discurso teológico, la fe y la teología, son tan distintos como un sujeto y la reflexión sobre ese sujeto".

Es crucial tener una idea clara de esto. Lo que hacen los creyentes es creer. Lo que hacen los teólogos (ya sea que crean o no) es analizar teóricamente esas creencias. O, en palabras del teólogo alemán Paul Althaus (1888-1966), la teología es la autorreflexión científica de la fe cristiana. Otros teólogos, como Fritz Buri, Karl Barth, Paul Tillich, Heinrich Ott, Wolfgang Trillhaas, John Macquarrie y muchos más, han dicho cosas similares.

Para comprender esto correctamente, ahora debemos analizar un poco más los términos "fe" y "creencias". La palabra griega *pistis* se refiere, en primer lugar, a aquello que despierta fe y confianza, es decir, lo que es fiel, confiable y digno de confianza; y, en segundo lugar, *pistis* se refiere a la fe misma y a la confianza como tal. Esta fe es:

(1a) (*activamente*) el acto de creer; es decir, tener fe en Dios o en Cristo;

(1b) (*activamente*) fe, independientemente de su objeto, en el sentido de (fe) confianza (latín: *fides qua creditur*), o fe por la cual las personas creen;

(2) (*pasivamente*) lo que se cree (latín: *fides quae creditur*), o la fe que las personas creen; también *ea quae credenda sunt*, o las cosas que deben creerse, es decir, el *depositum fidei*, el depósito o doctrina de la fe.

Todos estos significados diversos se encuentran en el Nuevo Testamento, y por supuesto están relacionados entre sí. Toda fe real (es decir, *fides qua*) implica ciertas creencias (es decir, *fides quae*). A la inversa, no puede haber ninguna *fides quae* genuina sin alguna forma de *fides qua*, no importa cuán pobre o débil sea.

Nos será útil definir la fe como la condición existencial, suprarracional y trascendente del corazón humano, y las *creencias* como las concepciones racionales e inmanentes en las que esta fe se expresa. La fe es el punto focal trascendente de todas nuestras creencias inmanentes, y nuestras creencias son las ramificaciones inmanentes de nuestra fe trascendente. Los creyentes son aquellos a quienes el Espíritu Santo les ha concedido esta fe suprarracional del corazón (Efesios 2:8), que luego se expresa en creencias racionales. O, para expresarlo de un modo un poco diferente: el predicador del evangelio ha traducido su *fides qua* en *fides quae*; es decir, ha expresado su fe trascendente suprarracional en formulaciones racionales inmanentes. Posteriormente, predica estas creencias ("esto es lo que creo") a sus oyentes. Estos oyentes aceptan este *fides quae* (creencias inmanentes racionales) —esperamos— y en sus corazones el Espíritu Santo lo traduce en un *fides qua* (una fe trascendente suprarracional).

Este es el camino: desde el corazón A (*fe*) hacia la boca A (*creencias*), desde la boca A al oído B (*creencias*), y desde el oído B al corazón B (*fe*). El *fides qua* (fe) y el *fides quae* (creencias) nunca deben equipararse; pero tampoco deben separarse. No hay fe sin creencias, y no hay creencias sin fe. La forma más simple de expresar esto es que la teología investiga las creencias cristianas, aunque los teólogos también se interesan en la *fe* que subyace a estas creencias. La teología puede analizar lógicamente las creencias y formularlas en forma lingüística, pero sólo puede aproximarse tentativamente a la fe. En el sentido más profundo, sin embargo, la fe es un misterio que la teología no puede conceptualizar (encajarlo en formas racionales). En el mejor de los casos, puede formar una *idea* (racional) de ella (ver el capítulo 6 sobre la distinción entre concepto e idea).

Actitud de pensamiento práctico *vs.* teórico

Dado que la diferencia entre la fe y la teología es tan importante, examinemos este tema con más detalle. Recuerda que, en su trato práctico con la Escritura, el creyente la utiliza como su fuente diaria de alimento espiritual, consuelo, edificación y aliento. Esta actitud de pensamiento práctico, en comparación con la actitud de pensamiento teórico, tiene las siguientes características:

1. *Integralidad* versus *abstracción*. La actitud de pensamiento práctico hacia la Escritura es de naturaleza integral en cuanto al propio lector de la Biblia. En ningún momento desconecta su función lógica de pensamiento. Sin embargo, esta función es sólo una de muchas funciones diferentes que están activas al mismo tiempo durante su lectura bíblica (véase *Sabiduría para los pensadores* sobre este concepto de *funciones*). Está la función perceptiva (¿cómo podría leer o escuchar la Palabra si no?), la función sensible (¿cómo podría absorber la Palabra sin ser conmovido por ella?), la función lógica (¿cómo podría entender la Biblia sin hacer las distinciones necesarias, como entre apóstoles y ángeles, judíos y gentiles, creer y ver, gracia y responsabilidad, perdido y salvo, etcétera.?), la función lingüística (¿cómo podría recibir la Palabra si la escucha en un idioma que no entiende?), la función formativa (¿cómo

podría leer la Palabra sin ser impactado por las muy diferentes situaciones históricas culturales que encuentra en ella, y sin tratar de "traducirlas" a su propio tiempo?), la función estética (¿cómo podría leer la Escritura sin ser tocado por la forma literaria en la que se le presenta?), etcétera.

En el acto de leer la Biblia, ninguno de estos aspectos se abstrae (conscientemente) de los demás. Todas estas funciones diversas siempre se presentan *integralmente* al lector, sin que este sea consciente de ellas. Sin embargo, la abstracción es precisamente lo que ocurre en el pensamiento teórico: el teólogo no es ni lingüista ni historiador. Además, como buen académico, debe dejar de lado sus afectos y emociones, concentrándose únicamente en las *distinciones lógicas* presentes en los contenidos de fe de la Escritura. En resumen, cuando adopta la actitud de pensamiento teórico, su función lógica de pensamiento se abstrae de sus otras funciones modales.

2. *Inmediatez* versus *distancia*. La actitud de pensamiento práctico hacia la Escritura es de naturaleza *inmediata*, en el sentido de una intimidad directa con la Palabra de Dios, sin la *distancia* que es tan característica de la actitud de pensamiento teórico. La Palabra se recibe directamente del Señor. No se *aproxima*, como lo hace el teólogo, ya que la noción de aproximación presupone la distancia teórica, en la que la función lógica del erudito se coloca en oposición a un aspecto modal —en este caso, el aspecto pístico—[1] de su objeto de estudio.

Desde el punto de vista estrictamente *formal* de la filosofía de la ciencia, no puede haber tal cosa como un continuo entre la lectura bíblica ordinaria y el estudio, por un lado,

---

[1] Me permito introducir el neologismo "pístico" para referirme a lo relativo a la fe (nota del traductor).

y la investigación teológica, por el otro; sólo puede haber una clara distinción. *En la práctica*, esta distinción puede no ser siempre muy clara, pero esto no afecta la distinción formal como tal. Las diferencias entre la teología (teórica) y la lectura práctica de la Biblia son al menos tres:

(a) *Abstracción modal.* Del conjunto de los contenidos de la fe bíblica, sólo se abstrae un aspecto modal, en este caso el de la fe. Aunque hay aspectos históricos, lingüísticos, emocionales y estéticos en el texto (por mencionar sólo algunos), el teólogo los ve todos desde la perspectiva de la fe, no como fines en sí mismos. Para otros científicos esto es diferente. Por ejemplo, los biólogos podrían estar interesados en las leyes alimentarias bíblicas por razones puramente biológicas. Los historiadores podrían estar interesados en la historia bíblica como tal; es decir, por razones puramente historiográficas. Y los economistas podrían estar interesados en las relaciones económicas en el antiguo Israel. Cada ciencia mira los contenidos bíblicos desde un ángulo modal específico; en cuanto al teólogo, los ve desde el ángulo pístico.

Lo que todos estos científicos especiales tienen en común es que están interesados en las distinciones *lógicas* en sus diversos campos de investigación. Así, para un científico siempre sobresalen dos aspectos modales: el aspecto lógico dentro del investigador, y el aspecto de la fe (o biótico, o histórico formativo, o económico, etcétera) dentro de su campo de investigación.

(b) *Universalidad modal.* Dentro del marco del aspecto de la fe, que forma el campo de investigación para el teólogo, éste se esfuerza por adquirir una comprensión universal (general). Esto significa que busca patrones generales, principios, reglas, leyes y normas. En otras palabras, rara vez está interesado en un fenómeno religioso particular, sino en las características generales que son válidas para todos los fenómenos religiosos similares bajo investigación. Incluso si el teólogo mira un evento, por ejemplo un evento salvador único como la crucifixión de Jesús, comenzará a entender este evento si lo ve como parte —aunque de manera única y excepcional— de una larga serie de eventos sacrificiales expiatorios y reconciliadores prescritos por Dios, desde la historia humana temprana, y especialmente en conexión con el culto sacrificial del antiguo Israel.

c) *Conceptos teóricos*. Al igual que cualquier otra ciencia, la teología se caracteriza por conceptos específicos que tienen la naturaleza de *entidades teóricas*. Estos se utilizan para explicar ciertos estados de cosas dentro del campo de investigación, y están, en principio, ausentes en la actitud de pensamiento práctico. Digo "en principio" porque en el mundo occidental, donde la ciencia es muy venerada, muchos conceptos teóricos han penetrado el lenguaje cotidiano de los no científicos. Lo mismo ocurre con el lenguaje y el pensamiento de muchos creyentes no teológicos: usan términos como "Trinidad", "sustitución", "pacto de obras" y "pacto de gracia", "reprobación eterna", "bautismo del creyente", "dispensación", "milenio", "segunda bendición", los "dos reinos", "iglesia estatal", "satisfacción" (un término tomado de la soteriología), etcétera. Pero ninguna de estas expresiones se encuentra en el texto de la Escritura misma. Son productos, ya sean exitosos o no, de la reflexión teológica.

El aspecto modal de la fe

En los últimos párrafos he introducido el concepto de la modalidad de la fe de la realidad cósmica. Si has estudiado mi libro *Sabiduría para los pensadores*, ya estarás familiarizado con la noción de aspectos modales en general y con la modalidad de la fe en particular. En ese caso, también sabrás cuál es mi respuesta a la pregunta sobre el tema del presente capítulo, es decir, el objeto de estudio de la teología. En la visión de los teólogos que trabajan dentro del marco de la filosofía cristiana radical, la teología es sólo una de muchas ciencias especiales. Estas son ciencias que observan la realidad cósmica desde un ángulo modal específico. La aritmética la observa desde el ángulo aritmético, la biología desde el ángulo biótico, la lingüística desde el ángulo lingüístico, la ética desde el ángulo moral, por mencionar algunos ejemplos.

Como expliqué en *Sabiduría para los pensadores*, creo que es muy impreciso decir que las ciencias especiales estudian "partes" o "dominios" de la realidad cósmica. De hecho, lo contrario es cierto: todas las ciencias especiales estudian la totalidad de la realidad cósmica más que partes o dominios particulares, pero cada una lo hace desde un punto de vista modal específico. Ahora comprenderás por qué nunca diría que la Biblia es el objeto de estudio de la teología. Los teólogos estudian la totalidad de la realidad cósmica, pero sólo desde la perspectiva de la fe, al igual que otras ciencias estudian esa misma realidad cósmica desde la perspectiva energética, perceptiva, social o estética, etcétera. Volveré a esto con más detalle más adelante en este capítulo.

He explicado cómo, dentro de la actitud de pensamiento teórico, ocurre una doble abstracción. Primero, dentro del investigador, la modalidad *lógica* se abstrae de las demás modalidades durante la investigación. Es decir, sus aspectos personales, como los sensibles, culturales, sociales, económicos, estéticos, etcétera, deben quedar de lado temporalmente.

No se les permite interferir con la investigación científica que está llevando a cabo. Segundo, en su campo de investigación, también se abstrae una modalidad única de todos los demás aspectos durante este período. Como dije, en teología este es el aspecto de la fe de la realidad cósmica. Los teólogos están ocupados con las personas, pero principalmente o exclusivamente con las funciones sujeto de fe de esas personas. Y, aun cuando se ocupan de animales, plantas o cosas inanimadas, sólo se preocupan de las funciones objeto de fe de esas cosas.

Una vez más, quiero enfatizar que en la actitud de pensamiento *práctico* estas dos abstracciones —en el observador y en el objeto observado— nunca ocurren. *Todas* las funciones espirituales de la persona están activas al mismo tiempo. Y esa persona observa la realidad cósmica en la coherencia de todos los aspectos modales de esa realidad, incluso sin ser consciente de todos esos diversos aspectos modales. En la actitud de pensamiento teórico, dos modalidades se destacan, como acabo de explicar. En la teología, estas son la modalidad lógica del investigador y la modalidad de fe de su objeto de estudio. En términos sencillos, los teólogos intentan abordar el lado de la fe de la realidad de manera lógica analítica.

Un examen más detenido

Debo admitir que la modalidad de la fe de la realidad cósmica, tal como la presenta Herman Dooyeweerd, parece bastante complicada. Incluso algunos de los primeros seguidores de Dooyeweerd, como el teólogo holandés Johannes M. Spier (1902-1971) y el filósofo holandés Klaas J. Popma (1903-1986), eventualmente rechazaron la noción de un aspecto de la fe por completo. Los malentendidos más fundamentales sobre la modalidad de la fe, tal como los veo, son los siguientes:

1. Confusión entre la modalidad de la fe de la realidad funcional *inmanente* y la fe en su significado *trascendental* religioso. A veces ya es complicado explicar la diferencia entre *fides quae* (aquello que se cree) y *fides qua* (aquello mediante lo cual se cree). Pero al menos hay algo tangible en estas dos expresiones. Con la noción de la modalidad de la fe es diferente, ya que exige un mayor grado de pensamiento abstracto. Permítanme decir de inmediato que la modalidad de la fe no tiene nada que ver ni con la *fides qua* ni con la *fides quae*. No es ni la fe del corazón que cree, ni la totalidad de las cosas creídas. El aspecto de la fe reside en una dimensión completamente diferente. Se refiere a un *lado*, un *modo*, un *aspecto* de la realidad cósmica; es uno entre un grupo completo de lados (o modos, o aspectos). Estos incluyen el aritmético, el espacial, el cinemático, el energético, el biótico, el perceptivo, el sensible, el lógico, el formativo, el lingüístico, el social, el económico, el estético, el jurídico, el ético y el de la fe. Si no estás familiarizado con ellos, te recomiendo encarecidamente que consultes los capítulos de *Sabiduría para los pensadores*, donde se explican en mayor detalle.

El aspecto de la fe se refiere a ese núcleo que todas las formas de religiosidad humana, verdadera o falsa (incluso el humanismo religioso, que no reconoce a Dios ni a dioses), tienen en común. Algunos ejemplos prácticos ayudarán. En *Sabiduría para los pensadores* he explicado que existen cosas lógicas (por ejemplo, manuales científicos), cosas lingüísticas (por ejemplo, señales de tráfico), cosas sociales (por ejemplo, bancas de parques), cosas económicas (por ejemplo, billetes de banco), cosas estéticas (por ejemplo, pinturas), cosas éticas (por ejemplo, regalos de cumpleaños). De manera similar, hay cosas de la fe, como edificios de iglesias, púlpitos, pilas bautismales, sinagogas, mezquitas, templos, altares, así como comunidades de fe, como denominaciones de iglesias y congregaciones de sinagogas; pero también existen comunidades ideológicas (por ejemplo, un partido político o una asociación humanista). Todas estas cosas funcionan en todos los aspectos modales, pero cada una está específicamente cualificada (tipificada, caracterizada) por uno de estos aspectos. Así, también hay cosas, como las que acabo de mencionar, que están calificadas por el aspecto de la fe. Esto ilustra cómo el aspecto de la fe es sólo uno entre muchos otros aspectos.

2. El lado ley del aspecto de la fe —incluyendo los criterios de creencia verdadera o falsa— se confunde con el lado subjetivo, donde podemos distinguir cuestiones como las actividades de fe subjetiva y el contenido de la fe (creencias).

3. Las entidades concretas, como una creencia o credo particular, se confunden con los aspectos modales en los que estas entidades funcionan. Recuerden, los credos tienen un carácter de *cosa* o entidad, lo que significa que funcionan en todos los nueve aspectos humanos, mientras que el aspecto de la fe es sólo uno de estos nueve. Los críticos observan todas estas cuestiones de fe más o menos concretas y argumentan que la fe no puede ser un aspecto. Pero entonces, podrían argumentar de la misma manera con respecto a otros aspectos modales: observando todas las cosas vivas o no vivas, argumentarían que la vida o la materia no pueden ser aspectos.

4. Una idea filosófica, como el aspecto de la fe, se confunde con declaraciones concretas de las Escrituras —o en este caso,

con la falta de ellas— de modo que la gente argumenta: "La Escritura no reconoce un aspecto de la fe". Por supuesto que no lo reconoce; tampoco reconoce ningún otro aspecto modal. La Biblia no contiene ni enseña ideas filosóficas; no reconoce ninguna modalidad de la realidad cósmica. La idea del aspecto de la fe es un producto de la reflexión filosófica cristiana.

5. La modalidad de la fe se confunde con alguna "creencia" general que supuestamente todos los seres humanos tienen en común, o alguna "capacidad de fe" o "posibilidad de fe" que supuestamente todos los seres humanos poseen. Esto, una vez más, evidencia una confusión entre la dimensión modal y la dimensión entitaria de la realidad cósmica.

6. Las *partes* o *dominios* de la realidad se confunden con los *aspectos* de la realidad. La teología no estudia ciertas partes o dominios de la realidad. Por el contrario, *cualquier* parte de la realidad puede llamar la atención del teólogo tan pronto como se vea afectada por el *aspecto* de la fe o la función objeto de la fe de esa parte de la realidad. Como ya he mostrado en *Sabiduría para los pensadores*, las funciones objeto son un elemento vital de la realidad cósmica. Podemos decir que la teología, como cualquier otra ciencia especial, se interesa por la totalidad de la realidad cósmica, vista —en este caso— desde el ángulo pístico: toda la realidad está compuesta de sujetos de fe (los humanos y las comunidades humanas) y objetos de fe. El rey Salomón hablaba más como un teólogo que como un biólogo cuando "habló de la vida vegetal, desde el cedro del Líbano hasta el hisopo que crece en las paredes" y de "los animales y las aves, los reptiles y los peces" (1 Reyes 4:33). Podía hablar de estos asuntos de manera "teológica" porque todos estos organismos tenían funciones objeto de

fe (aunque no estaban necesariamente *cualificadas* por el aspecto de la fe, en contraste con el templo de Salomón y su equipamiento, que sí lo estaban).

Quizás el elemento común de todos estos seis malentendidos sea la incapacidad de plantear y resolver un problema *filosófico* determinado; en este caso, abstraer el propio pensamiento de los eventos concretos de fe y contenidos de fe, y captar el *elemento central* que todos los sujetos y objetos de fe tienen en común.

"La teología es el estudio de la *fides qua*"

Ahora puedo afirmar que podemos asignar al menos cuatro significados diferentes a la palabra "fe": (a) la fe como acto de creer; (b) la fe como *fides qua creditur*; (c) la fe como *fides quae creditur* (o el *depositum fidei*); y (d) la fe como el núcleo que todos los sujetos y objetos písticos tienen en común. Debo añadir ahora que la teología de ninguna manera puede ser el estudio de la *fides qua*; es decir, el estudio de la fe como la condición existencial trascendente del corazón humano. La relación trascendente religiosa del hombre con Dios, o incluso el corazón del hombre en su sentido trascendente religioso, no puede ser objeto de análisis teórico.

No hay nada místico o irracional en esta afirmación. La relación de fe trascendente no es irracional, sino suprarracional; la diferencia entre estos dos términos, aunque no siempre se comprende o aprecia, es inmensa. La *fides qua creditur* es aquello que precede, subyace y sobrepasa todo análisis teórico, pero este análisis está estrictamente limitado al mundo empírico, inmanente.

Desde la plenitud de la relación trascendente religiosa entre el creyente y Dios, la teología sólo puede abstraer

OBJETO DE ESTUDIO DE LA TEOLOGÍA

la *fides quae* funcional modal inmanente. Este elemento de conocimiento abstracto, teóricamente aislado, puede, hasta cierto punto, desarrollarse, articularse y sistematizarse en teología. Toda la tarea de la teología (sistemática) podría incluso definirse como el mapeo de las distinciones lógicas racionales dentro del *depositum fidei* cristiano (Andree Troost). Sólo dentro del marco de una cosmología filosófica cristiana puede el teólogo esperar evitar tanto la trampa tradicional de equiparar o confundir la *fides quae* inmanente y la *fides qua* trascendente, como la trampa de separarlas de modo dualista.

"La teología es el estudio de la Biblia"

El teólogo estadounidense Charles Hodge (1797-1878) dijo una vez que la teología sistemática tiene como objeto de estudio "sistematizar los hechos de la Biblia". ¿Qué podría ser más familiar y evidente? Pero ahora hemos llegado al punto en que podemos intentar analizar por qué esta no es una definición adecuada. Decir que la Biblia es el campo de investigación del teólogo es una afirmación que, por un lado, es demasiado amplia, y por otro lado, demasiado estrecha.

Por un lado, es demasiado amplia porque, estrictamente hablando, los científicos no se ocupan de ciertos objetos o colecciones de objetos, sino sólo de un cierto aspecto modal de los objetos. Así, el teólogo estudia la Biblia sólo desde un ángulo pístico. Por otro lado, no sólo estudia la Biblia, sino, en principio, *todos* los objetos del universo desde una perspectiva pística. Dado este hecho, la afirmación mencionada anteriormente es demasiado estrecha. Todo el universo es el campo de estudio del teólogo, al igual que de cualquier científico, aunque en cada ciencia especial se considera desde un sólo ángulo modal. Para el teólogo, repito, este es el ángulo de la fe.

En el caso de los botánicos, no estudian las plantas en su plenitud como creaturas, porque las funciones culturales históricas, sociales, económicas, estéticas, jurídicas y éticas de las plantas apenas llaman su atención. En principio, la botánica está limitada al aspecto biótico de las plantas. Las plantas pueden ser de interés para *cualquier* ciencia especial posible, pero cada una de estas ciencias limita su atención a un sólo aspecto modal de las plantas.

De la misma manera, la Biblia no es sólo el campo de estudio del teólogo. Como dije antes, el historiador puede estar interesado en lo que la Biblia tiene que decir sobre la historia antigua, ya sea asiria, babilónica o persa. El biólogo puede estar interesado en la distinción que hace la Biblia entre animales limpios e inmundos (Levítico 11; Deuteronomio 14), y el significado biológico, médico, higiénico o sanitario de estos. O puede estar interesado en las descripciones del mundo animal en Job 38-41. El psicólogo puede prestar atención a lo que la Biblia dice sobre el corazón, el alma y el espíritu, y sus interrelaciones. El economista puede examinar las relaciones económicas en el antiguo Israel (por ejemplo, Levítico 25), o en la iglesia primitiva (Hechos 2-5). El científico del derecho puede observar los principios jurídicos elementales en la ley de Moisés, como la retribución, la responsabilidad legal, la relación entre el crimen y el castigo, etcétera. El astrónomo puede estar interesado en la imagen bíblica del universo (especialmente en pasajes que sugieren una tierra plana, una tierra global o una bóveda sobre la tierra). (Véase el capítulo 4 para más ejemplos.)

En todo esto, debemos recordar que el objetivo de la Biblia nunca es enseñar asuntos históricos, bióticos, psíquicos o astronómicos como tales. Siempre ve la historia, los organismos vivos, el alma y el espíritu, las relaciones económicas, su imagen del cosmos, etcétera, *desde el punto de vista de la fe.* Por eso podemos afirmar que, como un libro profundamente religioso, la Biblia es principalmente el campo de interés del teólogo.

La creación no está dividida en una serie de objetos, partes o dominios, que se asignan a alguna ciencia especial. Repito que, estrictamente hablando, no es correcto decir que cada ciencia, incluida la teología, tiene su propio objeto o campo de estudio (aunque yo mismo uso estos términos en este libro). Más bien, cada ciencia tiene su propio punto de vista modal, desde el cual puede observar todos los objetos posibles, partes, dominios y campos en el universo. Esta es la razón por la cual el área de interés del teólogo es mucho más amplia que la Biblia, y por qué disciplinas como la historia de la iglesia, la misiología, la teología práctica (es decir, liturgia, homilética, consejería, etcétera), y el derecho canónico han podido desarrollarse. Ninguna de ellas concierne al estudio de la Biblia como tal, pero sí pertenecen al ámbito de la teología.

Tomemos un ejemplo concreto. El funcionamiento completo de una denominación de iglesia o de una congregación local es de interés para el teólogo sistemático, pero en su aspecto de fe. Dado que la iglesia está *cualificada* (tipificada, caracterizada) por este aspecto, es de *especial* interés para el teólogo. Sin embargo, en su forma inmanente, esta iglesia funciona en *todos* los aspectos modales de la realidad cósmica. Tiene un aspecto sensible, que es de interés para la psicolo-

gía (social). Tiene un aspecto cultural histórico, que llama
la atención del historiador (eclesiástico). Tiene un aspecto
social, que es importante para la sociología (de la religión).
Tiene un aspecto presupuestario, que es de interés para el
economista. Tiene un aspecto jurídico —piensa en el derecho canónico— que concierne a las ciencias jurídicas. La
importancia de todos estos aspectos no ha sido ampliamente
apreciada. Fuera del círculo de la filosofía cristiana radical,
el teólogo germano estadunidense Paul Tillich (1886-1965)
es uno de los pocos que ha comprendido claramente este
estado de cosas.

Retroalimentación

Como he explicado anteriormente, en la actitud teórica creamos una distancia artificial de la realidad, para poder distinguir de manera más explícita los diversos aspectos modales.
Pero estos aspectos abstractos nunca deben absolutizarse. Deben ser reintegrados en nuestro conocimiento cotidiano de
fe, para ser vistos allí en su coherencia *universal* dentro de
la realidad cósmica. Esta coherencia universal en sí misma
depende de la *plenitud* de la Verdad que está en Cristo y que,
como tal, trasciende toda la realidad cósmica.

Volvamos a examinar los ejemplos dados anteriormente.
La verdad completa acerca de las leyes de Moisés, o acerca
de la iglesia inmanente, no es dada a ninguna de las ciencias
especiales (ni siquiera a la teología), ni a la totalidad de todas
las ciencias especiales, ni a la filosofía. Sólo en la actitud práctica existencial trascendente de fe se comprende la iglesia en
su concreción integral y su orientación trascendente hacia
el Creador y el Re-Creador. Esta retroalimentación hacia la
actitud de pensamiento práctica, *creyente* y reflexiva es de

inmensa importancia. La abstracción modal de la actitud de pensamiento teórico teológico nunca puede ser un fin en sí misma; es artificial y temporal. Los conceptos y teorías teológicas son instrumentos de pensamiento, artefactos lógicos, que se interponen *entre* los sujetos que conocen y los objetos conocidos. La palabra "entre" sirve para enfatizar una vez más la distancia que separa el pensamiento teórico de la realidad cósmica. Esta distancia es útil y necesaria para obtener conocimiento eclesiológico. Pero ninguna eclesiología puede decirle a mi *corazón* lo que es la iglesia. Esto es algo que sólo sé en el nivel existencial, trascendente, a través de la experiencia práctica que tengo de la iglesia.

El cientificismo es el ideal filosófico que hace que el conocimiento científico sea independiente del conocimiento práctico y absoluto respecto a él. Hay que ser un firme defensor de dicho cientificismo para creer seriamente que una imagen científica —en este caso, teológica— de la realidad proporciona un conocimiento más puro y elevado que un encuentro directo y concreto del corazón con la realidad —en este caso, con la Biblia. Es como creer que una imagen científica (biológica, psicológica, social, económica, estética, etcétera) de mi esposa proporcionaría un conocimiento más puro y elevado de ella que un encuentro directo y concreto con ella.

De manera similar, ninguna eclesiología como tal puede darle al creyente la verdadera conciencia de lo que "ser iglesia" significa para él en la práctica, y, añadiría, para Dios. Los elementos de verdad en nuestras teorías teológicas se revelan plenamente sólo en la retroalimentación hacia nuestra experiencia de vida práctica integral. Ninguna comprensión verdadera de la iglesia y su verdadero significado es posible aparte del compromiso último de nuestro corazón, y de la orientación de estos elementos de verdad hacia Cristo, quien es la Verdad en su plenitud y unidad. Un estudio teórico de la eclesiología ciertamente puede *profundizar* y *enriquecer* la fe práctica del cristiano, pero nunca podrá reemplazarla.

En resumen

Al repasar todas las definiciones sugeridas de teología que hemos revisado hasta ahora, ¿a qué conclusiones podemos llegar? ¿Cuáles son las circunscripciones o definiciones que, en mi opinión, parecen más aceptables? Menciono dos definiciones que parecen expresar mejor lo que he intentado decir:

(1) *La teología es la ciencia especial que investiga la totalidad de la realidad cósmica desde una perspectiva pística.*

Esta definición enfatiza (a) que la teología es sólo una de las muchas ciencias especiales, y (b) que, al igual que todas las demás ciencias especiales, la teología investiga la totalidad de la realidad cósmica, aunque desde un sólo punto de vista modal, en este caso la modalidad de la fe. Nótese la extensión (el cosmos *entero*) así como la limitación (sólo un aspecto modal) en esta definición.

Es importante notar lo que la definición *no* dice:

(a) No afirma que la teología tenga un carácter extraordinario (sagrado) debido a su elevado tema, lo que la haría esencialmente diferente de todas las ciencias comunes (profanas).

(b) No afirma que la teología investigue alguna realidad *trascendente*. No lo hace, ni puede hacerlo, porque, como ciencia, no tiene acceso a ella. Al igual que todas las ciencias especiales, la teología es una ciencia empírica; sólo puede investigar lo que puede observar empíricamente. Lo más importante que observa son textos, especialmente textos bíblicos, y textos antiguos y modernos sobre la Biblia. Son estos textos los que hablan de una realidad trascendente real, y en la convicción (precientífica) de su corazón, el teólogo creyente toma esto muy en serio. Pero son los textos en sí mismos los que analiza, no la realidad trascendente a la que se refieren.

(2) *La teología es la ciencia especial que investiga las distinciones lógicas analíticas que encuentra en el* depositum fidei.

Esto difiere de la definición anterior en que aquí se indica un objeto de estudio más concreto, es decir, el *depositum fidei*, o la totalidad de lo que los cristianos (ortodoxos) creen, el conjunto de las creencias cristianas (ortodoxas). Sin duda, en principio, cualquier cosa en el mundo empírico puede ser examinada por el teólogo, porque todas las entidades son o bien sujetos písticos (humanos y comunidades humanas) o bien objetos písticos (cosas, plantas, animales, eventos, situaciones, todos tienen una función de objeto de fe). Sin embargo, es evidente que principalmente son las cosas (cosas inanimadas, plantas, animales, eventos, situaciones) *cualificadas* por la modalidad pística las que atraerán la atención especial del teólogo. Piensa en los eventos clave en la historia de la salvación, o en las situaciones de salvación, el Reino de Dios, la Iglesia (con mayúscula), o las figuras clave de la historia de la salvación, la más importante de todas siendo Jesucristo. Piensa en lo que los cristianos (ortodoxos) confiesan acerca de todos estos temas.

Es el teólogo quien, por así decirlo, coloca su propia facultad lógica analítica en oposición a este conjunto de creencias cristianas. En lenguaje modal, diríamos que la modalidad lógica del teólogo se enfrenta aquí a la modalidad de la fe de la realidad cósmica. En términos más simples: el teólogo se esfuerza por mapear, de manera lógico analítica, lo que los cristianos creen. Hay una limitación aquí: el teólogo generalmente deja de lado los aspectos sensibles, sociales, estéticos o morales de su propio examen de estas creencias cristianas. Deja fuera lo que estas creencias significan para los *corazones* de los creyentes. Pero esta limitación es un medio para un fin: al clarificar las creencias (inmanentes) de los cristianos de manera lógica analítica, al final puede profundizar y fortalecer la fe (trascendente) de los creyentes.

CAPÍTULO IV

LA TEOLOGÍA Y LAS OTRAS CIENCIAS

No es de extrañar que los cristianos siempre hayan sentido que la teología ocupa un lugar muy especial entre las diversas ciencias. Se argumentaba que la teología trata de Dios y de su Palabra, mientras que las demás ciencias tenían que ver con temas más profanos como las matemáticas, la naturaleza, la historia, la literatura, la sociedad, la economía, las artes y el derecho. Todos estos son temas muy mundanos, en cualquier caso, no al mismo nivel que la elevada Palabra de Dios. Sólo hace falta mirar la historia de nuestras universidades para notar el lugar especial de la teología. Las primeras universidades (Bolonia, 1088; París, c. 1150; Oxford, 1167, etcétera) siempre vieron en la teología a la madre de toda la comunidad académica.

Incluso en mi juventud, en la lista de facultades de las universidades estatales en los Países Bajos, la teología siempre ocupaba el primer lugar. Hoy en día, es muy diferente en mi primera *alma mater*, la Universidad de Utrecht (Países Bajos): las ciencias naturales se mencionan primero, y la teología ha sido eliminada por completo. En mi segunda *alma mater*, la Universidad Libre de Ámsterdam (Países Bajos), la teología ocupa el noveno lugar, pero la razón de esto es que las facultades se enumeran en orden alfabético. En mi tercera *alma mater*, la Universidad del Estado Libre en Bloemfontein (Sudáfrica), la teología se menciona en séptimo y último lugar. Las cosas han cambiado...

¿Es la teología especial?

El gran teólogo suizo Karl Barth (1886-1968) tuvo una vez una famosa discusión con el teólogo alemán Georg Wobbermin (1869-1943) sobre el estatus de la teología. Wobbermin argumentaba que, independientemente de las diferencias que veamos entre la teología y las otras ciencias, al menos tienen en común el hecho de que todas son ciencias. Como tales, se ocupan de la realidad empírica y del pensamiento lógico. Karl Barth replicó: "¿Qué buena teología contaría jamás como su objeto la 'realidad accesible a nosotros'?". En otras palabras, el objeto de la teología —Dios y su Palabra— supera la realidad empírica. Para hacer justicia a Barth, colocó la teología como una ciencia entre las otras ciencias y afirmó su "solidaridad" con las demás como búsquedas humanas de la verdad. Pero en la opinión de Barth, en cuanto al objeto de la teología, es especial (ver capítulo 3). Ningún otro objeto de estudio de ninguna otra ciencia puede compararse con "Dios y su Palabra".

En la misma línea, el teólogo suizo Emil Brunner (1889-1966), en su discurso inaugural (1924), respondió a la pregunta de por qué la teología tiene un lugar en la *universitas scientiarum* ("la totalidad [o la comunidad] de las ciencias"). Argumentó que esto es para ayudar a la universidad a tener una "buena conciencia" al responder las preguntas más profundas y últimas que otras ciencias no pueden resolver. Estas otras ciencias están limitadas al mundo empírico y a las leyes de la razón, y sólo con la ayuda de la razón pueden superar las limitaciones de la razón. Más allá de la razón, sólo está la teología, que es capaz de moverse en este nivel porque penetra en la fuente profunda de la revelación. Así, sólo la teología tiene las respuestas a las preguntas más profundas, ya que sólo la teología puede hablar de Dios. Por lo tanto, Brunner considera la dogmática (es decir, la teología sistemática) como el mediador entre la ciencia "secular" y el testimonio de fe "supra-secular".

Por supuesto, entendemos lo que estos grandes teólogos suizos, Barth y Brunner, querían decir. ¿Cuál es el tema más elevado que uno podría imaginar? ¡Dios, por supuesto! ¿Y a qué científico (académico) le preguntarías si quisieras saber algo acerca de Dios? ¡Al teólogo, por supuesto! Y si la ciencia que trata el tema más elevado es la ciencia más elevada, entonces esta sólo puede ser la teología. Hasta aquí, todo bien. Pero observa que, si miras la pregunta de esta manera, podría ser simplemente una cuestión de grado: ¿estamos preguntando sólo qué ciencia es más elevada que las demás? Si lo miras de esta manera, esta pregunta ni siquiera toca el carácter de la teología como ciencia en comparación con otras ciencias. Sin embargo, Barth y Brunner sugieren que la diferencia entre la teología y las otras ciencias no es una de grado, sino de esencia. La teología es diferente en esencia, no sólo en grado, de todas las ciencias especiales comunes. Al argumentar de esta manera, los teólogos como Barth y Brunner se mueven completamente dentro de las líneas escolásticas, como tantos lo hicieron en aquellos días. Es decir, sus puntos de vista presuponen el dualismo medieval de Naturaleza–Gracia.

Hay algo curioso en esta situación. Si tengo razón sobre Barth y Brunner, debieron haber sido teólogos bastante anti-cuados porque todavía se aferraban a ciertas visiones básicas que se remontaban directamente al pensamiento medieval. ¿No había pasado nada en ese tiempo? ¿No hubo Renaci-miento, no hubo Reforma, no hubo Ilustración? ¿Eran Barth

y Brunner básicamente pensadores escolásticos? Creo seriamente que, en cierto grado, lo eran. Lo llamativo es que
bastantes teólogos ortodoxos —o, si prefieres, tradicionales—
consideran a Barth y Brunner como productos de la Ilustración, al menos en cierta medida. Creen que pueden detectar
todo tipo de elementos "liberales" en sus puntos de vista.

Si esto es correcto, es aparentemente posible encontrar
elementos tanto tradicionales —e incluso anticuados— como
modernistas en el pensamiento de alguien. ¡Los humanos
ciertamente son seres complejos, y los teólogos no son la
excepción! Pueden ser muy anticuados en algunos aspectos,
y muy modernos (o modernistas) en otros.

La concepción escolástica

La visión escolástica que acabo de señalar en los puntos de
vista de Barth y Brunner es la que ya hemos encontrado en el
capítulo 2. Según esta visión, la teología *sagrada* o *sobrenatural*
tiene el privilegio de operar a la luz de la Palabra y el Espíritu
de Dios, mientras que las otras ciencias (*profanas*) deben con-
tentarse con la luz de la razón natural. La implicación es que
la teología supera con creces a las demás ciencias, no sólo
por su elevado tema, sino por sus fuentes de conocimiento:
la revelación de la Palabra divina y el Espíritu Santo . No
sólo esta es una visión establecida y persistente, floreciendo
ampliamente entre las comunidades cristianas desde católicos hasta carismáticos, sino que también es incorrecta. En su
formulación más breve, su refutación es la siguiente:

(a) *Tanto* la teología como las otras ciencias especiales son
capaces de operar a la luz de la Palabra y el Espíritu de Dios,
si así lo eligen. En mi libro, *Sabiduría para los pensadores*, he
argumentado que todas las ciencias están necesariamente

arraigadas en una cierta visión filosófica de la realidad, que a su vez está fundamentada en una cosmovisión precientífica. Para los cristianos, esta es obviamente una visión cristiana del mundo, que se basa en última instancia en la Biblia. Para un científico cristiano, por lo tanto, debería ser evidente que trabaja a la luz de la Palabra y el Espíritu, incluso si, durante su trabajo científico, no abre su Biblia con la misma frecuencia que lo hace el teólogo. Pero eso no cambia el principio: su trabajo debe estar arraigado en una cosmovisión cristiana, y para una buena cosmovisión cristiana miramos a la Palabra de Dios y su Espíritu.

Es por eso que, en el volumen anterior de esta serie (*Poder al servicio*), hablé del pensamiento político cristiano, y en los próximos volúmenes planeo hablar de la psicología cristiana, la biología cristiana y la ciencia histórica cristiana. Este es el pensamiento político, la psicología, la biología o la ciencia histórica que está fundamentada en el motivo básico cristiano. En este sentido, no hay ninguna diferencia principial entre estas ciencias y la teología cristiana.

(b) *Tanto* la teología como las otras ciencias especiales son actividades teóricas, caracterizadas por el análisis lógico. Como tales, ambas trabajan a la luz de la razón natural. No hay nada de malo en la razón natural en sí misma. Sin embargo, tan pronto como decimos que las otras ciencias (no teológicas) *sólo* trabajan a la luz de la razón natural, cometemos un error fundamental. No existe tal cosa como "sólo razón natural", la idea de que la actividad racional debería ser y puede ser neutral, objetiva y sin prejuicios. En mi libro sobre filosofía cristiana (*Sabiduría para los pensadores*), he argumentado extensamente que todas las funciones, incluida la función lógica, surgen del corazón, el centro existencial trascendente de la existencia humana, y por lo tanto nunca pueden ser neutrales y objetivas. Por lo tanto, la razón humana siempre está gobernada por la condición del corazón; es decir, ya sea por ideas apostáticas, o iluminadas por la Palabra y el Espíritu, o por una mezcla de ambas.

Nuevamente, en este sentido no hay diferencia principial entre la teología y las otras ciencias especiales. Ambas trabajan a la luz de la razón natural, que siempre es razón gobernada por el corazón (anastático o apostático).[1]

(c) *Tanto* la teología como las otras ciencias especiales investigan exactamente la misma realidad inmanente empírica. No podemos decir que haya un reino "superior" estudiado por la teología, y un reino "inferior" estudiado por las otras ciencias. Si algunos insisten en hablar de un reino "superior" —el Reino de Dios— entonces afirmo tan enfáticamente como sea posible que *ninguna ciencia tiene acceso a él*. Como ciencia empírica, la teología también está limitada al reino "inferior" de la realidad cósmica. La razón por la cual la teología (pero en principio cualquier otra ciencia también) *puede decir* y *dice* algo sobre Dios es que *Él se ha revelado dentro del "reino inferior"*, por así decirlo. Dios se ha revelado en la naturaleza y en las Escrituras, y estas son accesibles para las ciencias.

Repito, la teología es una ciencia inmanente empírica tanto como las demás. La diferencia no radica aquí en absoluto. La *única* diferencia que realmente importa son los diferentes puntos de vista modales de todas las ciencias especiales. En este punto, la teología no difiere de las otras ciencias

---

[1] El autor usa la palabra *'anastatic'* en el sentido de no apóstata, sino iluminado por la Palabra y el Espíritu Santo . En español, 'anastático' significa un procedimiento de impresión que sirve para reproducir, por medio de transporte químico, textos y grabados ya impresos. Tomo el término aquí en el sentido del autor (nota del traductor).

especiales en su conjunto. Por el contrario, todas las ciencias especiales, incluida la teología, difieren entre sí sólo en que cada una tiene su propio punto de vista modal.

Ayuda teológica

La idea medieval y escolástica de los dos "reinos" (Gracia y Naturaleza), y su consecuencia para el lugar de la teología en medio de las otras ciencias dominó a la Universidad Libre de Ámsterdam en sus primeros años (desde 1880 en adelante). Como dije en el capítulo 2, cuando se fundó esta universidad, los estatutos prescribían que cada facultad debía basarse en "principios reformados" (*gereformeerde beginselen*), que debían ser elaborados no por la facultad filosófica, sino por la facultad *teológica*. La razón de esto era que sólo la teología tenía a su disposición la revelación de la Palabra de Dios. Trate de imaginar la situación: se fundó una universidad *cristiana* de buena fe; sin embargo, todas sus facultades debían conformarse con la luz de la razón natural únicamente, con la única excepción de la facultad teológica. Pero si esto era así, ¿qué había de cristiano en todas estas otras facultades? Aquí es donde la teología tenía que venir al rescate, sirviendo a las otras facultades con sus "principios reformados".

Por supuesto, la teología estaba terriblemente mal equipada para cumplir con esta tarea; como consecuencia, todo este ideal nunca despegó. Las buenas intenciones con las que se fundó esta universidad cristiana dieron resultados trágicos. Sin embargo, incluso hoy en día, este enfoque escolástico sigue muy vivo en todas las partes del cristianismo, ya sea en círculos católicos, reformados, luteranos o evangélicos. Aún hoy, parece ser evidente para muchos científicos creyentes que cabe preguntar a los *teólogos* si desean arrojar algo de "luz bíblica" sobre lo que están haciendo en su ciencia. Parece tan obvio que la Escritura es el asunto de los teólogos. (¿De quién más podría ser?)

Durante años, he enseñado —con el mayor placer— en la Universidad de Potchefstroom para Educación Superior Cristiana en Sudáfrica, de julio a septiembre. Como filósofo, he visitado casi todas las facultades y departamentos de esta universidad decididamente reformada. (Al menos, lo fue en ese momento, pero desafortunadamente, en la "nueva Sudáfrica" se vio forzada a volverse "neutral"). Durante mis visitas, noté algo muy curioso: cuando la (sub)facultad de historia del arte, o de economía, o de ciencias de la educación, quería aliviar su conciencia nuevamente por un tiempo convenciéndose a sí misma de que aún estaba en línea con el carácter cristiano de la universidad, invitaba a un *teólogo* para que les proporcionara los "principios cristianos" para la historia del arte, la economía, las ciencias de la educación, etcétera. En este sentido, las personas en estos departamentos eran exactamente como la Universidad Libre en sus primeros años. (Por cierto, el gran filósofo alemán G. W. F. Hegel dijo una vez que aprendemos de la historia que no aprendemos nada de la historia).

El teólogo en cuestión accedía encantado a hacerlo, pero, por supuesto, como teólogo no sabía nada sobre historia del arte, economía, ciencias de la educación, etcétera. No se le podía responsabilizar por esto, por supuesto, pero significaba que no podía cumplir con las expectativas de sus anfitriones. Así que lo que hacía era —y hablo aquí por experiencia— dar una conferencia sobre el hermoso templo de Salomón y su música (para los historiadores del arte), o sobre las leyes mosaicas (para los economistas), o sobre la educación en el libro de Proverbios (para los científicos de la educación). No estoy diciendo que estas conferencias no fueran interesantes. De hecho, todo lo contrario. Pero no eran relevantes para las (sub)facultades en cuestión y no ayudaron en nada a desarrollar una perspectiva filosófica cristiana sobre sus respectivos campos de estudio, porque el teólogo no estaba equipado para hacerlo. Y lo que era aún peor: *ninguna de las partes parecía estar consciente del problema*, ni tampoco parecía preocuparse por ello.

En realidad, debo admitir que un filósofo cristiano de la misma universidad no podría haber ayudado a estas diversas facultades de mejor manera. Ningún filósofo, como tal, puede esperarse que tenga la experiencia necesaria para todas estas facultades. Lo que se necesita en la práctica son historiadores del arte, economistas, científicos de la educación, etcétera, académicamente educados, que estén dispuestos a obtener una calificación académica adicional en filosofía cristiana. *Entonces* podemos esperar que tengan algo sustancial que decir sobre los fundamentos filosóficos cristianos de sus respectivas ciencias, y ayudar a estas (sub)facultades a convertirse en verdaderamente cristianas en su naturaleza.

En cierto sentido, se podría compadecer al pobre teólogo que, a lo largo de los siglos, ha tenido que habitar en tales entornos escolásticos. "¡Ay de mí, que habito en Mesec, que moro entre las tiendas de Cedar!" (Sal. 120:5). Probablemente fue el teólogo italiano Petrus Damiani (fallecido en 1072) quien utilizó por primera vez la expresión latina *Philosophia ancilla theologiae*, "la filosofía [¡incluyendo todas las ciencias especiales que se separaron de ella en etapas posteriores!] es la sirvienta de la teología". ¡Imagínese que todas las ciencias comunes estuvieran ahí para servir a la teología! ¿Cómo podría la pobre teología manejar este inmenso pero abrumador honor? ¿Cómo podría cumplir alguna vez con el estatus de "doña"? No podría —y así fue degradada a su debido tiempo, cayendo de un alto pedestal.

Esto es algo que, dice Salomón, hace temblar a la tierra: "una sirvienta" que "desplaza a su ama" (Prov. 30:23b). Especialmente en la época de la Ilustración, la filosofía, por así decirlo, ocupó el lugar de la "doña", y la pobre teología fue relegada al humilde lugar entre las cenizas de Cenicienta (alemán: *Aschenputtel*). La grandeza que la teología había poseído en tiempos anteriores se convirtió ahora en su vergüenza. Es decir, se la consideraba incluso *más baja* que las ciencias especiales comunes porque apelaba a algo que las otras ciencias "genuinas" nunca considerarían: alguna revelación divina, que está más allá de la ciencia común y no puede resistir el escrutinio académico. Los teólogos podían realmente decir, imitando a Pablo: "Pensamos que Dios nos ha exhibido a nosotros, los teólogos, como los últimos de todos..." (cf. 1 Cor. 4:9).

Por cierto, curiosamente, este tratamiento muestra que, incluso durante la Ilustración, aún se presuponía el mismo dualismo sagrado-profano. La gran diferencia era que el epíteto "sagrado" ya no colocaba a la teología en la parte superior de la pirámide de las ciencias, sino en la *inferior*. Sin embargo, el dualismo seguía siendo tomado como algo dado. Parece ser extremadamente difícil deshacerse de este esquema, incluso en los casos donde los académicos están interesados en hacerlo. Hasta donde puedo ver, sólo la filosofía cristiana radical, como la de Dooyeweerd y Vollenhoven, y muchos de sus seguidores, han logrado hacer esto con cierto éxito.

Teología "natural"

Mientras la teología del catolicismo romano escolástico, o la del protestantismo, siga siendo la reina, madre o ama cuya función es cuidar de todas las demás facultades, la verdadera relación entre la teología y las otras ciencias nunca podrá ser comprendida adecuadamente. Para explicar esto con más detalle, primero señalaré la distinción escolástica entre una *teología natural* y una *sobrenatural*. Una teología natural es supuestamente aquella que puede ser demostrada científicamente a cada persona pensante. Así, apela a la naturaleza del *hombre*, que, en esta situación, se define como su razón (supuestamente autónoma), sin presuponer ninguna fe (*sobrenatural*). La *teología natural* habla sobre asuntos de fe —de lo contrario no sería teología— pero sólo sobre la base de argumentos neutros, lógicos y objetivos, sin necesidad de alguna *fides qua* previa. Por ejemplo, esta teología cree que puede demostrar la existencia de Dios con la ayuda de argumentos puramente racionales. Hoy en día, debes ser decididamente escolástico, racionalista o cientificista si todavía crees esto.

La teología natural está completamente entrelazada con la distinción escolástica entre Naturaleza y Gracia (o Supernaturaleza), y ha encontrado su defensor más poderoso en el gigante teológico, el teólogo y filósofo italiano Tomás de Aquino (1225-1274). Según él, como ya he mencionado, la razón humana posee una autonomía relativa en el dominio de la *naturaleza*, por lo que es capaz de deducir las verdades naturales de la realidad creativa con la ayuda de su propia luz. Sin embargo, el Aquinate creía que la razón humana es incapaz de demostrar las verdades *sobre*naturales, como la naturaleza de Dios, la Trinidad, la resurrección, la redención, el juicio final, el fin del mundo. En el mejor de los casos, la razón puede refutar argumentos *en contra* de estas verdades. En el dominio de la *gracia*, la razón no está completamente desconectada; la gracia sobrenatural no anula la naturaleza. Por el contrario, *gratia non tollit, sed perficit naturam*, "La gracia no anula la naturaleza, sino que la perfecciona [o completa]". En este reino superior, la razón depende completamente de la revelación divina en las Escrituras y de la fe (sobrenatural). En la visión de Aquino, la fe es un don dado por Dios, un *donum superadditum* (un "regalo" añadido "encima de" la naturaleza humana); por lo tanto, siendo sobrenatural, la fe es necesaria en la investigación de la esfera sobrenatural de la gracia.

En términos generales, no hace falta decir que la cuestión de la relación entre la razón humana y la verdad divina ha sido sumamente interesante y relevante a lo largo de los siglos, y supongo que siempre seguirá siendo así. En la Edad Media, había tres soluciones a este problema que sobresalían sobre las demás:

(a) *La solución de Tomás de Aquino*: el Aquinate argumentó que la razón sólo puede rastrear y demostrar las verdades naturales; puede ayudarnos a entender las verdades sobrenaturales, pero aquí el hombre es fundamentalmente dependiente de la revelación divina.

(b) *La solución de Pedro Abelardo* (1079-1142): Abelardo rechazó implícitamente la distinción entre verdades naturales y sobrenaturales porque creía que todas las verdades divinas pueden ser rastreadas y demostradas fundamentalmente por la razón humana. La revelación divina está ahí para apoyar nuestro conocimiento de la verdad, pero incluso sin revelación podríamos dar pruebas racionales que demuestran por qué Dios debe ser necesariamente Tres en Uno, y por qué la resurrección debe seguir necesariamente a la muerte, etcétera.

(c) *La solución de Guillermo de Occam* (c. 1287-1347): Occam rechazó implícitamente la distinción entre verdades naturales y sobrenaturales porque creía que ninguna de las verdades divinas puede ser rastreada y demostrada fundamentalmente por la razón humana. Aunque son contrarias a la razón —son básicamente *absurdas*— las creemos como misterios divinos, basándonos en la revelación divina.

¿Cómo formularíamos nuestra propia respuesta a la misma pregunta, en comparación con las tres mencionadas? Supongo que podría resumirse brevemente de la siguiente manera:

1. Para *todas* las verdades divinas dependemos en última instancia de la revelación divina (cf. lo que dijo Occam, en *contra* de las otras dos).

2. *Todas* las verdades divinas pueden ser apropiadas hasta cierto punto por la razón teórica (cf. lo que Abelardo, e incluso lo que Aquino dijo, en *contra* de Occam).

3. Sin embargo, el segundo punto sólo es posible en lo que respecta a los aspectos modales inmanentes de estas verdades (en *contra* de los tres).

Es importante recordar que la teología es una ciencia empírica y racional, al igual que todas las demás ciencias especiales. Lo que es supraempírico y suprarracional puede —en la medida en que ha sido revelado— ser sólo *creído*. Con la ayuda de la teología, puede ser "aproximado" pero no conceptualizado (encerrado racionalmente en conceptos; ver el capítulo 6 a continuación, sobre conceptualización). La grandeza de su tema no debe hacer que la teología se sienta arrogante, sino, por el contrario, muy humilde. Ninguna ciencia especial debería darse cuenta más profundamente de que hay mucho que observar y analizar en la teología, pero que debe detenerse ante los grandes misterios de Dios. *Lo que no puede diseccionar más, debe adorar.* "¡Oh, la profundidad de las riquezas, la sabiduría y el conocimiento de Dios! ¡Cuán incomprensibles son sus juicios e insondables sus caminos!... Porque de él, y por él, y para él son todas las cosas. A él sea la gloria por los siglos de los siglos. Amén" (Rom. 11:33, 36).

Tomás y la ciencia teológica

Es interesante ver por qué Tomás llama "ciencia" no sólo a la teología "natural", sino también a la "sobrenatural". Según él, hay dos tipos de "ciencia". Algunas ciencias comienzan con axiomas que, a la luz natural de la razón, son autoevidentes, por ejemplo, los de la aritmética o la geometría. (Este es un punto de vista fascinante, porque en la matemática moderna *ningún* axioma es ya autoevidente y, por lo tanto, sacrosanto). En la visión de Tomás, otras ciencias comienzan con axiomas que son autoevidentes debido a alguna ciencia superior; y ésta, por ejemplo, es la relación de la musicología respecto a la ciencia superior de la aritmética. Tomás relegó la teología al nivel inferior porque comienza con axiomas que son autoevidentes debido a una ciencia superior, que en este caso es el conocimiento de Dios (así como de las almas beatificadas, añade Tomás). Así como la musicología acepta los axiomas que le son comunicados desde arriba por la aritmética, la teología acepta los axiomas que le son comunicados desde arriba por Dios.

En mi opinión, ésta es una ecuación bastante sorprendente, o una confusión, entre el conocimiento científico y el conocimiento de fe revelado por Dios.

El pensamiento cristiano radical rechaza este dualismo de naturaleza y sobrenaturaleza, y por lo tanto también de razón y fe, de filosofía (más las otras ciencias especiales) y teología, como totalmente en contra del espíritu de las Escrituras. En oposición a esto, se afirma que, desde un punto de vista estructural, la razón humana no es en absoluto autónoma, sino que depende de la actitud espiritual del corazón existencial y trascendente. Es desde este corazón apostático o anastático que surgen todas las funciones humanas inmanentes, incluida la función de pensamiento lógico, como hemos visto. Como consecuencia, todo pensamiento humano es, en esencia, apostático o anastático (o una desafortunada mezcla de ambos). Las leyes de la lógica como tales no han cambiado, pero cristianos y no cristianos aplican estas leyes de manera anastática o apostática.

Esto no significa que la razón humana esté tan corrupta que el hombre caído ya no pueda pensar lógicamente. No hay nada de malo en la inteligencia del hombre caído. Sin embargo, en lo que respecta a su dirección, la razón humana en el hombre natural (griego: *psychikos anthrôpos*, 1 Cor. 2:14) está completamente corrupta debido a su corazón corrompido (cf. Gen. 6:5; Prov. 6:14; Jer. 17:9; Mat. 15:18-19; Ef. 4:17). Hablando horizontalmente, el pensamiento del hombre está bien, ya que permanece lógicamente preciso. Hablando verticalmente, sin embargo, el pensamiento del hombre puede estar totalmente podrido debido a puntos de partida podridos.

La negación de Tomás de la depravación total de la razón natural implica, en lo que respecta a la *dirección* del corazón, una negación de la naturaleza radical de la caída en el pecado. He argumentado anteriormente que no fueron las *estructuras* mismas las que fueron corrompidas —porque el pecado no puede afectar el orden nómico de Dios como tal— sino la *dirección* del corazón humano. El pecado ha corrompido totalmente el funcionamiento "natural" del hombre bajo las estructuras dadas por Dios. La razón humana, oscurecida por el pecado, es, aparte de la *fides qua* en el corazón regenerado, incapaz de demostrar, con argumentos puramente racionales, la existencia de Dios a partir de la realidad creada (en *contra* de Tomás), o cualquier verdad divina en lo absoluto (en *contra* de Abelardo).

Desafortunadamente, el dualismo escolástico perdura, no sólo en la teología católica romana tradicional, sino también en la teología protestante tradicional, en círculos luteranos, reformados, evangélicos y otras comunidades de fe. Por ejemplo, todavía hay una apologética cristiana que realmente parece creer que las personas pueden ser convencidas de la verdad del cristianismo a través de argumentos puramente racionales. El teólogo y filósofo estadounidense Francis A. Schaeffer (1912-1984) fue un gran defensor de este enfoque racional —por no decir racionalista. Como consecuencia de la falta de reflexión explícita sobre sus prolegómenos filosóficos, este tipo de teología ha demostrado ser incapaz de liberarse de los efectos del dualismo escolástico, aunque Schaeffer, en particular, logró exponer los errores del dualismo Naturaleza-Gracia.

Así, la teología protestante ha hecho a menudo espacio para alguna "teología natural". El teólogo sistemático holandés Herman Bavinck (1854-1921) incluso afirmó que todos los teólogos reformados desde el principio han mantenido la teología natural en su verdad y valor. Esto equivale a decir que todos los teólogos reformados comparten las mismas raíces escolásticas no reformadas. Quizás, en cierta medida, esto aún era cierto en la época de Bavinck, hace un siglo, pero ciertamente ya no es verdad en nuestra propia época. El siglo XX ha sido de crucial importancia para una investigación de la teología desde el punto de vista de la filosofía de la ciencia (remito nuevamente al lector a mi *Sabiduría para los pensadores*).

Teología sobrenatural

Así como la teología protestante tradicional acepta la idea de una teología *natural*, también acepta la idea de una *sobrenatural* —y, como ha señalado el teólogo y filósofo holandés Andree Troost (1918-2008), ambas son igualmente *no* naturales. Por lo general, la teología escolástica no utiliza el término sobrenatural al hablar de teología, prefiriendo en su lugar el término *sagrado* —pero equivale a lo mismo. La noción de teología sagrada se remonta a la *sacra theologia* o *sacra doctrina* del pensamiento medieval. Sólo hay que pensar, por ejemplo, en el antiguo título de *sanctae theologiae doctor* ("doctor en teología sagrada"). La expresión "teología sagrada" se encuentra en el título del discurso inaugural de Herman Bavinck (1883) y en el de la *Encyclopaedie der Heilige Godgeleerdheid* ("Enciclopedia de Teología Sagrada") de Abraham Kuyper (1894). Por supuesto, también la encontramos en los títulos de muchas obras reformadas más antiguas, como las *Theses de sancta theologia* de Paul Madrat y Abraham Ramburtius

(1661), o el *Katechismus der heilige godgeleerdheid* ("Catecismo de teología sagrada") de Samuel van Emdre (1781-82).

Kuyper aceptó plenamente la idea de una *theologia naturalis* ("teología natural"), así como la idea de su opuesto, la *theologia revelata* ("teología revelada"). Este último término es bastante engañoso porque sugiere que el contenido de la teología ha sido revelado por Dios. Tal idea puede surgir fácilmente cuando el contenido de las Escrituras y el de la teología se equiparan más o menos. Según Kuyper, el teorema de la teología era tradicionalmente este: *Principium theologiae est Sacra Scriptura* ("El principio [o punto de partida] de la teología es la Sagrada Escritura"). Justo antes de hacer esta declaración, defendió la idea de una teología "sagrada" a gran profundidad. En otros lugares de su obra encontramos la distinción tradicional entre un *principium speciale* ("principio especial") y un *principium naturale* ("principio natural") —otro de los muchos efectos colaterales del dualismo Naturaleza-Gracia.

El teólogo Lewis Sperry Chafer (1871-1952) es un ejemplo estadunidense de una línea de pensamiento similar. Llamó a la teología sistemática "la más grande de las ciencias", e incluso aplicó la noción de que la teología es "super" al propio teólogo, diciendo: "El digno estudiante de la Teología Sistemática, si no está calificado para el título más alto y más inclusivo de *teólogo*, tendría derecho a ser reconocido como un *supercientífico*, que lo es". Curiosamente, esto es exactamente lo opuesto a la idea que predomina en el pensamiento secular, a saber, que la teología en realidad ya no debería ser considerada una ciencia. Por cierto, el término "supercientífico" es bastante engañoso, porque se centra más en el teólogo (sugiriendo que es un "superhombre") que en su teología.

La idea de una *teología sobrenatural* o *sagrada*, la cual implica una sobreestimación no bíblica de la teología, tiene el mismo trasfondo inaceptable que la teología *natural*. Este trasfondo es el añejo dualismo Naturaleza-Gracia, y la ecuación (más o menos) de la teología y las Escrituras. Por lo tanto, es igual de objetable. Dios es sagrado (o santo; Isa. 6:3), su Palabra es sagrada (o santa; Sal. 105:42), y su pueblo es sagrado (santo; 1 Ped. 2:9). Pero, como una vez me dijo un pensador reformado —y con razón— la teología, como una pieza falible y defectuosa de trabajo humano, no es más ni menos sagrada que la economía o la química. También se podría decir que la biología o la psicología, realizadas por cristianos serios, partiendo de una visión filosófica cristiana de la realidad cósmica, son tan sagradas como la teología. Podríamos incluso añadir que una ciencia lingüística o social que esté arraigada en el motivo básico bíblico es más sagrada que una teología arraigada en un motivo básico apostático.

Esta noción de una teología sagrada o sobrenatural está estrechamente relacionada con las ideas acerca del supuesto objeto de estudio de la teología (ver capítulo 3). Incluso si fuera correcto decir que la Sagrada Escritura es este objeto de estudio, esto no haría que la teología como tal fuera más sagrada. Pero, como intenté señalar en el capítulo 3, esta idea de que la Biblia es el objeto de estudio de la teología es en sí misma una noción escolástica. La teología se considera entonces la ciencia del dominio superior de la gracia, al que se supone que pertenece la Escritura. Las otras ciencias, incluida la filosofía, se asignan al dominio inferior de la naturaleza, al que también se supone que pertenece la razón natural (autónoma).

Una de las consecuencias estrambóticas de este pensamiento de dos niveles es que a veces se ha afirmado que la teología es una ciencia deductiva, ya que está arraigada en la revelación y la fe, mientras que la filosofía y las otras ciencias serían ciencias *inductivas*, moviéndose de observaciones empíricas a hipótesis generales. En oposición a esto, argumento que *todas* las ciencias están arraigadas en ciertas cosmovisiones, y por lo tanto en la fe, aunque sería incorrecto decir que las declaraciones científicas son "deducidas" de tal fe. Por el contrario, la teología, porque está buscando patrones generales en función de sus "datos" empíricos, es tan inductiva como las otras ciencias (excepto por las verdaderamente deductivas, como las matemáticas y la lógica, que *no* son ciencias empíricas).

Hemos estudiado en gran detalle el hecho de que, estrictamente hablando, las ciencias especiales no investigan *objetos*, sino el *conjunto* de la realidad empírica, aunque cada ciencia especial mira a la realidad desde su propio punto de vista modal específico. Así, la teología no investiga las Escrituras como tales, sino la totalidad de la realidad cósmica desde el único punto de vista de la modalidad pística. (Podemos añadir que las Escrituras juegan un papel muy especial en esta investigación porque están cualificadas *por la fe*). De la misma manera, las otras ciencias especiales también investigan la totalidad de la realidad cósmica, pero cada una lo hace desde su propio punto de vista modal.

En otras palabras, la teología y las otras ciencias especiales no estudian ciertas partes de la realidad cósmica; esto significa que toda la distinción entre lo *sobrenatural* (el reino supuestamente investigado por la teología) y la *naturaleza* (el reino supuestamente investigado por las otras ciencias especiales) es a priori insostenible porque diferentes ciencias no investigan diferentes reinos (dominios o partes de la realidad). Todas estas ciencias investigan una y la misma realidad cósmica, aunque desde diferentes ángulos modales. También podemos decir que todas las ciencias especiales estudian una y la misma revelación de Dios, porque la revelación de Dios en la naturaleza y su revelación en las Escrituras no son opuestas dualísticamente, sino que son básicamente una única revelación de Dios, de la cual las Escrituras son el centro (Andree Troost).

Superposición con las ciencias especiales

Para decirlo de la manera más clara posible, *cualquier cosa* en la realidad cósmica puede llamar la atención del teólogo, así como las cosas en la naturaleza, aunque siempre se vean desde el punto de vista pístico; es decir, desde un ángulo propio de la fe. Inversamente, *cualquier cosa* en las Escrituras puede llamar la atención de *cualquier* científico no teológico, aunque cada científico considerará tal punto desde su propia perspectiva modal específica. Di algunos ejemplos de esto en el capítulo 3; permíteme ahora dar una lista más completa:

(a) *Aritmética*: ¿En qué puntos del Antiguo Testamento la palabra hebrea *êleph* significa "mil", y dónde significa "clan" o "escuadrón"? ¿Cuál es la consecuencia de esto para los números supuestamente exagerados de israelitas en Números 1?

(b) *Geometría*: ¿Cómo puede decirse que el "mar de metal fundido" en el templo de Salomón medía diez codos de borde a borde, y que su circunferencia era de treinta codos (en lugar de 31.4 codos, según el valor de π) (1 Reyes 7:23)?

¿Usaban los judíos de esa época un valor de 3 para π (lo cual es difícil de imaginar), o se midió el diámetro desde el exterior del borde del "mar", y la circunferencia desde el interior del borde?

(c, d) *Física* (*cinemática y dinámica*): El astrónomo puede estar interesado en la cosmografía bíblica, o imagen del universo, en comparación con las cosmografías de otras culturas y otros períodos. ¿La cosmografía bíblica presupone una tierra plana o una tierra esférica? ¿Cuál es el significado de la "bóveda" sobre la tierra, que encontramos muchas veces, desde Génesis 1 en adelante, una bóveda "en" la que están los cuerpos celestes, y "más allá" de la cual hay aguas?

(e) *Biología*: ¿Cuál es el posible significado biológico, médico, higiénico o sanitario de la distinción entre los animales "limpios" e "inmundos" en la Biblia (Lev. 11; Deut. 14)? ¿Qué nos dicen las descripciones del mundo animal en Job 38-41 sobre el conocimiento biológico de la época? ¿Y cuán preciso era este conocimiento?

(f, g) *Psicología perceptiva y sensible*: El psicólogo puede prestar atención a lo que la Biblia dice sobre el corazón, el alma y el espíritu, los muchos significados de estos términos, y sus interrelaciones.

(h) *Lógica*: ¿Cómo funcionan los argumentos lógicos en la Biblia, por ejemplo en las Cartas a los Romanos o a los Hebreos? ¿Qué silogismos podríamos aislar en el razonamiento encontrado allí? ¿Podríamos, con nuestras ideas actuales sobre lógica, identificar fallas lógicas en la Biblia?

(i) *Historiografía*: El historiador puede estar interesado en lo que la Biblia dice sobre la historia antigua. Por ejemplo, ¿puede identificar la figura bastante misteriosa de Darío el Medo en Daniel 6? ¿O cómo se relaciona el "banquete" que dura 180 días en Ester 1:4 con lo que sabemos de la historia persa en ese momento?

(j) *Lingüística*: ¿Cuál es el significado lingüístico preciso de lo que ocurrió en la confusión de lenguas en Babel (Gén. 11:1-9), y el aparente levantamiento de esta confusión en Hechos 2? ¿Cuál es la significación lingüística de la glosolalia (o hablar en lenguas) en general?

(k) *Sociología*: ¿Cuándo y cómo se desarrolló la comunidad tribal de Israel en una verdadera nación, y cuándo se convirtió en un verdadero estado nación? ¿De qué manera, si es que alguna, se mantuvieron las características tribales típicas de Israel, especialmente después del exilio babilónico y durante el período del Nuevo Testamento?

(l) *Economía*: El economista puede estar interesado en las relaciones económicas en el antiguo Israel (por ejemplo, Lev. 25), que hicieron imposibles tanto el capitalismo (terratenencia) extremo como el comunismo, o en las relaciones en la iglesia primitiva (Hechos 2-5, con posibles consecuencias económicas entre los judíos mesiánicos posteriores en Palestina; cf. Rom. 15:26).

(m) *Estética*: Es llamativo que la noción de *belleza* en el Antiguo Testamento esté más fuertemente ligada a la belleza femenina. ¿Qué sentido de belleza reconoce la Biblia aparte de la belleza de los seres humanos?

(n) *Ciencias legales*: El científico legal puede centrarse en los principios jurídicos elementales en la ley de Moisés, como la retribución, la responsabilidad legal, la relación entre el crimen y el castigo, etcétera.

(o) *Ética*: ¿Hay algún progreso en los valores morales desde las partes más antiguas hasta las más recientes del Antiguo Testamento, por ejemplo, en lo que respecta al matrimonio?

¿Cuáles, si los hay, son las diferencias éticas entre el Antiguo y el Nuevo Testamento?

Algunas observaciones finales

Ciertamente, en la mayoría de los casos mencionados, los problemas que hemos listado apenas serán estudiados por otros científicos especiales, sino más bien por teólogos. La razón de esto es que, en las Escrituras, todos estos asuntos se ven desde el ángulo de la fe (el punto de vista de la fe). Pero eso no cambia el hecho de que los temas mencionados son de una naturaleza particular, ya sea aritmética, geométrica o de otro tipo.

Todo científico creyente —y, por supuesto, esto es lo que todo científico debería ser— podrá hacer uso fructífero de los conocimientos y principios bíblicos sin hacer que su campo de estudio sea "sagrado", "sobrenatural" o "teológico". Y la teología puede estudiar la totalidad de la realidad creada —siempre estrictamente desde un punto de vista propio pístico— sin "profanarse" jamás. Las Escrituras no son el dominio exclusivo de la teología, así como la naturaleza y la cultura no son los dominios exclusivos de las ciencias naturales y culturales, respectivamente. No hay un solo elemento en este mundo sobre el cual las Escrituras no hagan alguna declaración fundamental, y al mismo tiempo no hay tema en la realidad sobre el cual la teología hable como el *único* (Johan A. Heyns).

Hay una perspectiva más que me gustaría discutir brevemente aquí, a saber, la del filósofo sudafricano Hendrik G. Stoker (1899-1993). Stoker es de especial interés porque, después de Dooyeweerd y Vollenhoven, puede ser considerado el tercer padre fundador de la filosofía cristiana que he descrito en *Sabiduría para los pensadores*. Stoker hace una distinción interesante entre la teología, la filosofía y las ciencias especiales. Estas últimas investigan cada una un cierto aspecto de la realidad cósmica. La filosofía estudia la totalidad de la realidad cósmica, y Stoker por lo tanto la llama una ciencia universal. La teología proporciona a cada ciencia especial verdades fundamentales, y por esta razón se le denomina ciencia *fundamental*.

Hasta donde puedo ver, el error básico que se ha cometido aquí es que estas "verdades fundamentales" que subyacen a todas las ciencias especiales no son proporcionadas por la teología. Vienen de las Escrituras. Esto no es un mero detalle; las Escrituras y la teología no son idénticas. Las Escrituras subyacen a nuestra cosmovisión cristiana preteórica, que a su vez forma la base de nuestra cosmología (teórica filosófica) cristiana. Esta cosmología es la base de toda nuestra empresa científica. Ni la teología ni la filosofía pueden o deben reemplazar esta cosmovisión bíblica, que constituye el fundamento para todas las ciencias por igual. La teología es tan dependiente de esta cosmovisión escrituraria como cualquier otra ciencia especial. Ninguna ciencia puede ser verdaderamente fundamental en el sentido en que sólo las Escrituras pueden serlo. Aquí nuevamente encontramos el peligro de poner a las Escrituras y a la teología en el mismo nivel, o, por así decirlo, en el mismo "espacio teológico" (Karl Barth), en el mismo "nivel superior" (escolástico) de gracia (o sobrenaturaleza).

Sin embargo, en un aspecto podemos seguir a Stoker hasta cierto punto. La teología definitivamente juega un papel útil e importante en la *formación* de una verdadera visión cristiana del mundo y de la vida al ayudar a entender las Escrituras en todos los puntos relevantes que abarca. No podríamos imaginar muy bien una "cosmovisión cristiana" de cualquier naturaleza sin la influencia de la teología cristiana. Incluso podríamos ser sospechosos de tal cosmovisión, porque probablemente sea biblicista. Pero seguimos recordando que tal cosmovisión no es teológica por naturaleza (ni, en realidad, filosófica).

Además, la contribución de la teología debe ser modesta; debe *influir* en la formación de la cosmovisión cristiana, no *reemplazarla*. Andree Troost, él mismo reformado, menciona que Herman Dooyeweerd expresa varias veces sus prolegómenos *confesionales*, que evidentemente habían sufrido la fuerte influencia teológica de los grandes teólogos reformados de su juventud, Abraham Kuyper y Herman Bavinck. Si deseamos que una cosmovisión *cristiana* subyazca a toda actividad científica, debería tener un carácter ecuménico. Es decir, debería exhibir el menor número posible de particularidades que sean católicas, luteranas, reformadas, evangélicas, pentecostales, etcétera, y debería regresar a las grandes verdades centrales que todos los cristianos ortodoxos han sostenido en común a lo largo de los siglos.

CAPÍTULO V

TEOLOGÍA Y CONFESIÓN

Cuando hablamos de la relación entre el conocimiento de la fe práctica y el conocimiento teológico teórico, debemos darnos cuenta de que los credos, confesiones y catecismos de la iglesia son formas importantes en las que ese conocimiento de la fe práctica se ha expresado a lo largo de los siglos. Por lo tanto, es importante examinar más de cerca la relación entre la teología, por un lado, y las confesiones, credos y catecismos, por otro.

Una de las razones por las que esta pregunta es relevante es que los católicos romanos y los protestantes tradicionales han afirmado a menudo que la teología es una "función" de la iglesia, y por lo tanto debería estar vinculada a una confesión de iglesia. Los cristianos evangélicos en un sentido más estricto, es decir, aquellos que prefieren iglesias libres y afirman ser no confesionales, generalmente no gustan nada de tal idea. Sin embargo, ellos también deberían estar interesados en esta pregunta debido al problema subyacente sobre la identidad de la teología. ¿Es una ciencia (académicamente) *libre*, o una ciencia de la *iglesia* (eclesial)? ¿O es ambas cosas, o ninguna?

La dogmática y la iglesia

Para aclarar, permítanme hacer las siguientes distinciones de inmediato: (a) la *fe* es práctica y concreta; (b) la *confesión* (o la doctrina, el dogma, el credo o el catecismo) es sistemática

113

concreta; y (c) la *teología* (la ciencia teórica de la fe cristiana) es sistemática y abstracta. En otras palabras, la fe y la confesión pertenecen ambas a la vida cristiana práctica, mientras que la teología es de naturaleza teórica. La confesión y la teología son ambas de naturaleza sistemática (aunque sistemática de una manera diferente), mientras que la fe —en el sentido de la *fides qua* trascendente— no es sistemática, aunque puede estar plasmada en la forma inmanente de una *fides quae*, el *depositum fidei*.

A estos puntos añado las siguientes consideraciones: (a) la fe es principalmente un asunto *individual*; (b) la confesión es un asunto *eclesial* (o de iglesia); y (c) la teología es un asunto *académico*. Mientras que la fe es individual, la confesión y la teología pertenecen a comunidades sociales; a saber, la iglesia y la academia respectivamente. Es necesario enfatizar desde el principio que la iglesia y la academia definitivamente no son lo mismo.

Cuando Karl Barth escribió su teología sistemática, optó decididamente por el título *Dogmática de la Iglesia*. Él veía su trabajo como una dogmática kerigmática, porque se conecta con la predicación (griego *kèrygma*) por parte de "la iglesia". Por lo tanto, Barth comienza diciendo que la dogmática es una disciplina teológica, pero que la teología es una función, así como una regla de medida de "la iglesia", y es subordinada a la predicación de la iglesia.

Barth cita al conocido teólogo luterano alemán Johann Gerhard (1582-1637) quien describió la teología como (a) *fides et religio Christiana* ("fe y religión cristiana"), (b) *functio ministerii Ecclesiastici* ("una función del ministerio de la iglesia"), y (c) *accuratior divinorum mysteriorum cognitio* ("un conocimiento más preciso de los misterios divinos"). Mis comentarios sobre estos puntos son los siguientes: (a) La teología no es la fe como tal, sino el estudio de las creencias cristianas. (b) "La iglesia" como denominación o congregación local se confunde aquí con la comunidad de fe en el sentido trascendente, una comunidad que se expresa en *muchas y diferentes* relaciones sociales. (c) ¿Un conocimiento "más preciso" que qué? ¿Que la verdadera fe del corazón? Un análisis lógico inmanente de estos "misterios divinos" queda muy por detrás del conocimiento existencial trascendente que el corazón creyente tiene de estos misterios.

La idea de que la teología pertenece a la iglesia, o, como dijo Friedrich Schleiermacher (1768-1834), a los líderes de la iglesia, es bastante extendida. Podría citar a muchos teólogos alemanes, holandeses y norteamericanos que comparten esta opinión. Abraham Kuyper señala que el nombre tradicional para la teología sistemática, *dogmática*, indica claramente su carácter eclesial, ya que un dogma es un decreto de "la iglesia". Otra indicación es el hecho de que muchas denominaciones eclesiales tienen sus propias academias o facultades teológicas explícitamente denominacionales, que están destinadas a servir a estas denominaciones. Así, la Universidad Teológica en Apeldoorn sirve a las Iglesias Reformadas Cristianas en los Países Bajos, y el Seminario Teológico Calvino en Grand Rapids, Michigan, sirve a la Iglesia Reformada Cristiana en Norteamérica.

La libertad académica

Es aquí exactamente donde radica el problema. ¿Es una facultad de teología un centro de investigación teológica académica, o es un centro de formación para ciertos oficios (eclesiales)? ¿Pueden combinarse ambas cosas en una sola escuela de manera razonable, sin que una o incluso ambas sufran como resultado de este arreglo? ¿Puedes decirles a los estudiantes lo que más tarde tendrán que enseñar a los miembros de su denominación particular, mientras al mismo tiempo les garantizas libertad académica? ¿Es realmente posible la libertad académica en tal institución, dado el hecho de que la escuela y los profesores y conferencistas están subvencionados por la denominación correspondiente, y están bajo la vigilancia de sus representantes?

Mi pregunta crítica no debe confundirse de ninguna manera con la idea secular de la autonomía de la razón. No creo en esta idea en absoluto. Mi sospecha surge de una consideración muy diferente, a saber, la *soberanía de las esferas* (ver los dos volúmenes anteriores de esta serie para una discusión detallada). La soberanía de las esferas es el término de Abraham Kuyper para la soberanía relativa de las diversas esferas (relaciones sociales), en este caso, una denominación eclesial y una institución académica. No hay duda alguna de independencia o autonomía porque *tanto* la iglesia como la academia deben estar *arraigadas en el motivo básico bíblico*. Pero no deben interferir en los asuntos del otro. Por un lado, los teólogos en su calidad de teólogos no deben gobernar sobre la fe de la iglesia dictando sus credos (lo que inevitablemente tendrá un matiz teológico; ver más abajo para ejemplos). Las confesiones de la iglesia deben ser determinadas por las *iglesias*, no por académicos.

Por otro lado, la iglesia no debe dominar las actividades científicas de los teólogos sometiéndolos a una vigilancia constante. La razón simple es que la iglesia *como tal* está mal equipada para juzgar teorías teológicas; solo la comunidad académica está cualificada para hacerlo. Esto no implica negar que el teólogo creyente está atado a un motivo básico bíblico, sino simplemente que las iglesias tengan la capacidad de evaluar el trabajo académico. La iglesia es la iglesia, y la academia es la academia. La iglesia no juzga la academia y mucho menos la juzga; y la academia no juzga, y mucho menos gobierna, la iglesia. De *esto* se trata la soberanía de las esferas: uno no debe inmiscuirse en los asuntos del otro.

Esto es puramente una cuestión de principio. El teólogo cristiano está estrictamente atado a la autoridad de las Escrituras, y también a las reglas académicas para hacer ciencia, *no* a las reglas de "la iglesia", es decir, de una denominación eclesial específica. La única excepción es el caso de herejía flagrante, es decir, doctrina falsa que socava los fundamentos del cristianismo mismo. En tal caso, el teólogo caería bajo la disciplina de la iglesia, al igual que cualquier otro miembro de la iglesia. Incluso entonces, como cuestión de principio, no se le juzga académicamente como teólogo, sino eclesiásticamente como hereje.

Como dice el teólogo y filósofo reformado de los Países Bajos Andree Troost (1916-2008): "La teología *como tal no* ha de ajustarse (!) *a priori* a las confesiones de la iglesia, porque estas no son de naturaleza teológica y no tienen ninguna autoridad científico teológica. ¡Son confesiones de una *fe* viva! Quienquiera que trate la eclesial 'doctrina' bíblica y más sistemática de las *confesiones* como *teología* planta una bomba de tiempo bajo la unidad de su denominación eclesial... Como organización institucional, la iglesia de Cristo no está arraigada en la *teología*, sino en una fe común... Y una verdadera educación teológica debe declarar que acepta estar vinculada a una confesión, que este vínculo es la norma *para la fe de los teólogos*, pero *no para su teología*".

El significado de "dogma"

Podemos aprender de la historia cómo surgió la idea de que la dogmática está subordinada a la iglesia. El término *dogmática* significa literalmente el estudio de los dogmas y estos son, por definición, dogmas *eclesiásticos*. En el Nuevo Testamento, la palabra griega *dogma* significa "decreto", ya sea un decreto imperial (Lucas 2:1), un decreto apostólico (Hechos 16:4), o un decreto en la ley mosaica (Efesios 2:15). Un segundo significado de *dogma* es "principio, canon, doctrina", que encontramos en varios escritos cristianos antiguos. La iglesia primitiva comenzó a utilizar este término para referirse a principios y ordenanzas divinas, revelados en Cristo y en las Escrituras, y posteriormente establecidos en decretos eclesiásticos.

En su sentido histórico eclesiástico estricto, un *dogma* es una declaración doctrinal autoritativa hecha por la iglesia. Las más importantes de estas declaraciones se referían a (a) la deidad de Cristo, que es del mismo ser que el Padre (Concilio de Nicea, 325), (b) la "generación eterna" del Hijo por el Padre (Concilio de Constantinopla, 381), (c) la deidad del Espíritu Santo (que completó la doctrina de la Trinidad) (Constantinopla, 381), (d) Cristo como una sola persona, y por lo tanto María como la Madre de Dios porque Jesús es Dios (Éfeso, 431), (e) las dos naturalezas de Cristo, quien es verdadero Dios y verdadero Hombre en una sola persona (Calcedonia, 451).

En el sentido más fundamental, la iglesia primitiva conocía sólo dos dogmas: el dogma trinitario (acerca de las tres personas en la única divinidad) y el dogma cristológico (acerca de la naturaleza divina y humana de Cristo). Esto significa que los cristianos ortodoxos orientales, católicos romanos y protestantes tradicionales (al menos formalmente, si no siempre en la práctica) se encuentran en el terreno común del Credo Niceno (325/381) y los decretos de Calcedonia (451). Muchas "iglesias libres" no reconocen formalmente estos dogmas, pero lo hacen sustancialmente. Todos estos cristianos juntos forman, con mucho, la mayor parte de la cristiandad.

En un sentido más amplio, podemos considerar los *dogmas* como *todas* las declaraciones doctrinales hechas por la iglesia, incluyendo las protestantes. Así, los Cánones de Dort (sobre la predestinación y la responsabilidad humana), establecidos en los Países Bajos por el Sínodo de Dordrecht (1618-1619), podrían llamarse un *dogma* eclesiástico, a pesar de que esté limitado a los cristianos reformados. Algunos teólogos, como Emil Brunner, opinan que, estrictamente hablando, las iglesias protestantes no reconocen dogmas, sólo confesiones.

Sin embargo, curiosamente, el término *dogmática*, derivado de "dogma", surgió en el protestantismo. Los primeros teólogos luteranos distinguieron entre un contenido *dogmático*, es decir, doctrinal, y un contenido *histórico* de las Escrituras. En el siglo XVII, varios teólogos protestantes comenzaron a usar el término *teología dogmática*, que en realidad no se limitaba a los dogmas eclesiásticos literales, sino que simplemente significaba "teología doctrinal", la teología de las doctrinas de la iglesia en el sentido más amplio. Sin embargo, algunos énfasis en los principios autoritarios de la iglesia permanecieron: la doctrina cristiana se consideraba aquella que estaba investida de la autoridad de la iglesia. En este sentido, tenemos una nueva perspectiva sobre lo que Karl Barth quiso decir al llamar a su teología sistemática una dogmática *de la iglesia*: la dogmática es el estudio de las doctrinas mantenidas y autorizadas por la iglesia. Sin embargo, esto aún nos deja con un problema: ¿es fundamentalmente correcto obligar a la teología académica a suscribirse a cánones eclesiásticos autoritarios, sin sacrificar su libertad académica?

Podemos relativizar este problema un poco al relativizar el significado de los dogmas:

(a) El aspecto *inmanente*. Hoy en día, no muchos aceptarían la afirmación hecha por Atenágoras en el siglo II de que los dogmas "no provienen de personas, sino que han sido hablados y enseñados por Dios". Muchos teólogos reconocerán que los dogmas son formulaciones inmanentes, humanas y falibles de los contenidos de fe que son, en su esencia, trascendentes e infalibles. En este sentido suprarracional, la verdad bíblica está más allá de toda crítica. Pero la formulación inmanente, humana, falible y defectuosa de ella no lo es. La Palabra de Dios es absoluta, mientras que todos los principios, cánones y dogmas derivados de ella son relativos. Los dogmas *no* son "tomados" o "deducidos" de las Escrituras, pues las Escrituras no "contienen" dogmas. En el mejor de los casos, los dogmas son "inspirados" o "evocados" por las Escrituras. Por lo tanto, estrictamente hablando, los cristianos no están atados a dogmas, sino a las Escrituras —aunque puedan creer que ciertos dogmas son las mejores expresiones humanas disponibles de ciertas verdades bíblicas.

(b) El aspecto *histórico*. Los dogmas nunca permanecen realmente iguales. La redacción puede permanecer sin cambios, pero las palabras adquieren diferentes connotaciones en diferentes épocas; nuestro "contexto" difiere enormemente del de nuestros antepasados. La mayoría de los cristianos aún creen que el Hijo es de la misma "sustancia" que el Padre; pero para nosotros, la palabra "sustancia" se ha vuelto engañosa. Puede significar muchas cosas para nosotros, pero apenas pensamos en el significado que tenían términos como *hypostasis* griega o *homoousios* (de *ousia*, "ser") para los cristianos del siglo IV. Seguimos creyendo que somos justificados por la fe —pero, ¿estamos hablando de justificación forense, imputativa o ética? *Confesar* tu fe es una cosa —pero generalmente en ese punto el análisis teológico de la cuestión ni siquiera ha *comenzado*. Podemos aceptar la Confesión Belga —pero podemos estar seguros de que la frase "iglesia verdadera" (Art. 29) suena muy diferente hoy en día de lo que sonaba en el siglo XVI. El término "idolatría maldita" utilizado en el Catecismo de Heidelberg (ver Respuesta 80) ha llegado a sonar tan cuestionable en nuestros oídos como era aceptable en los oídos protestantes del siglo XVI.

Los dogmas cambian, incluso si su redacción no lo hace. A veces se ha dicho que si alguien quiere decir *lo mismo* que en siglos anteriores, a menudo tiene que decirlo de manera *diferente* hoy.

El lugar de la confesión

Los protestantes siempre han subrayado la regla *Sola Scriptura* ("solo por la Escritura") de la Reforma, pero los dogmas no son idénticos a las Escrituras. Los dogmas eclesiásticos y las doctrinas teológicas no son "verdades revelacionales", sino intentos humanos falibles de aproximarse a la verdad. Las declaraciones tanto de la iglesia, es decir, los dogmas, como las de la academia, es decir, las teorías, siempre permanecen sujetas a la Palabra de Dios. Por esta razón, incluso las confesiones más apreciadas, *en principio*, siempre permanecen abiertas a una prueba crítica, aunque esto debería ser hecho por los miembros de la iglesia, no por los teólogos. Pensemos en el derecho de *gravamen* ("objeción") en las iglesias reformadas con respecto a las confesiones y doctrinas de la iglesia. La Palabra siempre tiene la última palabra sobre todas nuestras palabras. Por supuesto, esta Palabra debe ser expuesta; nuestra comprensión de ella depende de una exégesis correcta, pero también nuestra exégesis siempre debe ser verificada contra la Palabra misma. Nunca podemos escapar de este "círculo hermenéutico" (véase mi *Sabiduría para los pensadores* para esta expresión importante).

Hablando estrictamente, el término *Sola Scriptura* se contradice lógicamente, ya que no puede ser derivado de las Escrituras. Ni —como enfatizó Karl Barth— puede ser científicamente demostrado que es mejor que otras visiones alternativas. En su primacía como nuestra última autoridad normativa, las Escrituras no pueden ser deducidas ni derivadas de ninguna otra autoridad —deben ser recibidas por fe. Barth vio en este punto de vista la única respuesta tanto al modernismo, que rechaza la autoridad, como al catolicismo romano, que transfiere de hecho esta autoridad a la iglesia. Él dice que la dogmática no es la ciencia de los dogmas, sino *del* dogma, es decir, el acuerdo del *kèrygma* ("predicación, mensaje") con la revelación de Dios. Según él, estamos aquí en *statu confessionis* ("en la posición de confesar"): sólo podemos confesar aquí nuestro "compromiso último", mientras que las "pruebas" quedan excluidas, incluso si siempre estamos obligados a dar una cuenta *a posteriori* de este compromiso último.

Muchas denominaciones evangélicas tienen dificultades con las doctrinas que han sido formalmente establecidas por las iglesias sobre la base de alguna supuesta autoridad eclesiástica. A veces incluso ven en ellas una reliquia de la "levadura" católica, y desconfían de toda forma de "autoridad" eclesiástica formal. Otros cristianos han condenado esta visión como "biblicista", especialmente si ven un elemento ahistórico o incluso antihistórico en ella. Detrás de esta diferencia de opinión, hay una diferencia eclesiológica, en particular con respecto a la estructura de la iglesia, ya sea esta estructura de la variedad episcopal, presbiteriana o congregacional. ¿Qué es "la iglesia"? ¿Es cualquier denominación al azar? ¿Dónde está el cuerpo dentro de una iglesia (ya sea que consista en obispos, ancianos o sínodos) que pueda reclamar *formalmente* la autoridad para establecer la doctrina de "la iglesia", y para imponerle ésta a sus miembros, como lo hace en credos, confesiones y catecismos?

Es difícilmente relevante referirse aquí a la reunión apostólica en Hechos 15, incluso si el *ius dogmatum cudendorum* ("derecho a establecer dogmas") siempre se ha basado en este capítulo. Primero, esta reunión no fue un "sínodo" o un "concilio" en absoluto, sino que fue explícitamente la reunión de la iglesia *local* de Jerusalén (vv. 4, 22). Segundo, su decreto era vinculante para las iglesias, no porque la *iglesia* decidiera nada, sino porque el decreto había sido *investido* con autoridad *apostólica* —no "sinódica". Tercero, de hecho no estaban involucrados dogmas en el sentido de cánones doctrinales, sino solo regulaciones para el trato práctico entre creyentes judíos y gentiles.

No solo los teólogos evangélicos, sino también los teólogos luteranos y reformados han expresado sus dudas respecto a todo el asunto de que la iglesia declare autoritativamente doctrinas. Emil Brunner vio en esto una peligrosa sobreestimación de la comunidad, más específicamente de las organizaciones eclesiásticas, como garantía de la verdad. Señala el importante hecho de que, en *todos* los credos y confesiones que han aparecido hasta ahora, después hemos descubierto elementos que resultaron ser dudosos. Con autoridad *incondicional*, dice Brunner, se emitieron cánones que en ciertos puntos fueron posteriormente considerados *insostenibles*. Piensen en conceptos filosóficos griegos en los antiguos credos (*homoousia*, *physis*), y el término latino *anima rationalis* ("alma racional") de Jesús en el Credo Atanasiano. Estos son términos que no solo son no científicos, sino también ajenos al espíritu del Nuevo Testamento. Sin embargo, el Credo Atanasiano nos dice que ¡aquellos que no acepten sus principios no pueden ser salvos!

Vinculación a una confesión

En nuestra discusión hasta ahora, podemos distinguir fácilmente dos extremos. Por un lado, hay una iglesia que prescribe formal y obligatoriamente a sus miembros, en gran detalle, lo que deben creer. Tal denominación podría caer fácilmente en la trampa del confesionalismo: colocar de hecho la confesión al mismo nivel que las Escrituras, si no por encima de ellas, y exigir un acuerdo común formal sobre muchos asuntos teológicos que no tocan los fundamentos salvadores de nuestra fe. Comparen con la bien conocida máxima, *in necessariis unitas, in dubiis libertas, in omnibus caritas* ("En lo esencial, unidad; en lo dudoso, libertad; en todo, caridad"). Es decir, las denominaciones deberían limitarse a imponer solo las cosas "esenciales".

Por otro lado, una resistencia (a menudo biblicista y ahistórica) a cualquier forma de confesión o credo puede llevar a un individualismo y solipsismo peligrosos. Ninguna denominación o congregación local puede eludir la demanda de tener alguna opinión común, o consenso, sobre qué cánones básicos de fe aceptan. Si piensan que pueden prescindir de este acuerdo, verán que, tan pronto como surja un conflicto doctrinal, o bien están totalmente confundidos y se desintegran, o descubrirán que poseen algún "credo" no escrito, proporcionado por los líderes, que expresa lo que la iglesia cree. Esta situación es típicamente característica de grupos sectarios con un liderazgo central fuerte.

Recuerden que el teólogo suele ser un miembro de la iglesia, un creyente como todos los demás, y como tal, se puede esperar que comparta el consenso sobre los principales principios de la verdad cristiana. Por supuesto, si la teología (sistemática) desea ser verdaderamente académica, no puede estar vinculada a las confesiones de una cierta denominación. Sin embargo, como creyente común, el teólogo está atado a las líneas principales del consenso en su comunidad de fe. Si fuera de otra manera, no sería posible ninguna disciplina eclesiástica con respecto a la herejía (cf. Rom. 16:17; Gál. 5:7-10; 1 Tim. 1:3; 4:6-7; 6:3-6, 20; Tito 1:9-11; 3:9-11; 2 Juan 9-11; Ap. 2:14-16). Como *teólogo*, el creyente es académicamente libre; como creyente, el teólogo está atado al consenso de su iglesia.

Confesión y teología

En los Países Bajos, el filósofo reformado Klaas J. Popma (1903-1986) ha formulado la relación entre confesión y teología de la siguiente manera:

(a) *Acuerdo*. Hay una relación indirecta, pero clara e importante entre confesión y teología, en el sentido de que ambas están (o deben estar) *arraigadas en el mismo motivo básico bíblico*.

Como he explicado anteriormente, tal motivo es de naturaleza trascendente, existencial, supralingüística y suprarracional (es decir, que supera formulaciones lingüísticas y racionales) y, por lo tanto, nunca debe confundirse con una confesión, que es de naturaleza inmanente, lingüística y racional.

(b) *Distinción*. Una confesión de fe es un asunto eclesiástico, mientras que una teología (sistemática) es un asunto *académico*. Las dos comunidades sociales involucradas, a saber, la iglesia y la academia, nunca deben ser confundidas. Donde esto aún sucede, pueden surgir dos peligros. Uno es que la iglesia comience a gobernar sobre la teología, o al menos sobre sus fundamentos. Sin embargo, las organizaciones eclesiásticas no están equipadas ni formalmente calificadas para la tarea de supervisar a los teólogos. Por ejemplo, el catecismo es un asunto *de la iglesia*, no una forma de instrucción "teológica". Enseñar a una congregación es esencialmente diferente de enseñar a una clase de estudiantes de teología; el primero es para la edificación práctica de la fe, el segundo es para el aumento del conocimiento teológico sistemático.

El otro peligro es que los teólogos comiencen a gobernar sobre su denominación, o al menos sobre sus confesiones. Su poder puede llegar a ser tan grande que "la iglesia" ya no se atreva a confesar su fe sin las regulaciones y la autoridad de la ciencia. Es fácil entender por qué las denominaciones eclesiásticas requieren que sus líderes y predicadores estén académicamente capacitados. Pero se olvida fácilmente que los teólogos son ante todo académicos, y *no* necesariamente líderes o predicadores de la iglesia. Las dos categorías pueden confundirse fácilmente. Si comparamos otros campos de la sociedad, encontraremos situaciones similares. Los politólogos no necesariamente hacen buenos políticos, y viceversa.

Los investigadores médicos no necesariamente hacen buenos médicos, y viceversa. Los investigadores en las ciencias legales no necesariamente hacen buenos jueces, y viceversa. La iglesia ideal no necesariamente sería una compuesta por teólogos que, en esta capacidad, tuvieran una voz decisiva en asuntos de doctrina, liturgia, gobierno de la iglesia, etcétera. La teología puede ser de gran ayuda, pero la iglesia está compuesta por sus *miembros*, no por teólogos.

La confusión entre iglesia y academia tiene consecuencias perturbadoras. Conduce ya sea al *eclesiasticismo* (sobreestimación de la iglesia con respecto a la teología), o al *cientificismo* (sobreestimación de la teología con respecto a la iglesia), o a ambos. Debido a un reconocimiento insuficiente de la *soberanía de esfera*, la gente llegó a la idea de que la dogmática tenía que ser *dogmática de la iglesia* (véase arriba) porque la iglesia, según el pensamiento escolástico, abarcaba toda la vida de la fe cristiana. Por supuesto, la teología debía ser subordinada a toda la comunidad cristiana —aunque, estrictamente hablando, *la iglesia* es solo una de las relaciones sociales dentro de esta comunidad cristiana. Los cristianos no son solo miembros de la iglesia; también son parejas matrimoniales, padres e hijos, maestros y estudiantes, autoridades estatales y súbditos, empleadores y empleados, etcétera (esto se discute en gran detalle en el Volumen 2 de esta serie, *Poder al servicio*).

Si me permiten exagerar un poco, la dogmática podría llamarse igual de fácil —o más bien, igual de incorrectamente— "dogmática matrimonial", o "dogmática familiar", o "dogmática escolar", o "dogmática empresarial". Esto se debe a que las parejas, familias, escuelas, empresas, etcétera, cristianas están arraigadas en exactamente el mismo motivo básico cristiano

que una denominación eclesiástica o una congregación local
por un lado, y la academia teológica cristiana por el otro.
La comunidad cristiana, es decir el Reino de Dios (véase mi
Poder al servicio), no consiste sólo en iglesias cristianas, sino
también en matrimonios cristianos, familias cristianas, escuelas cristianas, empresas cristianas, asociaciones cristianas,
partidos políticos cristianos, etcétera. Quizás, en lugar de
hablar de dogmática de la iglesia, sería mejor hablar

El teólogo reformado suizo Heinrich Ott (1929-2013) ha
resumido esta visión de una manera que se acerca mucho a
lo que he presentado aquí:

(a) El teólogo no debe permitir que ninguna autoridad
eclesiástica o confesión le ponga cercas inamovibles. Debe
permanecer libre. En casos de duda, debe apelar solo a las Escrituras, y a nada más. (Este último punto es importante; en
mi terminología, el teólogo nunca es libre de su trascendental fe religiosa, que es ya sea anastática o apostática. Nunca
es libre de su conciencia, ni de su deber de someterse a la
Palabra de Dios y a la guía del Espíritu Santo).

(b) El punto anterior implica que el teólogo tiene que
relativizar no sólo todas las autoridades eclesiásticas y confesiones existentes, sino también a sí mismo. Nunca debe
ver sus "formulaciones" como verdades "últimas". Su trabajo
no es más ni menos que una contribución al diálogo abarcador de la iglesia. (Me gustaría añadir esta distinción: como
académico, el teólogo contribuye al diálogo de la comunidad
científica de teólogos, mientras que, como *creyente*, contribuye
al diálogo en curso de la comunidad *eclesiástica*).

(c) El teólogo no solo tiene un vínculo (pasivo) "receptivo"
sino también un vínculo (activo) "formativo" con la iglesia.
Es decir, no solo recibe impulsos de fe de la comunidad de

fe, sino que también alimenta algo a la iglesia con sus teorías teológicas. (Una vez más, me gustaría hacer aquí la distinción entre teología teórica y la vida de fe y de iglesia práctica: la iglesia no *necesita* teorías, pero éstas *pueden* ayudar a afilar su enseñanza y predicación bíblicas).

Iglesia - academia - comunidad de fe

Hemos visto que, en su actividad teológica, un teólogo creyente se da cuenta de que está atado a las Escrituras así como a cada confesión que, hasta donde él sabe, fue realmente compuesta en el espíritu de las Escrituras. Ese no es el problema. El problema es que la teología es una actividad *teórica*, mientras que ni las Escrituras ni ninguna confesión tratan explícitamente problemas *teológicos* como tales. La confesión simplemente se mueve en un plano diferente al de las actividades teóricas analíticas de los teólogos.

La diferencia entre teología y confesión *no* es que la dogmática sea más "sistemática" que cualquier confesión, como algunos han sugerido. De hecho, los credos, confesiones, catecismos y similares suelen construirse de manera muy sistemática. Ese no es el punto. El punto es que la teología y la confesión difieren en *naturaleza*. Una confesión es el testimonio, dado en fe, respecto a lo que Dios ha revelado a las personas en las Escrituras. Ni este hablar de Dios, ni la respuesta creyente dada por los humanos, es de una naturaleza teórica, desapegada, analítica. Una confesión es, en esencia, un asunto de intimidad práctica entre Dios y el hombre.

Esta intimidad nunca debe ser teorizada, es decir, "degradada" a teología o filosofía. La actitud de fe práctica es inmediata, abarcadora, concreta, un asunto del *corazón* trascendental religioso. La actitud teórica, sin embargo, es des-

apegada, unilateral —solo se considera un aspecto modal—
analítica abstracta, un asunto de *razón* inmanente. La primera
conduce a la alegría de la intimidad con Dios, mientras que
la segunda conduce a la alegría de una mejor comprensión
lógica de la verdad. Ambos están *relacionados* en el sentido de
que la intimidad con Dios puede ser un impulso fantástico
para cada teólogo creyente, y, a la inversa, una comprensión
teológica profundizada puede ayudar al teólogo a desarrollar
una comunión más cercana con Dios. Pero la fe y la teología
nunca son idénticas.

Como he señalado anteriormente, aunque una confesión
eclesiástica no puede pertenecer a los prolegómenos de la
teología, esto no significa que un teólogo creyente no pueda
sentirse muy vinculado, no solo a las Escrituras, sino también
a una o más confesiones cristianas. Por el contrario, esta será
una consecuencia natural del hecho de que está arraigado
en el motivo básico bíblico. Esto lo coloca en una *comunidad
de fe*, donde interactúa con otros que están comprometidos
con la misma fe.

Nuevamente, debemos distinguir aquí entre la comunidad
de *la iglesia* (una denominación o congregación local concreta) y la comunidad científica de los *teólogos*. Una misma
comunidad de *fe* —el Reino de Dios— subyace tanto a la comunidad eclesiástica como a la comunidad académica. Un
creyente determinado participa en la primera como miembro de la iglesia, y en la segunda como teólogo (miembro de
una facultad). Pero en ambos casos es, ante todo, un creyente, conectado con todos los demás creyentes en esta tierra.
Lo mismo se aplica, por cierto, para él como esposo, padre,
maestro o estudiante, empleador o empleado, ciudadano del
Estado, miembro de un partido, etcétera. En *esta* comunidad

de fe, en su sentido más amplio, los creyentes no están atados por cualquier credo o confesión especial (funcional-modal, racional, lingüística, de fe). Lo que los une es un mismo motivo básico bíblico trascendental, que impulsa los corazones de todos los creyentes, sin importar cuán divididos puedan estar en muchos asuntos secundarios y terciarios.

Confesiones no teológicas

Nuevamente, hemos encontrado aquí la diferencia esencial entre las declaraciones de fe prácticas, como credos, confesiones y catecismos, y las declaraciones teóricas (teológicas). Los credos, confesiones y catecismos nunca fueron pensados para ser declaraciones teológicas, como enunciados de la academia, como teorías que han sido, o deben ser, verificadas por otros teólogos. No podrían haber sido publicados como artículos científicos en revistas teológicas. No habrían sido aceptados por tales revistas debido a la *carencia* de características teológicas. Exhiben todo tipo de imprecisiones teológicas que no representan problema alguno en una confesión, la cual habla el lenguaje cotidiano de los creyentes comunes. Sin embargo, *son* inaceptables en un tratado teológico.

Tomen, por ejemplo, la afirmación de que, en la resurrección, el cuerpo y el alma son "reunidos" (Catecismo de Heidelberg, Pregunta y Respuesta 57). Esto exhibe cierta influencia del pensamiento dualista griego sobre el alma y el cuerpo, y sería inapropiado en cualquier publicación teológica sobre el tema. Pero en el lenguaje cotidiano es un problema mucho menor. De hecho, es muy difícil expresar el milagro de la resurrección en términos que serían igualmente fáciles de justificar teológicamente, y que serían igualmente simples. El ejemplo también muestra que, aun-

que el catecismo no es de naturaleza teológica, influencias
teológicas y filosóficas pueden filtrarse fácilmente en él, porque éstas han llegado a formar parte de nuestro pensamiento
cristiano cotidiano. Sin embargo, este fenómeno no afecta
el carácter básico de la confesión o catecismo. Es un testimonio de *fe*, de las convicciones trascendentales más internas y
existenciales de las personas, aunque se exprese en lenguaje
inmanente y cotidiano.

Sería una locura sugerir que el lenguaje de la teología está
en un nivel "superior" a un simple testimonio de fe. Tomen
como ejemplo las palabras utilizadas por el hombre y la mujer en el Cantar de los Cantares para describir la belleza del
otro (por ejemplo, Cantares 4:1-15; 5:10-16). Este lenguaje
es más cálido, elevado y conmovedor que cualquier análisis
científico de la belleza humana podría ser. Es lenguaje cotidiano, utilizado por personas que se aman. Imaginen lo que
podría suceder si alguien analizara estas descripciones de
belleza para obtener un nivel "más alto" de precisión científica. Imaginen que argumentara que la belleza humana es
bastante ridícula cuando uno se da cuenta de que el 60 por
ciento o más del cuerpo humano está compuesto de H_2O
(es decir, agua). ¿Hemos llegado ahora a un nivel más alto
de precisión científica? Un análisis científico nunca podría
formar un continuo con una declaración de amor; la idea
sería absurda. Un juicio de la ciencia estética es *esencialmente*
diferente de —y nunca "superior" a— la profundamente ad-
mirativa voz del amor. Y esto, en cierto sentido, es lo que es
un credo o una confesión: una declaración apasionada de
amor, no una fría declaración de ciencia teológica.

Imaginen que alguien analiza Mateo 5:45 ("Dios hace que
su sol salga"), solo para encontrar en él un doble error. Pri-

mero diría que no es Dios quien hace salir el sol, sino las leyes naturales que instituyó al principio. Y segundo, añadiría que el sol no sale en absoluto; es la tierra la que gira. ¿Qué agradecimiento sincero le daríamos por estas correcciones? ¿Con su ayuda, ahora poseemos una mejor Biblia, o una mejor comprensión de la Biblia? Podría darles muchos más ejemplos de este tipo. Pero necesitamos preguntarnos si una Biblia "corregida" científicamente, o una confesión "teológizada", por su parte, nos da un producto mejorado. Podemos tropezar con la forma en que el versículo que acabo de citar expresa cierta verdad, y al mismo tiempo perder de vista esta verdad por completo. En tal caso, colamos un mosquito pero tragamos un camello (Mateo 23:24). Tratamos el versículo como si fuera una declaración astronómica y lo criticamos como tal, pero pasamos por alto la verdadera intención del versículo como una declaración de fe sobre la fidelidad de Dios. Nunca puede haber continuos entre declaraciones astronómicas y declaraciones de fe, porque difieren de la manera más fundamental posible. Los teólogos solo comienzan a hablar de un continuo después de haber *teologizado* primero el lenguaje cotidiano de la fe, o de las confesiones de fe.

La soteriología dice: "La doctrina bíblica de la salvación es la siguiente..." La confesión dice: "Yo pertenezco a *mi* fiel Salvador Jesucristo, quien... me libró" (Catecismo de Heidelberg, Pregunta y Respuesta 1). La primera es un tratado teórico, mientras que la segunda es una proclamación de fe muy personal. ¿Qué continuidad podría encontrarse aquí?

La cristología dice: "La doctrina bíblica de Cristo es la siguiente..." La Biblia dice: "*Mi* amado es radiante y rubio" (Cantar de los cantares 5:10). La cristología dice: "El Señorío de Cristo implica..." Tomás dice: "¡*Mi* Señor y *mi* Dios!" (Juan 20:28; cf. Filipenses 3:8). No hay *nada* absolutamente personal en la (científica) cristología; por el contrario, su carácter objetivo y desapegado es esencial para ella. En cuanto a la confesión, sin embargo, no hay nada *im*personal en ella. La cristología argumenta sobre si se puede llamar a Cristo "Señor" y "Dios". Tomás simplemente lo hace, de una manera muy personal.

La teología propiamente dicha (es decir, la doctrina de Dios) habla sobre Dios, pero nunca de una manera personal. Pero el apóstol Pablo, como un "creyente común", puede decir: "*Mi* Dios suplirá todas sus necesidades..." (Filipenses 4:19). Casi las primeras palabras de los Canones de Dort son: "*Nuestro* Señor y Salvador Jesucristo".

La soteriología intenta explicar qué es el perdón divino de una manera impersonal. Por supuesto, incluso los credos a veces hablan de una manera algo impersonal también. El Credo de los Apóstoles establece simplemente: "Creo en el perdón de los pecados". Sin embargo, tal confesión no tiene valor si no se expresa como un testimonio de haber sido perdonado personalmente (cf. Salmo 32:1). Sería espantoso confesar la creencia en el perdón divino de los pecados sin tener la seguridad de haber recibido el perdón por los propios pecados. El creyente puede exclamar con deleite: "¡Estoy perdonado!" Sin embargo, en una soteriología fría, desapegada y analítica, las cosas son muy diferentes. Desafortunadamente, no es demasiado difícil imaginar a un teólogo que es muy inteligente, académicamente hablando, pero que, a nivel personal, no tiene ningún interés en el perdón de sus pecados.

La teología y las divisiones en la iglesia

Una causa de la confusión entre la teología y el lenguaje de fe práctica es que las personas comenzaron a buscar la seguridad de su fe dentro de la teología. Ciertas denominaciones no tienen este problema en la misma medida porque buscan la seguridad en otra parte. Los cristianos católicos romanos miran hacia la jerarquía de su iglesia (desde sus sacerdotes y obispos hasta su papa). Los creyentes carismáticos también miran hacia sus líderes, quienes supuestamente tienen la plenitud del Espíritu. Solo se puede esperar que los líderes católicos y carismáticos sean hombres de Dios.

Ahora, me doy cuenta, por supuesto, de que los teólogos también pueden ser hombres (y mujeres) de Dios. Pero esta no es la razón principal por la cual los miembros comunes de la iglesia los miran: es por su respeto por la ciencia, que se ha convertido en una parte integral de toda nuestra cultura occidental moderna. Por lo general, hay un científico a tu lado cuando naces y otro en el lecho de muerte. Casi todos los dominios de la sociedad, incluida la política e incluso las artes, están gobernados por científicos. Por lo tanto, no es sorprendente que las iglesias modernas estén dominadas también por científicos. En algunas denominaciones reformadas, no se les permite a los ancianos administrar los sacramentos o pronunciar la bendición sobre la congregación porque no son teólogos académicamente entrenados. Debes ser un teólogo científico para poder bendecir, bautizar o partir el pan.

Además —o incluso en lugar de— creer en Cristo, muchos cristianos comenzaron a creer en la teología. O dieron la vuelta a las cosas al comenzar a creer en sus credos en lugar de aceptarlos como una expresión de sus creencias. Aún peor fue que comenzaron a elevar las diferencias teológicas de opinión al nivel de preguntas confesionales, y de ahí a diferencias de fe vitales. Esta es una de las consecuencias más tristes de toda la confusión: las diferencias teológicas se trataron como problemas de *fe* y, como tales, se impusieron a las personas comunes de la iglesia, quienes se vieron obligadas a tomar partido en divisiones eclesiásticas desagradables. Esto es una vergüenza, ya que las diferencias *puramente* teológicas nunca deberían permitir dividir al pueblo de Dios. En mi opinión, ni siquiera las diferencias confesionales deberían permitir causar una división en la iglesia a menos que estén en juego los mismos fundamentos del cristianismo.

La regla general es la siguiente: si realmente crees que los de la otra parte no podrían ya ser llamados cristianos debido a sus herejías, tienes derecho a separarte de ellos. Como dice el apóstol Juan: "Todo el que avanza y no permanece en la enseñanza de Cristo no tiene a Dios. El que permanece en la enseñanza tiene tanto al Padre como al Hijo. Si alguno viene a ustedes y no trae esta enseñanza, no lo reciban en su casa ni le den ningún saludo, porque quien le saluda participa en sus obras malas" (2 Juan 9-11).

Puede ser una pregunta abierta si la "enseñanza de Cristo" significa aquí "la enseñanza *por* Cristo" (genitivo subjetivo), o "la enseñanza *sobre* Cristo" (genitivo objetivo). Sea lo que sea, la enseñanza *de* Cristo nunca debe confundirse con la enseñanza de los teólogos, y la enseñanza *sobre* Cristo nunca debe confundirse con la cristología teológica. En esta última, se tratan muchos problemas que nunca deberían convertirse en puntos de división entre los santos. Por ejemplo, piensen en teorías sobre la "generación eterna" del Hijo (un asunto que nunca se trata explícitamente en las Escrituras), sobre la naturaleza precisa de la *kenosis* de Cristo (su "vaciamiento"; cf. Filipenses 2:7), sobre su tener una voluntad (monotelismo), o dos voluntades que eran divina y humana (diotelismo). Esta controversia involucró las dos naturalezas de Cristo, su naturaleza divina y su naturaleza humana, y la relación entre ellas.

En el pasado, el problema de la voluntad única o las dos voluntades se impuso a toda la iglesia (en el Tercer Concilio de Constantinopla, 680-681), e incluso llevó a divisiones entre monotelitas y diotelitas. Hoy, muchos teólogos estarían perdidos si se les obligara a elegir entre estos dos lados. ¡Los monotelitas corren el peligro del monofisismo (no distinguir lo suficiente entre la naturaleza divina y la humana de Cristo), mientras que los diotelitas corren el peligro del nestorianismo (crear una separación demasiado marcada entre las dos naturalezas de Cristo)! ¡Aquí, los necios pueden apresurarse fácilmente donde los ángeles temen pisar!

Los teólogos a veces deberían avergonzarse de sí mismos. Por supuesto, especular sobre asuntos de los cuales las Escrituras están totalmente en silencio, está permitido hasta cierto punto; no deberíamos impedir que los académicos especulen. Pero predicar estas especulaciones como verdad divina, y forzarlas a los cristianos comunes, y de esta manera incluso crear divisiones en la iglesia, es pura *hybris* (arrogancia hacia Dios). Es como el pecado de "mirar dentro del arca del SEÑOR", por el cual los hombres de Bet-Semes fueron gravemente golpeados (1 Sam. 6:19 ASV, NIV, NKJV). "En cuanto a una persona que provoca divisiones, después de advertirle una vez y luego dos veces, no tengas nada más que ver con ella" (Tito 3:10). "Les ruego, hermanos, que tengan cuidado con aquellos que causan divisiones y crean obstáculos en contra de la doctrina que han aprendido; evítenlos" (Rom. 16:17).

El *Extra Calvinisticum*

A veces se ve que incluso dentro de las confesiones, los cristianos que las elaboraron (inevitablemente teólogos) no pudieron resistir la tentación de incluir un asunto típicamente teológico que era muy disputado en su época, cargando así a los cristianos comunes con ello. Un ejemplo llamativo de esto es un punto en el que los calvinistas diferían de los luteranos. Esta pequeña pieza de polémica logró ocupar un lugar en el Catecismo de Heidelberg. Lutero afirmaba que Jesús, después de su resurrección, era omnipresente no solo en lo que respecta a su naturaleza divina, sino también en lo que respecta a su naturaleza humana. Los teólogos reformados no estaban de acuerdo; afirmaron que, en lo que respecta a su naturaleza humana, Jesús no era omnipresente, incluso después de su resurrección (Preg. y Resp. 47).

En este punto, el Catecismo continúa con la pregunta: "Pero si su naturaleza humana no está presente donde está su deidad, ¿no están entonces separadas estas dos naturalezas en Cristo?" Y proporciona la siguiente respuesta: "En absoluto, ya que, dado que la deidad es ilimitada y omnipresente, debe seguir necesariamente que la misma está más allá de los límites de la naturaleza humana que asumió, y sin embargo está, no obstante, en esta naturaleza humana, y permanece unida a ella personalmente" (Preg. y Resp. 48).

Uno se asombra de encontrar esta pieza de razonamiento puramente teológico en lo que se pretende ser un libro de texto para jóvenes creyentes. Los luteranos lo llamaron *extra-calvinisticum*, es decir, la idea calvinista de que la deidad de

Cristo alcanza "más allá" (extra) de su naturaleza humana en que el Cristo glorificado estaba, por razón de su deidad, todavía en la tierra (porque, siendo divino, es omnipresente), pero no por razón de su humanidad. Por lo tanto, si Jesús promete estar en medio de aquellos que se reúnen en su nombre (Mateo 18:20), es el Hijo de Dios quien está allí, pero no el Hombre Jesús Cristo. Esto plantea nuevamente el antiguo problema de la relación entre las dos naturalezas de Cristo. El teólogo estadounidense Donald G. Bloesch (1928-2010) lo expresó de esta manera: los luteranos corren el riesgo de caer en el monofisismo y el docetismo (mezclando demasiado las dos naturalezas), los calvinistas corren el riesgo de enredarse en el nestorianismo (dividiendo demasiado las dos naturalezas). ¡No hay alternativas! Puedes equivocarte en cualquiera de estas dos direcciones.

La discusión fue importante en el debate teológico sobre la Cena del Señor. Según Zuinglio y Calvino, Cristo no puede estar personalmente presente como hombre bajo los símbolos del pan y el vino, que representan su cuerpo y su sangre, porque, como hombre, solo puede estar en un lugar, y hoy ese lugar es a la derecha de Dios. Sin embargo, según Lutero, la deidad de Cristo permea su humanidad de tal manera que su humanidad también puede estar en todas partes, de modo que puede estar *corporalmente* presente en la Cena del Señor bajo los símbolos del pan y el vino. Entre otras cosas, fue esta doctrina la que ha mantenido a luteranos y calvinistas separados desde el siglo dieciséis. Hoy, esto es difícil de imaginar.

Puede ser un consuelo para ambas partes darse cuenta de que la tensión existe también en el Nuevo Testamento. En un momento, Jesús dice a sus discípulos: "No siempre tendrán conmigo [con ustedes]" (Mateo 26:11; Juan 12:8), mientras que luego los tranquiliza con las palabras: "Yo estoy con ustedes todos los días" (Mateo 28:20; cf. Juan 14:18). Quizás ambas partes en los debates cristológicos deberían haber introducido al Espíritu Santo : Cristo está "con nosotros" —también en la Cena del Señor— como el Espíritu de Cristo (Rom. 8:9; Filipenses 1:19; 1 Pedro 1:11; cf. Hechos 16:7; Gálatas 4:6). Esto no es la naturaleza divina de Cristo, sino la tercera persona de la Trinidad. No tengo conocimiento de que alguien haya sugerido esta solución, que podría haber reconciliado a luteranos y calvinistas en el momento en que estaban peleando sobre este asunto.

Sin embargo, la verdadera pregunta que nos concierne ahora es: ¿Quién tendría la audacia de afirmar que cualquiera que suscriba la creencia de que Cristo en su naturaleza humana es omnipresente —o *no* es omnipresente, por cierto— *no podría ser salvo*? ¿En qué sentido están en juego los fundamentos del cristianismo aquí? Ambas partes creen que Cristo es verdaderamente Dios y verdaderamente Hombre, y que sus dos naturalezas no deben mezclarse demasiado, ni separarse demasiado. El resto es alimento para los teólogos; prosperan en preguntas como esta. Está en su naturaleza. *Pero a la gente de la iglesia no se les debería molestar con estos asuntos*, y ciertamente los jóvenes cristianos no deberían ser atormentados con ellos en un libro de texto para principiantes. Deberían enseñarse los elementos esenciales de la fe cristiana. Pero no deberían ser acosados con problemas teológicos que, en sí mismos, son lo suficientemente interesantes, pero que *no* pertenecen a estos esenciales. Y nunca deberíamos dividir al pueblo de Dios por ellos. Si quieres dividirlos, que sea *sólo sobre preguntas por las cuales tú mismo estés preparado para dar tu vida.*

¿Vale la pena morir?

Al contemplar su ejecución, se dice que el gran filósofo griego Sócrates (469-399 a.C.) declaró: "El único propósito de aquellos que practican la filosofía de la manera correcta es prepararse para morir y para la muerte". Casi dos mil años después, el filósofo francés Michel de Montaigne (1533-1592) comentó: "Toda la sabiduría y razonamiento en el mundo finalmente se reducen a esto: enseñarnos a no tener miedo a morir". Suponiendo que sus respectivas filosofías los ayudaron a morir, uno puede preguntarse si estarían dispuestos a morir por estas filosofías como tales. ¿Ha habido alguna vez grandes pensadores, incluidos teólogos, que estuvieran dispuestos a morir por sus propias teorías? ¿Murió Sócrates por su filosofía? Fue ejecutado con cargos de corromper a la juventud de Atenas y rehusar honrar a los dioses. Eso no significa que murió por sus teorías filosóficas, sino por la Verdad tal como la veía.

Los sabios siempre han sabido que "la Verdad" es mucho más grande que incluso las mejores de nuestras teorías. ¿Murió Guido de Brès en 1567 por la Confesión Belga que había escrito? ¿O murió por su fe? No murió ni por su confesión, ni siquiera por las "verdades" contenidas en ella, sino por la Verdad, o, mejor aún, por Aquel que es la Verdad. ¿Qué calvinista estaría dispuesto a morir por el *extra calvinisticum*? ¿Y qué luterano estaría dispuesto a morir por la opinión opuesta?

Cuando los cristianos un día miran de frente a la muerte, no mueren por ciertas opiniones teológicas que han sostenido, sin importar cuánto las hayan apreciado. Hablando estrictamente, nadie morirá por cierta confesión, no importa cuán firmemente crea que esta confesión es una expresión precisa de sus creencias. Los cristianos mueren por su *fe* en el sentido de la *fides qua*. Por supuesto, esto nunca puede separarse de ciertas *formulaciones* de esa fe, por ejemplo, como las que encontramos en ciertas confesiones. Pero estas formulaciones inmanentes son siempre tan imperfectas como la fe misma (en el nivel trascendental) es perfecta.

Se dice que en nuestra época más de cien mil cristianos pierden la vida cada año como consecuencia de su fe. Podemos estar seguros de que, en el momento de morir, toda creencia en sus propias confesiones y teorías teológicas palidece. Lo que queda es la fe en su forma existencial más elemental, una forma que trasciende todo lo racional. O, para expresarlo de una mejor manera, lo que queda no es la *fe*, sino Aquél hacia quien esa fe estuvo orientada a lo largo de la vida. Justo antes de su martirio, Pablo escribió: "Sé en quién he creído" (2 Tim. 1:12). ¿Qué significan el confesionalismo y el tradicionalismo, toda filosofía y teología, todas las cosas que han inquietado tanto a la gente en sus vidas, frente a la muerte? Al final, ¿no son todas las confesiones y todas las teologías simplemente maneras de hablar sobre cosas que son no sólo mayores que nuestra comprensión, sino también mayores que nuestros corazones, cosas cuyo valor nunca se ilumina más claramente que en la hora de nuestra muerte?

Seis años después de la redacción de la Confesión Belga y poco antes de su martirio, Guido de Brès escribió a su esposa, Catherine Ramon: "En este momento, estoy poniendo en práctica lo que tanto he predicado a otros. Sin embargo, debo confesar que, mientras predicaba, hablaba sobre cosas que solo ahora estoy experimentando, tal como una persona ciega habla de colores. Desde que fui hecho prisionero, he progresado más y he aprendido más que durante el resto de mi vida. Estoy en una muy buena escuela. El Espíritu Santo me inspira continuamente y me enseña a usar las armas en esta batalla".

Guido de Brès no murió por la Confesión Belga, sino por la fe que había intentado expresar en ella. En muchos detalles, sus formulaciones son cuestionables; todos estos puntos han sido alimento para teólogos durante los siglos desde su composición. Por lo tanto, sería una locura que alguien quisiera morir por el bien de estas formulaciones. También sería igualmente necio hacer de estas formulaciones una base inquebrantable para denominaciones enteras, así como una causa de divisiones dentro de estas denominaciones. Igualmente inapropiado sería forzar a los teólogos académicos a someterse *a priori* a estas formulaciones. Pero vale la pena vivir y morir por la fe que se confiesa en la Confesión Belga. Los cristianos nunca deben creer en la Confesión Belga por sí misma. Más bien, deben creer en Cristo tal como, de manera admitidamente falible, se confiesa en él, así como en muchos otros credos, confesiones y catecismos. Si esto es cierto para los cristianos en general, es sin duda cierto para los teólogos (creyentes).

CAPÍTULO VI

ABSTRACCIONES, CONCEPTOS E IDEAS TEOLÓGICOS

Abstracciones, conceptos e ideas teológicos

En mi libro *Sabiduría para los pensadores* traté de varios tipos de *abstracción* que juegan un papel en el pensamiento científico. Entre estos estaban:

(a) La abstracción de lo *universal*; es decir, desestimar el carácter único de un fenómeno y buscar aquello que todos esos fenómenos tienen en común. De esta manera, se formulan principios generales (leyes, normas).

(b) La abstracción de lo *objetivo*; es decir, desestimar sentimientos y prejuicios personales de tal manera que, bajo iguales circunstancias, otro investigador hubiera obtenido los mismos resultados.

(c) La *abstracción modal*; ésta es la abstracción de un cierto aspecto modal de la realidad cósmica. Es decir, se abstrae una cierta modalidad de una entidad, un evento o un estado de cosas, lo cual es lo mismo que decir que esa entidad, evento o estado de cosas se ve desde un punto de vista modal. La abstracción modal es la puerta de entrada al análisis científico y a la construcción de teorías. Es esta abstracción la que es característica de la relación de conocimiento teórico. He argumentado extensamente que la teología es la ciencia especial que investiga la realidad empírica desde el punto de vista pístico (véase el capítulo 3).

Ahora consideremos dos formas *incorrectas* en las que la abstracción puede ser utilizada en la teología. Esto nos ayudará a entender mejor las formas adecuadas de usarla.

El pietismo

En *Sabiduría para los pensadores* he argumentado que el peligro de absolutizar una de las modalidades siempre está presente. Por ejemplo, piensa en los siguientes "ismos" (cada uno de los cuales corresponde a una modalidad que se está absolutizando): materialismo (aspecto energético), evolucionismo (aspecto biótico), psicologismo o monismo psíquico (aspecto sensible), racionalismo (aspecto lógico), historicismo (aspecto formativo), socialismo (aspecto social), marxismo (aspecto económico) y romanticismo (aspecto estético).

El error común en todos estos "ismos" es lo que llamamos "nadamasismo": la idea de que "básicamente todo es..." (inserte aquí el aspecto modal que se está absolutizando). De la misma manera, la gente también sobreestima las ciencias correspondientes (física, biología, psicología, etcétera). ¿Es posible absolutizar, de manera similar, el aspecto pístico con su ciencia correspondiente, la teología? Desafortunadamente, esto es bastante concebible.

Para entender esto, debo recordarte el significado ambiguo de la palabra *religioso*. Permíteme intentar distinguir entre sus significados, siendo el primero *religioso transcendente* (en holandés: *religieus*) y el segundo *religioso inmanente* (en holandés: *godsdienstig*), que es lo mismo que pístico. Para empezar con este último, la vida cotidiana tiene muchos aspectos. Hay actos lógicos (pensamientos, razonamientos), actos formativos (acciones históricas, logros técnicos), actos lingüísticos (actos de comunicación), actos sociales (tráfico, reuniones), actos económicos (compras y ventas), actos estéticos (producción o disfrute del arte), actos jurídicos (emitir veredictos), actos éticos (perdón), y actos religiosos inmanentes (o písticos) (orar, cantar, entonar, alabar, predicar, estudiar la Biblia, etcétera).

Como se puede ver, los actos religiosos inmanentes (o písticos) son sólo algunos entre numerosos otros tipos de acciones humanas que no son písticos. *Pero en todas estas actividades, el hombre siempre es un ser religioso transcendente.* Es decir, ya sea que argumente, se comunique, conduzca un automóvil, compre y venda, toque música, o envíe un regalo de cumpleaños, en todas estas acciones, el hombre se presenta como una persona responsable ante Dios, dependiente de Él, llamado a rendir cuentas ante Él y a honrarlo. Eso es lo que el término religioso-transcendente intenta expresar. Pero ninguna de las acciones mencionadas es religiosa inmanente (o pística). Por supuesto, cuando alguien actúa písticamente es responsable ante Dios. Pero cuando actúa lógicamente, o socialmente, o estéticamente, etcétera, también es igualmente responsable ante Dios. *Solamente* algunas de sus acciones están cualificadas písticamente, pero *todas* sus acciones están, por así decirlo, cualificadas de modo religioso transcendental.

Ahora, aquí es donde entra el error del pietismo. Uso el *pietismo* aquí como un término amplio, que incluye formas extremas de puritanos, menonitas, la "Segunda Reforma Holandesa" (en holandés: *Nadere Reformatie*; a veces llamada paleocalvinismo, *oud-gereformeerd*), el pietismo alemán, así como ciertas formas místicas de evangelicalismo. Además, uno podría pensar en el judaísmo ultraortodoxo. Por ejemplo, la palabra hebrea *chassid* ("piadoso"), de la cual obtenemos el nombre del movimiento religioso del jasidismo, significa básicamente lo mismo que el latino *pius*, del cual derivan "piadoso" y "pietismo".

Hay un elemento ascético en estas diversas formas de pietismo que absolutiza el lado pístico de la vida, mientras descuida, o incluso desprecia, otros aspectos de la vida cultural y social. La causa de esto es generalmente una confusión entre lo religioso transcendente y lo religioso inmanente (o pístico); podríamos llamarlo una especie de pisticoísmo. Los actos písticos se consideran lo real en la vida, la especialidad de los monjes o judíos piadosos que sólo adoran y estudian los libros sagrados. Con una variación de Eclesiastés 3:1-8, respondería que hay un tiempo para orar, pero también un tiempo para trabajar. Hay un tiempo para cantar, pero también un tiempo para comprar y vender. Hay un tiempo para leer la Biblia, pero también un tiempo para leer buena literatura. Hay un tiempo para predicar, pero también un tiempo para pintar. Hay un tiempo para buscar el rostro de Dios, pero también un tiempo para socializar con otras personas. Hay un tiempo para estar en el cuarto interior, pero también un tiempo para estar en la calle. Uno no es mejor que el otro, siempre y cuando uno haga lo correcto en el momento correcto, y particularmente, mientras lo haga *coram Deo* ("ante Dios"), para honrarlo y glorificarlo.

El pietismo, o pisticoísmo, es un tremendo empobrecimiento del Reino de Dios, como si la actividad en este Reino se limitara a acciones písticas; es decir, como si orar, alabar y predicar fuera más propio del Reino que socializar, vender y esculpir. Pablo dice: "ya sea que coman o beban, o *hagan lo que hagan*, háganlo todo para la gloria de Dios" (1 Cor. 10:31, énfasis añadido; cf. Col. 3:17). Sería un error lamentable suponer que ser pastor, líder de adoración o consejero es más "espiritual" que ser panadero, taxista, tendero o abogado. Esto es, nuevamente, una confusión entre estructura y dirección. No es lo *que* eres lo que te hace espiritual, sino *cómo* te comportas al serlo. No es lo *que* haces lo que te hace espiritual, sino *cómo* lo haces. La "persona espiritual" tiene la "mente del Señor", sea cual sea el trabajo que haga (1 Cor. 2:15-16). Por cierto, esta es la razón por la cual ser esclavo te brinda una oportunidad muy especial de "embellecer" en todo "la doctrina de Dios nuestro Salvador" porque exige más fortaleza espiritual ser esclavo que ser un hombre libre (Tito 2:10).

El pisticoísmo fue una de las razones por las que la teología a menudo fue colocada por encima, o incluso en oposición a las otras ciencias (piensa nuevamente en el dualismo Naturaleza-Gracia). La razón fue que los actos písticos se colocaron por encima de actos que tienen una cualificación modal diferente. Pero este enfoque es un grave error. La verdadera pregunta no es cuántos minutos u horas pasas en tu "tiempo a solas" (en tu "cuarto interior", Mateo 6:6 ASV), sino si has aprendido a "orar sin cesar" (1 Tes. 5:17; cf. Lucas 18:1; Rom. 12:12; Efes. 6:18; Col. 4:2), es decir, a vivir con la actitud de oración, *también cuando estás comiendo, comunicándote, horneando pan, enseñando, conduciendo tu automóvil, vendiendo tus productos, haciendo música, etcétera.*

Cuando el Apóstol Pablo dice que "el reino de Dios no es cuestión de comer y beber" (Rom. 14:17), el contexto deja claro qué se refiere a discutir sobre qué comer y beber y qué no. El Reino de Dios no es un lugar para pelear. Desde otro punto de vista, sin embargo, el Reino de Dios es precisamente esto: "Bienaventurado el que coma pan en el

Reino de Dios" (Lucas 14:15). El Reino de Dios es "comer y beber" en el sentido de la comunión práctica entre nosotros, socializando espiritualmente como pueblo de Dios, riendo y gozándonos juntos en el Señor, no sólo en el canto sino también en el trabajo conjunto, pensando y estudiando juntos, enseñándonos unos a otros, comprando y vendiendo entre nosotros, haciendo cosas hermosas juntos, tocando música juntos, buscando la justicia, la paz y la alegría juntos.

El sustancialismo

También debemos discutir una manera muy diferente en la que ciertos aspectos abstractos de la realidad cósmica pueden ser incorrectamente absolutizados. Esto se llama *sustancialismo*. Es una doctrina que se encuentra en la antigua filosofía griega y más tarde en la escolástica, basada en la idea de *substantia*, es decir, alguna esencia, que existe por sí sola, independiente de otras cosas, y no cambiante. El sustancialismo ha sido un poderoso sistema de pensamiento que, a partir del pensamiento escolástico, penetró fácilmente en la teología protestante donde ha permanecido hasta el día de hoy. Pero hace mucho tiempo, Juan Calvino argumentó —de una manera bastante moderna— que la creación no es un sistema que consiste en formas sustanciales, sino que está formada por fenómenos y leyes.

La noción original de sustancia se basó en la constancia innegable de las cosas, a pesar del intercambio de sus partes y los cambios en sus formas empíricas. Para explicar esta observación, el sustancialismo en la antigüedad introdujo una clara distinción entre la *esencia* (inmutable) de las cosas, y sus *accidentia* (mutables) o propiedades secundarias. Esta distinción se basó en la *abstracción teórica*, mediante la cual las propiedades cambiables fueron abstraídas de la esencia inmutable. Es importante notar que esta abstracción existió sólo en la mente del *sujeto lógico*, es decir, la persona que piensa lógicamente sobre la realidad cósmica.

Hasta aquí todo bien. Sin embargo, el sustancialismo proyectó posteriormente esta abstracción teórica sobre la realidad, como si esta abstracción —esta distinción entre *substantia* y *accidentia*— no existiera en la mente sola sino también en la realidad cósmica como tal. Las esencias fueron abstraídas de las relaciones y coherencias inmanentes plenas en las que el Creador había colocado todas las cosas, y luego se declararon como la verdadera realidad. Las sustancias fueron consideradas ideas tan convenientes en la mente que la gente no podía creer que no existieran "allí afuera" también.

La principal fuente de este dañino sustancialismo fue el gran filósofo griego Aristóteles (384-322 a.C.). Él asignó al ámbito de las sustancias todas las entidades vivas así como los cinco *elementos* de la antigüedad (fuego, tierra, aire y agua, más la quinta esencia [lit. "quinta esencia"], el llamado éter). Dentro del pensamiento cristiano, el sustancialismo de Aristóteles penetró particularmente en la antropología filosófica y teológica católica romana y protestante, de modo que el hombre fue visto como una *dicotomía* (una cosa de dos partes), consistiendo en una sustancia de alma y una sustancia de cuerpo (ver el próximo volumen en esta serie, *Investigación sobre el alma*). En la teología (sistemática), esta falsa idea no sólo fue generalizada, sino que tuvo enormes consecuencias también, tales como en:

(a) *Hamartiología* (la doctrina del pecado): Si el hombre es una suma de dos sustancias, alma y cuerpo, ¿cómo afecta el pecado a ambas, el alma y el cuerpo? ¿Cómo podemos mantener el significado *radical* de la caída en el pecado, que corrompió toda la naturaleza humana hasta la misma *radix* ("raíz")? Si Dios —como tantos han afirmado— crea una nueva alma cada vez que se concibe un ser humano (psicocreacionismo), ¿cómo podemos evitar la conclusión de que Dios crea una alma corrompida, o que la caída concernió sólo al cuerpo (lo que significa una negación de la radical corrupción del hombre natural)?

(b) *Soteriología* (la doctrina de la salvación): Si el hombre es una suma de dos sustancias, alma y cuerpo, ¿cómo afecta la redención tanto al alma como al cuerpo? ¿Cómo podemos mantener la significación *radical* de la redención si la naturaleza humana no está concentrada en una raíz religioso-transcendente (el "corazón"), desde donde todas las funciones inmanentes son determinadas en su dirección espiritual, de manera que la redención sea tan radical como la caída? Sin embargo, la idea de la centralidad trascendente del corazón choca fundamentalmente con el dualismo sustancial de alma-cuerpo.

(c) *Cristología* (la doctrina de Cristo): Según la teología escolástica —rastros de la cual se pueden encontrar todavía en casi todas las partes de la teología protestante y evangélica tradicional— Jesús sólo habría asumido un cuerpo material más una "alma racional" (¡cf. el Credo de Atanasio!), los cuales estarían en alguna relación sustancial entre sí. Sin embargo, tal punto de vista no puede hacer justicia a la radical unidad de la humanidad de Cristo.

Algunos científicos naturales protestantes tempranos, como el reformado francés Sébastien Basson (c. 1573-después de 1625) y el anglicano británico Robert Boyle (1621-1691), eran conscientes de los peligros del sustancialismo. Vieron con razón en la noción de sustancias independientes (lit., "cosas que están por sí solas") una amenaza al poder y soberanía absolutas de Dios causada por la deificación de ciertos aspectos de la realidad cósmica. Si se dice que las cosas funcionan "de acuerdo con su propio ser" en un sentido, no importa cuánto se las considere como sometidas a Dios, inevitablemente adquieren el carácter de un ser que actúa independientemente, como una deidad. En la medida en que la gente desee hablar de la *esencia* de algo, esta esencia no debe ubicarse en ideas *por encima* de las cosas concretas (como en el idealismo platónico), ni en formas que se supone que existen *dentro de ellas* (como en el nominalismo). Rechazamos estas nociones paganas a favor de la idea de que las esencias sólo existen dentro del poder de Dios en Cristo, quien "sostiene el universo por la palabra de su poder" (Heb. 1:3) y en quien "todas las cosas se mantienen unidas" (Col. 1:17).

Ninguno de los grandes pensadores de la antigüedad podría haber vislumbrado siquiera esta comprensión porque les faltaba la autorrevelación de Dios. Si no pudieron concebir la idea de una *creatio ex nihilo* ("creación de la nada"), ¿cuánto menos podrían comprender la idea de un Creador como tal, y de una relación de dependencia entre este Creador y su creación, incluido el hombre?

Lo que es mucho peor es que, a pesar de estas percepciones bíblicas, y a pesar del hecho de que la ciencia natural moderna ha refutado por completo la noción de "sustancia", el sustancialismo persiste en el pensamiento de algunos teólogos tradicionales, "ortodoxos". Simplemente no parecen poder liberarse de estos lazos escolásticos. Sólo una visión filosófica cristiana radical de la realidad y el conocimiento, como intenté describir en *Sabiduría para los pensadores*, puede esperar romper con este pernicioso sustancialismo. Para la teología, esto podría proporcionar las siguientes ventajas: (a) una visión más clara de la naturaleza y significación de la abstracción en la construcción de teorías teológicas (véase más adelante, en el capítulo 10), y (b) el desenmascaramiento de muchas "sustancias" (es decir, abstracciones mentales convertidas en esencias ónticas) en la teología sistemática.

La abstracción como un método teológico

Hemos considerado dos maneras incorrectas en las que la abstracción puede ser utilizada en la teología. Ahora veamos una forma adecuada de usarla. Como ejemplo, consideremos la iglesia en su forma abstracta, tal como hablamos de ella en la eclesiología (una parte de la teología sistemática).

En su forma *concreta*, todos los creyentes, y sólo los creyentes, saben con todo su corazón qué es la Iglesia en el sentido más completo de la palabra. Ellos *son* la Iglesia. Este "conocimiento" existencial nunca excluye la actividad de la razón porque no puede haber conocimiento de la Iglesia si no tenemos idea de lo que es. Sin embargo, en nuestro conocimiento cotidiano de la Iglesia, no es el aspecto lógico sino el pístico el que cualifica (tipifica, caracteriza) este conocimiento. Lo que es la Iglesia se revela como algo que el creyente *experimenta* cuando se reúne con el pueblo de Dios para orar, adorar y escuchar la Palabra de Dios. Lo experimenta cuando celebra la Cena del Señor en su mesa porque, entre otras cosas, es la expresión de la unidad y comunión del cuerpo de Cristo (1 Cor. 10:16-17).

El creyente experimenta lo que es la Iglesia en el vínculo mutuo, la comunión de los santos, el amor fraternal, el sentido de pertenencia, la solidaridad espiritual en el poder del Espíritu Santo , el cuidado pastoral mutuo, las palabras de aliento y consuelo compartidas entre los miembros. Para el creyente común, lo que es "la Iglesia" consiste en la seguridad de fe de la unión de la Iglesia con su cabeza celestial (Ef. 1:22; 4:15-16; 5:23; Col. 1:18; 2:19), y de la expectativa del Novio que vendrá pronto a su novia, la Iglesia (Apoc. 22:17, 20), etcétera. Todos los pasajes relevantes sobre el tema de la Iglesia hablan al creyente común en sus plenas riquezas y diversidad religioso-transcendentes. Por supuesto, en este proceso, el creyente nunca deja de lado su *razón*, sino que aquí la razón es sólo uno de los muchos aspectos de su mente.

Veamos ahora al teólogo. Incluso si nunca deja de lado su *corazón*, de todas las Escrituras concernientes abstrae aquellos elementos que son relevantes para una comprensión conceptual de la Iglesia con el fin de llegar a una eclesiología teológica (una doctrina académica de la Iglesia). Otros elementos, por ejemplo aquellos de una naturaleza amonestadora, consoladora, profética o doxológica, que en particular se dirigen al corazón del lector común de la Biblia, también quedan fuera de consideración. Sin duda, muchas veces el teólogo también debe ser tal "lector común de la Biblia". Sin embargo, como *investigador científico*, deja estos otros elementos fuera de consideración en el curso de su estudio, a menos que realmente se conviertan en objetos de su investigación.

Es muy importante entender esto correctamente. A partir de las ricas y concretas Escrituras, el teólogo abstrae aquellos elementos objetivados lógicamente que necesita para su estudio. Como creyente común, le gusta ser alentado; como teólogo, estudia el fenómeno del aliento. Como creyente común, disfruta ser parte de una iglesia; como teólogo, estudia la eclesiología. Como creyente común, recuerda al Señor en su muerte en la Cena del Señor; como teólogo, estudia la doctrina de la Cena del Señor. Como creyente común, pertenece a una comunidad de fe local; como teólogo, está desconectado de cualquier tipo de pertenencia. Pregunto nuevamente, ¿dónde hay espacio para un *continuum* aquí?

En un estudio sobre la *doctrina* de la Iglesia (es decir, la eclesiología), el teólogo no está ocupado principalmente con su "experiencia" de la Iglesia, con su seguridad de fe acerca de ella, con su expectativa de la segunda venida de su Novio. Por supuesto, estas cosas *siempre* están presentes en el trasfondo de su mente y, dado que están relacionadas con su motivo básco religioso, rigen su estudio de principio a fin. Pero lo que realmente le importa es aprender a *distinguir lógicamente* aquellos elementos que en la Escritura se le dan en su unidad y totalidad. Realizará un estudio analítico de la naturaleza, el ser, el origen, el llamado, la historia y el futuro de la Iglesia. Distinguirá lógicamente entre la Iglesia visible y la invisible (y entre los muy diferentes significados que estos términos pueden tener); entre los consejos de Dios y la responsabilidad del hombre con respecto a la Iglesia; entre las diversas descripciones de la Iglesia como el cuerpo de Cristo, como la casa, el templo, la ciudad, el ejército o la viña de Dios, como la novia del Cordero; entre la Iglesia mundial y la iglesia local.

El teólogo siempre está *analizando*. Quiere analizar el significado y propósito de la Iglesia, su origen y desarrollo, su llamado en este mundo, su composición, su funcionamiento práctico en sus reuniones y fuera de ellas, etcétera. Por favor, nota que "analizar" proviene del griego *analuô*, "aflojar"; significa "descomponer" aquello que en la vida común pertenece junto y forma una unidad.

Es típico de la actitud del pensamiento teórico que esté cualificado lógicamente, y funcione de manera metódica, sistemática, lógicamente correcta, en una confrontación continua con lo que anteriormente los exegetas y teólogos sistemáticos han planteado sobre el mismo tema. El investigador "abstracta" de sí mismo, por así decirlo, sus propios sentimientos (de alegría, desagrado o desánimo), afectos (tanto positivos como negativos), exaltaciones (ya sean religiosas, místicas o estéticas), recuerdos, prejuicios y preferencias, que todos pertenecen a la *experiencia común* de la Iglesia. Por el momento, el teólogo deja de lado los aspectos sensibles, históricos, sociales, económicos, estéticos, jurídicos y éticos de la Iglesia. Estos aspectos modales apenas encuentran lugar en una teología sistemática, pero sí aparecen en la teología histórica (historia de la iglesia), psicología y sociología de la religión, derecho canónico y teología moral (o ética teológica).

Es de suma importancia darse cuenta de que los resultados de tal análisis teológico nunca pueden ser presentados como una "copia" de lo que dice la Escritura (aunque ciertamente fueron *inspirados* por la Escritura). Es decir, la Biblia nunca debe ser "teologizada" al leer conceptos y teorías teológicas en ella. La Escritura no contiene una eclesiología completamente desarrollada que simplemente esté esperando ser extraída por el teólogo. La forma en que podría presentar los contenidos eclesiales de la Biblia de una manera teológica sistemática, en un cierto orden teórico abstracto métodico sistemático, nunca es la manera en que esto se hace en la Escritura misma. Cada eclesiología es el producto creativo de la mente de uno o más teólogos, aunque diseñada de tal manera que dé cuenta de los datos escriturales. Es un error, si no pura *hybris*, afirmar de cualquier eclesiología: "Esta es la enseñanza de la Biblia sobre la Iglesia." En cambio, el teólogo debería decir algo como esto: "Esta es la representación teórica de lo que creo que la Biblia está diciendo sobre la Iglesia".

La Biblia no es abstracta

Para entender mejor el último punto, tomemos las Cartas del Apóstol Pablo. Todas son escritos concretos, prácticos, en los que se abordan problemas concretos y prácticos. Un buen ejemplo es la Primera Carta a los Corintios, que trata cuestiones como estas: ¿a quién debemos seguir, a Pedro, a Apolos o a Pablo? ¿Puedes arrastrar a un hermano ante un juez (incrédulo)? ¿Se debe circuncidar a un creyente gentil masculino? ¿Se le permite a una viuda volver a casarse? ¿Podemos divorciarnos de nuestras esposas? ¿Podemos comer carne que anteriormente ha sido sacrificada a ídolos? ¿Cómo debemos usar la Cena del Señor? ¿Cómo funcionan los carismas del Espíritu? ¿Cómo debemos interpretar la glosolalia? Y así sucesivamente. Por supuesto, Pablo aborda todas estas preguntas en el contexto de consideraciones doctrinales, pero casi nunca parece estar preocupado con la doctrina como un objetivo en sí mismo. Nunca da un tratado puramente teórico sobre ningún tema, con el fin de considerarlo desde el punto de vista del observador frío y desapegado, como sucede en la ciencia.

Algunas de las Cartas más "teológicas" en el Nuevo Testamento, como Romanos y Hebreos, todavía tenían una razón muy práctica para ser escritas, y un propósito muy práctico.

Por ejemplo, la razón para escribir Romanos fue, entre otras cosas, la actitud libertaria de algunos de los cristianos en la iglesia en Roma, y la tensa relación entre los creyentes judíos y gentiles. La razón para escribir Hebreos fue en particular la inclinación de algunos creyentes judíos a regresar al judaísmo debido a la presión de la persecución. Los autores abordan cuestiones muy prácticas, incluso aunque lo hacen en el contexto de muchas consideraciones doctrinales. Así, es bastante llamativo cómo Pablo fue capaz de colocar problemas muy terrenales en un amplio marco cristológico (2 Cor. 8:9) o escatológico (Rom. 14:17-18; 1 Cor. 6:2-3).

Aparentemente, los autores del Nuevo Testamento nunca tuvieron la intención de transmitir conocimiento puro como tal, por no mencionar el conocimiento teórico. Esta es la enorme diferencia entre la Biblia y la teología sistemática, cuyo objetivo principal no es sólo presentar conocimiento como tal, sino hacerlo de una manera teórica, de acuerdo a una sistemática auto-determinada. Es el deber de cada cristiano esforzarse por tener conocimiento práctico de la Biblia. Pero hacer teología sistemática científica definitivamente no es el deber de todos los cristianos. Es sólo la tarea de aquellos que están llamados a ello y que tienen un don para el trabajo teórico.

Uno puede preguntarse: Si la manera de hablar del teólogo sistemático es tan diferente de la de la Escritura, ¿cómo puede justificarse la primera en primer lugar? Creo que la respuesta es que, desde un punto de vista histórico, lógico y psicológico, el trabajo teológico sistemático es simplemente *ineludible*. La pregunta no es si podemos hacer este trabajo —simplemente debemos hacerlo. A lo largo de los siglos y en todas las denominaciones, los cristianos han planteado preguntas como estas: ¿De qué se trata exactamente la Biblia? ¿Cuál es la doctrina de la Escritura sobre Dios, sobre la creación, sobre el hombre, sobre la caída en el pecado, sobre la redención, sobre el pacto, sobre el Reino, sobre la Iglesia, sobre el fin del mundo, etcétera? Una y otra vez han surgido tales preguntas, no sólo para satisfacer una curiosidad viva, sino también para ofrecer resistencia a herejías emergentes. El producto de la reflexión resultante fue, una y otra vez, una teología sistemática, no importa cuán elemental. Esto puede haber sido académicamente simple o avanzada, ortodoxa o heterodoxa, en el espíritu de la Escritura o del paganismo, lógicamente y metodológicamente sólida o débil—pero en cualquier caso fue alguna forma de teología sistemática.

Como he dicho antes, el conocimiento teológico no es una especie de conocimiento "superior," y por lo tanto nunca es un objetivo en sí mismo. Debe ser "retroalimentado" al conocimiento práctico de la fe. En otras palabras, la teología sistemática debe ser *subordinada* a la fe y a los demás creyentes. El conocimiento práctico de la fe se profundiza, aclara y enriquece enormemente por los resultados de la teología sistemática. Así como la lingüística profundiza nuestro conocimiento práctico de los idiomas, la biología profundiza nuestro conocimiento de la naturaleza viviente, y la ciencia histórica profundiza nuestro conocimiento de la historia, de la misma manera la teología sistemática profundiza nuestro conocimiento práctico de la Escritura. Este es el verdadero objetivo, el propósito más importante, de la teología sistemática. A lo largo de este camino, la Iglesia se enriquece, y Dios es glorificado. Cuando se trata de un objetivo en sí mismo, la ciencia, incluida la teología sistemática, no es más que una forma de cientificismo, es decir, una glorificación de la ciencia. Cuando la teología sistemática está inspirada por el motivo fundamental bíblico como una forma de servicio bíblico, es útil para toda la comunidad de creyentes y para la honra de Dios.

Abstracción y conceptos teológicos

El carácter abstracto de la teología sistemática se pone de manifiesto de manera notable en el estatus de los conceptos teológicos. Tomemos los términos bíblicos para "alma" (hebreo *nèfesh*, griego *psychè*) y "espíritu" (hebreo *ruach*, griego *pneuma*), que tienen una tremenda variedad de significados. Por ejemplo, *nèfesh* se asocia alternadamente con el hombre como persona completa, con su aliento, con su sangre, sus sentimientos, su mente, su corazón y a veces incluso con su cuerpo muerto. A partir de esta variedad, vemos que el lenguaje bíblico es el lenguaje de la vida práctica, cotidiana. Y en nuestro habla cotidiana, la palabra "alma" puede significar muchas cosas; usamos la palabra en expresiones como: el alma y vida de una fiesta, el alma de una empresa, música soul, hermano alma, beso alma, compañero alma, etcétera. Sin embargo, en psicología o antropología, no podríamos hacer uso de tal diversidad de significados. Los términos científicos son mucho "más pobres" que los términos cotidianos en que sólo tienen, y deben tener, un significado bien definido. Todas las posibles matices en conceptos cotidianos han sido *abstraídos* de él hasta que queda un único significado nuclear.

Lo mismo ocurre con la teología sistemática. En antropología teológica, el teólogo sistemático debe rendir cuentas de términos como "alma" y "espíritu." En una teoría teológica, estos conceptos necesariamente tendrán que asumir sólo un significado bien definido (modal-abstracto, es decir, físico, biótico, perceptivo, sensible, o lógico, etcétera), o de lo contrario serán reemplazados por otros términos similares. Los diversos aspectos de la existencia humana que se expresan en los muchos significados bíblicos de "alma" y "espíritu" tendrán que encontrar un lugar de alguna manera en esta antropología. Esto debe llevarse a cabo en una terminología modal abstracta, sin ambigüedades y bien definida, en la que, por ejemplo, los aspectos físico, biótico, perceptivo, sensible y lógico estén claramente distinguidos. No hay nada que podamos hacer al respecto; cuanto mejor delineados se vuelven los términos teológicos, menos se asemejan a los términos bíblicos—fluidos como son estos últimos—y más se asemejan al lenguaje de la ciencia, es decir, cuanto más precisos son y mejor encajan en un sistema de razonamiento estrictamente lógico (Emil Brunner).

La Palabra de Dios se nos ha comunicado en un lenguaje profundamente humano. Sin embargo, debido a las fuertes tendencias cientificistas en la sociedad occidental, la teología tiende a tratar los conceptos bíblicos como si fueran teóricos. De esta manera, la Biblia es "teologizada", como si fuera un tratado teórico. Sin embargo, estrictamente hablando, la Biblia nunca trata sobre temas teológicos. Ni explica los conceptos de alma y espíritu, ni nos proporciona teorías sobre ellos. Jesús no dio a Nicodemo un esquema teórico-conceptual del nuevo nacimiento (Juan 3:1-5). El Apóstol Pablo no escribió a los cristianos romanos un esquema teórico-conceptual de justificación. El autor de la Carta a los Hebreos no dio a los creyentes judíos un esquema teórico-conceptual de propiciación. Igualmente, la Biblia no nos proporciona tratados (teóricos) sobre conceptos como creación, pecado, redención, etcétera. Todo este trabajo ha sido dejado a los teólogos, quienes deben desarrollar *sus propias* teorías sobre estos asuntos. Y cuando esto se hace, resultará al final que la revelación de Dios en la Escritura con respecto a tales temas es de carácter trascendente, de manera que incluso *supera* toda conceptualización humana.

Por lo que puedo ver, con respecto a la naturaleza del lenguaje bíblico, podríamos cometer al menos tres errores, que lamentablemente son bastante comunes:

(a) Podríamos *reducir* el lenguaje bíblico a nada más que una colección de conceptos lógicos y proposiciones lógicas (una afirmación fundamentalista común, debido al racionalismo). ¿Qué hay de "proposicional" en frases como "¡Ay de mí!", "¡Vergüenza de ti!", o "¡No temas!" que son tan abundantes en la Biblia como en el lenguaje cotidiano?

(b) Aún peor, podríamos tratar estos conceptos bíblicos como *teóricos*; es decir, como si tuvieran la misma naturaleza que los de la teología sistemática. Esta sobreestimación de la teología es un error típicamente cientificista. Los "teologizadores" ven teología por todas partes en la Biblia, mientras que en realidad no se encuentra en *ninguna* parte de la Escritura.

(c) Podríamos juzgar erróneamente el significado primordial revelacional y trascendente de los conceptos bíblicos como referentes a Dios y su relación trascendente con el hombre. A continuación, veremos que tales conceptos supuestos son en realidad *superconceptos o ideas* —un término característico de la filosofía cristiana, con el que trataremos extensamente.

Los conceptos teológicos no son encontrados sino formados

Sería un gran error ver la Biblia como una colección de *conceptos* que esperan ser *extraídos* por la teología sistemática. Esto equivale a decir que la Biblia es una masa desorganizada de conceptos, que sólo puede ser ordenada de manera ordenada y sistemática por el teólogo sistemático. La consecuencia última de esta visión es la idea de que, en cierto sentido, la teología sistemática es más ordenada y más sistemática que la propia Escritura. Así, Klaas Schilder (1890-1952), un conocido teólogo reformado de los Países Bajos, sugirió que después de que Dios se ha revelado a sí mismo, el teólogo sistemático puede entonces venir y *ordenar* lo que ha leído. Aparentemente, Schilder no se dio cuenta de que la teología no es *más* ordenada que la Escritura, sino que tiene un orden de una *naturaleza diferente* al que se encuentra en la Escritura. La teología impone su propio orden sobre los datos de la Escritura, los cuales son de un orden *superior*, con el propósito de alcanzar, a través de este orden científico inferior, una comprensión más profunda del orden de la Escritura.

El orden de la teología sistemática es un orden *diseñado*. Es decir, los teólogos no "extraen" conceptos teológicos "de" la Biblia, sino que los *forman* ellos mismos. En cuanto a su forma, los conceptos y teorías teológicos son artefactos humanos, al igual que *todos* los conceptos y y teorías en *todas* las ciencias. Idealmente, los teólogos los forman bajo la poderosa guía del motivo básico bíblico, en cuyo caso se puede suponer que los conceptos resultantes son una aproximación razonablemente fiable de la verdad bíblica. Pero incluso entonces, estos resultados siempre permanecen como trabajos humanos preliminares, fallidos e imperfectos. Un teólogo sistemático nunca puede reclamar un estatus de autoridad para sus resultados debido a la creencia errónea de que sus principios han sido "derivados de la Escritura," o serían una "simple copia" de lo que la Escritura dice. Esto no es más que autoengaño y autoestimación cientificista, ya sea que provenga de la ingenuidad o de la hybris, o de ambos. La Palabra de Dios es absoluta, mientras que nuestras teorías sobre ella son relativas, imperfectas y siempre preliminares (para más detalles, ver capítulo 10).

Repito, los conceptos teológicos no se extraen de la Biblia: son formados (diseñados) creativamente por los teólogos, aunque su propósito es dar cuenta de los datos bíblicos. Si un término se encuentra en la Biblia, debe hacerse un "concepto" de él, es decir, debe ser "definido"; su significado debe ser descrito. ¿Cómo se hace esto? En cada concepto, se abstraen propiedades universales relevantes de una cierta entidad a partir de propiedades no relevantes. Para tener una idea más clara de cómo funciona esto, observemos cómo se forma el concepto de un ángel:

(a) *Identificación*: A través de la investigación bíblica, los teólogos *identifican* cuáles propiedades de un ángel son relevantes y cuáles no. Las propiedades relevantes importantes resultan ser las siguientes: un ángel es un ser creado, racional, celestial, sin sexo, inmaterial y un mensajero (sirviente) de Dios. Las propiedades irrelevantes, es decir, aquellas que no pertenecen necesariamente a la definición de un ángel, son las ideas de que es alado y ardiente, y que lleva una espada, etcétera.

(b) *Distinción*: Las propiedades relevantes que se encuentran se comparan con las de otros seres, y se determinan las similitudes y diferencias. Por ejemplo, un ángel es similar a un humano en que ambos son criaturas y seres racionales, y se diferencia en que los ángeles son inmateriales, sin sexo y celestiales, mientras que los humanos son materiales, sexuales y terrestres. Los ángeles se parecen a Dios en que Dios también es inmaterial, sin sexo y celestial, mientras que se diferencian de Él en que son criaturas, y Él es el Creador; son siervos, y Él es su Señor.

Ahora podemos llegar al *concepto* de ángel, el cual podemos expresar en una definición. A tal definición pertenecen las características relevantes que hemos identificado: "un ángel es un ser creado, racional, inmaterial, sin sexo y celestial." (El hombre, en contraste, es un ser creado, racional, material, sexual y terrestre). Nuevamente, por favor nota que tal concepto o definición no se *encuentra* en la Biblia y luego se extrae, sino que es formada (diseñada) por los teólogos. Tales conceptos son diseños creativos producidos por sus cerebros, aunque, por supuesto, en cumplimiento con los datos bíblicos.

Nota que no podemos *definir* a Dios de esta manera por ejemplo, diciendo que Dios es un ser no creado, racional, inmaterial, sin sexo y celestial. Cuando se trata de ángeles o humanos, podemos distinguir una categoría superior, a saber, *seres*, de los cuales los ángeles y los hombres son ejemplos distintos. Pero aunque no podemos hablar de manera similar de Dios, *es* posible formar una *idea* de Dios. Ahora debemos pasar al importante tema de las ideas.

Ideas teológicas

Un aspecto muy especial de la conceptualización es la distinción entre (comunes) conceptos y *superconceptos* o *ideas*. Esta distinción ha sido ignorada o malentendida en la teología. Estrictamente hablando, sólo las cosas que pertenecen a nuestra realidad funcional modal inmanente pueden ser "concebidas" lógico analíticamente; es decir, contenidas en un "concepto" (del latín *concipere*, derivado de *capere*, "apoderarse, agarrar," primero en el sentido literal, luego en el sentido metafórico). Sin embargo, cuando pensamos en la realidad trascendente, supramodal, suprafuncional, es diferente. No podemos conceptualizarla, pero podemos formar ideas sobre ella. El conocimiento *por ideas*; es decir, el conocimiento en forma de ideas también es conocimiento, incluso conocimiento racional, pero es una forma de conocimiento que supera el conocimiento conceptual.

Para todo teólogo sistemático, es de suma importancia darse cuenta de que hay objetos lógicos en la teología de los cuales no se pueden formar conceptos teológicos. El ejemplo más obvio de tal objeto lógico es Dios. Podemos dar una *descripción* de Él, pero no podemos contenerlo en una *definición* (científica). Lo mismo es cierto para (a) el significado religioso transcendente de la Escritura, es decir, la eterna Palabra de Dios; (b) el "corazón" del hombre en su significado religioso transcendente; (c) la relación religiosa entre este corazón y Dios, o los ídolos; (d) la Iglesia en su plenitud y unidad trascendentes. Sobre tales asuntos *trascendentes* sólo podemos hablar con palabras que normalmente se refieren a conceptos que pertenecen a nuestra realidad *inmanente*, ya que *simplemente no conocemos otras palabras*. En tales casos, usamos estas mismas palabras para referirnos a superconceptos en el sentido de *señalar* asuntos que superan nuestra realidad inmanente.

La clara excepción es la palabra "Dios," la cual *no* se refiere a algún concepto racional inmanente. Pero palabras como "misericordia" de Dios o "descenso" de Dios sí se refieren a tales conceptos, como veremos más adelante. Además, algunas nociones *inmanentes* como armonía, justicia, amor, bondad, que también juegan un papel en la teología sistemática, no son conceptos sino ideas. Tales términos están directamente relacionados con los núcleos de ciertos aspectos modales (esto se discute con más detalle en mi libro, *Sabiduría para los pensadores*). Piensa en la distinción (aspecto lógico), poder (aspecto formativo), comunicación (aspecto lingüístico), comunión (aspecto social), valor (aspecto económico), armonía (aspecto estético), justicia (aspecto jurídico), amor (aspecto ético), confianza (aspecto pístico). De tales núcleos modales sólo podemos formar una idea, no un concepto; es decir, estrictamente hablando, no pueden *definirse* (en el mejor de los casos pueden *describirse*) porque no pueden relacionarse con una categoría superior. Como consecuencia, no sólo somos incapaces de conceptualizar la omnipotencia (trascendente) de Dios, sino que tampoco podemos siquiera conceptualizar el poder (inmanente) cotidiano, porque es el núcleo del aspecto formativo y, como tal, no puede ser "definido."

Ahora es momento de darte algunos ejemplos para explicar la diferencia entre conceptos e ideas, porque los buenos ejemplos a menudo nos dicen más que mil palabras. Piensa en una palabra que usé hace un momento, así como en muchas otras veces antes en este libro: la palabra "trascendente." Literalmente, el latín *transcendere* significa "elevarse por encima (o más allá)." Cuando hablamos de "elevarse por encima" en un sentido estrictamente cinemático, estamos tratando con un *concepto cinemático*; es decir, este concepto está compuesto de características cinemáticas literales que determinan el término "elevarse por encima" como un concepto cinemático. Principalmente, "elevarse por encima" es un movimiento literal como el buceador que "se eleva por encima" del nivel del agua. La regla general es que tal "elevación" literal siempre puede expresarse en tantos metros por segundo.

Ahora, el punto es que este término cinemático también puede usarse para referirse a algo que supera su significado literal, como la trascendencia de Dios o del corazón humano. En este caso, ya no estamos tratando con un concepto, sino con una idea. Esta última es definitivamente racional, porque es posible imaginar una representación mental de su contenido y considerarla lógicamente. Pero al mismo tiempo, es sólo una *representación*, una *imagen*. Sólo podemos formar una imagen (racional) de cosas que superan los conceptos racionales. Sólo podemos hablar de manera ideal (en holandés: *ideematig*) sobre la trascendencia de Dios o del corazón humano. La realidad de esta trascendencia supera los límites de la realidad empírica. ¡Sin embargo, sólo podemos hablar de ella en términos modales, es decir, en términos adoptados de nuestra realidad cósmica inmanente! Como dije, simplemente no tenemos otros términos. Pero estos términos se usan aquí de manera ideal, no conceptual. Sólo a través del uso ideal de tales términos modales podemos obtener conocimiento sobre aquello que supera los límites de la conceptualización. La imagen, como una fotografía, se refiere, representa, aproxima la realidad, pero no es idéntica a ella. Así, formamos para nosotros una imagen de la trascendencia, pero no podemos contener racionalmente esta última en un concepto.

Dios el Padre

Tomemos un término muy importante que la Biblia usa para Dios, a saber, "Padre". El *concepto* de *padre* necesariamente contiene las siguientes características constitutivas: un padre es un hombre, que ha tenido relaciones sexuales con una mujer, y de esta manera ha producido uno o más hijos. Un *buen* padre es aquel que no sólo engendra hijos, sino que también se preocupa por ellos, los ama, los cuida, los alimenta, los cría y los educa. Ahora, el *término* "padre" también puede ser usado como una *idea*, por ejemplo cuando hablamos de Dios como Padre. En ese caso, *algunas* características vitales son aplicables, *pero otras no*: Dios *no* es un hombre, y no tiene relaciones sexuales con mujeres, pero sí tiene hijos, a quienes, como un buen Padre, ama y cuida, a quienes alimenta, cría y entrena. Esto es característico de una idea: algunas características esenciales de un concepto son aplicables, mientras que otras no.

Aquí hay dos puntos de gran importancia. Primero, la paternidad de Dios no es *meramente* una metáfora. Si eso fuera cierto, podríamos simplemente dejarla de lado si nos gusta y tratar de encontrar otras metáforas, que podrían usarse para expresar las mismas características de Dios. Sin embargo, como resulta, no sólo esto es prácticamente imposible, sino que también la paternidad de Dios se presenta en la Biblia como un aspecto esencial de su ser. Uno de los propósitos de Jesús (¡el Hijo de Dios!) fue revelar a Dios como "Padre" (Juan 17:6, 26). "Padre" no es sólo un nombre arbitrario e intercambiable para Él, sino que los cristianos creen que Dios es Padre (y Hijo, y Espíritu Santo).

En segundo lugar, ahora podemos desenmascarar un grave error escolástico. Incluso hoy en día, hay teólogos que afirman que una inferencia lógica de la Biblia tiene la misma autoridad divina que las declaraciones bíblicas explícitas. Esto sólo sería cierto si estuviéramos tratando exclusivamente con *conceptos*. Si Moisés es llamado un padre, podemos concluir con seguridad que *debe* haber sido un hombre y *debe* haber tenido relaciones sexuales con una mujer, porque en su caso estamos tratando con el concepto de un padre. Sin embargo, cuando se trata de Dios, *no podemos* sacar tales conclusiones porque en este caso estamos tratando con la *idea* de un padre. Si este es el caso, debemos averiguar a partir del contexto qué características de la paternidad son aplicables y cuáles no. Nunca podemos determinar esto a partir de la idea como tal.

Ahora tomemos un ejemplo diferente. A partir del dato bíblico de la elección eterna de los justos, no se puede inferir lógicamente la reprobación eterna de los malvados. Eso sólo sería posible si "elección" fuera sólo un concepto; en ese caso, elegir a algunos implicaría rechazar a los demás. Pero con las ideas bíblicas no funciona así. La misma Escritura deberá enseñarnos explícitamente si hay tal cosa como la reprobación eterna de los malvados; no sigue de la noción de elección como tal. También compara las palabras "debe seguir necesariamente" en el Catecismo de Heidelberg PyR 48 (véase el capítulo 5), donde esta frase sólo sería cierta si pudiéramos hablar de la deidad de Cristo de manera conceptual —lo cual no podemos.

Ejemplos antropológicos

Déjame darte algunos ejemplos más, esta vez con respecto a la unidad y plenitud religioso-transcendentes del hombre, que son de gran importancia para la antropología teológica y la teología propiamente dicha (la doctrina de Dios):

(a) La *unicidad* del hombre (del latín *unus*, "uno") y la *individualidad* (etimológicamente relacionada con "indivisibilidad"), comparada con la unicidad e individualidad de Dios. Estrictamente hablando, estos son términos *aritméticos*, en este caso no refiriéndose a conceptos, porque superan las leyes aritméticas (uno no puede calcular con ellos). Se refieren a *ideas* que intentan expresar ciertas características de la unidad y plenitud trascendentes del hombre y de Dios (este último término se refiere a una idea espacial).

(b) La *excentricidad* del hombre. Este es un término favorito utilizado por el antropólogo alemán Helmuth Plessner (1892-1985) con respecto al hombre, para señalar que el ser del hombre no está encerrado dentro de sí mismo; su "centro" está fuera de sí mismo (aunque Plessner entendió esto de una manera diferente a la que lo hace la filosofía cristiana). Tomo el término para indicar que el ser del hombre está determinado por su relación *excéntrica*, es decir religiosa trascendente con Dios. La excentricidad como tal es claramente un término *espacial*, aunque aquí no se refiere a un concepto espacial —no hay coordenadas geométricas involucradas— sino más bien a una idea espacial. No estamos tratando aquí con simples metáforas, ya que estas son arbitrarias; podrían ser fácilmente reemplazadas por otras metáforas. Además, las metáforas son de naturaleza lingüística, pero las ideas son de naturaleza lógica. Las ideas representan características verdaderas del hombre y del orden óntico que Dios ha instituido para la realidad creada. Esto se sigue del hecho de que no podemos expresar estas mismas cosas en términos que no se relacionen de alguna manera con lo espacial.

(c) El *corazón* del hombre; también su alma y espíritu en la medida en que estos términos bíblicos originalmente señalan el aliento del hombre. La Biblia incluso habla del corazón de *Dios* (Gén. 6:6; 8:21; 1 Sam. 2:35; 13:14, etcétera). Estos son claramente términos bióticos, aunque aquí no se refieren a conceptos bióticos —no podemos hablar de la fisiología del corazón, alma y espíritu en el significado religioso transcendente de estos términos—sino más bien a ideas bióticas.

(d) La *responsabilidad* del hombre. En su significado original, este es un concepto estrictamente *lingüístico*; se refiere a una persona que da una "respuesta" a otra. Aquí, sin embargo, este término no se refiere a un concepto lingüístico—no podemos hablar de errores gramaticales en, o el volumen sonoro de, esta respuesta—sino más bien a una idea lingüística.

(e) La dignidad del *hombre* (del latín *dignus*, "digno"). El valor en su sentido original es un término estrictamente económico, aunque aquí no se refiere a un concepto económico —no podemos calcular el precio de mercado de la dignidad del hombre— sino más bien a una idea económica.

(f) El carácter *teonómico* del hombre (del griego *nomos*, "ley"). *Nomos* es un término estrictamente jurídico, pero aquí el término *teonomía* no se refiere a un concepto jurídico —no hay legislación alrededor de esta "ley"— sino más bien a una idea jurídica.

Conocimiento mediante ideas

Es muy importante comprender correctamente la diferencia entre conceptos e ideas. El conocimiento racional no se limita al conocimiento conceptual, como el racionalismo —también dentro de la teología— siempre ha afirmado, sino que también incluye el conocimiento por ideas. El conocimiento del hombre acerca de Dios y su Palabra, y de la esencia del ser del hombre, es racional pero no conceptual. Donde los teólogos han fallado en entender esto, han malinterpretado este "conocimiento superior" de dos maneras:

(a) *"El conocimiento de lo trascendente es irracional"*. Si el conocimiento de lo trascendente fuera realmente no racional, o irracional, esto implicaría que aquellos que afirman tal conocimiento terminan en misticismo y fanatismo. Para evitar esto, la teología intenta prescindir de términos como "trascendencia" de Dios debido a las supuestas connotaciones místicas.

(b) *"El conocimiento de lo trascendente es racional conceptual"*. Si esto fuera cierto —si tal conocimiento pudiera ser conceptualizado realmente— significaría que lo trascendente pertenece al orden racional que se aplica al cosmos. Esto implicaría, por ejemplo, que el Dios trascendente está sometido a las leyes lógicas que Él mismo, como Creador, ha establecido para el cosmos. De hecho, esta es una contradicción interna mediante la cual lo trascendente es atraído a nuestro mundo inmanente.

Muchos teólogos no ven que hay una tercera posibilidad:

(c) *El conocimiento de lo trascendente es racional, pero sólo ideal"*; es decir, es un conocimiento que supera la conceptualización. En este caso, ya no es una contradicción (ya sea real o aparente) decir que Dios ha usado términos *creaturales* para revelar verdaderamente su *ser*; es decir, *a sí mismo*. El conocimiento de lo trascendente no es ni místico, ni conceptual; hay un tercer camino.

Permíteme añadir a esto, sin embargo, que el conocimiento de Dios, su Palabra, el corazón trascendente del hombre, etcétera, nunca está *limitado* por este conocimiento racional (ideal). Tenemos conocimiento ideal de Dios, pero, al mismo tiempo, nuestro conocimiento de Dios, en última instancia, supera todo conocimiento racional. Este es el conocimiento suprarracional del corazón. Esto no es irracional o místico —nuestro conocimiento de fe es constantemente alimentado por un conocimiento práctico y teológico de Dios— sino suprarracional, íntimo, existencial y relacional, en todo el sentido religioso transcendente. Esto lleva a la interesante conclusión de que el conocimiento más elevado de lo trascendente es en sí mismo trascendente.

Repito aquí que es muy importante tener una idea clara de las diferencias entre estos cuatro términos: *no racional* (es decir, que no se refiere a lo racional), *racional* (es decir lógico, aquello que tiene que ver con la razón), *irracional* (es decir, aquello que va en contra de la razón, lo ilógico) y *suprarracional* (es decir, aquello que supera lo racional). Te aconsejo que revises estos cuatro términos hasta que estés completamente familiarizado con ellos.

El trabajo teológico básico se compone de conocimiento por ideas y conceptual. Se limita a la Escritura como el libro concreto en nuestras manos o, para expresarlo más claramente, a la Escritura en el sentido de la expresión *inmanente* —en lenguaje humano— de la eterna y *trascendente* Palabra de Dios. Al mismo tiempo, el investigador teológico desea saber más, penetrar en este mismo *ser*, la naturaleza más profunda, de la Escritura como Palabra de Dios. Sin embargo, esto es más de lo que la teología como tal puede ofrecerle. Estamos tratando aquí con un conocimiento de la Escritura que es de carácter religioso transcendente. Es un conocimiento que no excluye el cerebro, sino que principalmente concierne al corazón.

El estudio del teólogo está *dirigido* por tal conocimiento; es decir, por una idea de la plenitud religiosa transcendente de la Escritura tal como se revela en esa misma Escritura. Este conocimiento del corazón de la Escritura como revelación divina es la *presuposición de fe* de toda la teología sistemática. Reunimos conocimiento teológico de la Escritura inmanente partiendo del conocimiento de fe de que es la Palabra trascendente de Dios. El corazón necesariamente precede al cerebro —como siempre lo hace.

CAPÍTULO VII

CRITERIOS TEOLÓGICOS

¿Cuáles son los criterios necesarios para llamar "científica" a una determinada obra teológica? Ésta es la pregunta central del presente capítulo, aunque también se abordarán varias preguntas colaterales. Intentaré hacerlo con la ayuda de las llamadas *analogías* modales (véase la discusión más detallada en mi libro *Sabiduría para los pensadores*). Por ejemplo, la fuerza de una máquina de perforación que desplaza montones de arena o arranca árboles puede compararse con la fuerza de la fe que, hablando espiritualmente, desplaza montañas y arranca árboles (Marcos 11:23; Lucas 17:6). El término que usamos aquí, "fuerza", normalmente indica una cualidad física que puede expresarse en newtons. Sin embargo, cuando hablamos de fe, no estamos usando "fuerza" en su sentido físico original, sino como una retrocipación física dentro de los límites de la modalidad pística.

Como hemos visto, la filosofía cristiana no considera esto una simple analogía accidental, sino un trozo de coherencia óntica entre el aspecto físico y el pístico, establecido en la realidad cósmica por el Creador. Dentro de cada una de las (aproximadamente) dieciséis modalidades, podemos encontrar analogías similares con las otras modalidades, que llamamos *analogías modales*. Cuando se refieren a modalidades anteriores hablamos de retrocipaciones y cuando se refieren a modalidades posteriores hablamos de anticipaciones. Así, en la "fuerza" de la fe estamos tratando con una retrocipación física dentro del aspecto místico.

Cuando queremos averiguar si un trabajo teológico es "científico" nos centramos en la modalidad lógica; es decir, aplicamos *normas lógicas*. Mientras que la lectura común de la Biblia está cualificada místicamente, la investigación teológica de la Biblia está cualificada lógicamente. En su lado ley, la modalidad lógica contiene una serie de analogías modales que pueden ayudarnos a obtener una idea de los criterios o *normas modales* del trabajo científico.

Las retrocipaciones naturales

Ahora observemos las primeras siete analogías dentro de la modalidad lógica, las cuales retrocipan hacia las modalidades naturales. Utilizaré el adjetivo episteme, que proviene del griego *epistèmè*, para "conocimiento" lógico (cf. epistemología):

1. *Multiplicidad e identidad epistémicas* (retrocipaciones aritméticas). Cada hipótesis teológica contiene una cierta cantidad de argumentos, silogismos, juicios y conceptos teóricos. Éstos no están determinados por leyes aritméticas, sino por leyes lógicas; por lo tanto, hablamos de una retrocipación aritmética dentro de la modalidad lógica. Cuanto mayor sea la transparencia lógica con la que se haya formulado una hipótesis, más fácil será mapear esta multiplicidad. Las buenas teorías teológicas son aquellas con una multiplicidad cada vez más compleja y sofisticada, es decir, una especificación cada vez más fina de sus estructuras internas. Otra retrocipación aritmética es la identidad lógica. En aquello que es analizables, sólo A es A. Ésta es una retrocipación aritmética porque es la modalidad aritmética la que sirve de base para

la identificación de cada unidad como distinta de todas las demás.

2. *Coherencia epistémica*. El "conectarse" de los argumentos, su "pertenencia" es claramente una retrocipación espacial dentro de la modalidad lógica. Lo mismo es cierto para el "espacio teológico" de Karl Barth (capítulo 4), o el "lugar" (latín: *locus*; el término alemán favorito para esto es *Ort*) de un determinado tema teológico. Según la teoría de la coherencia de la verdad, la coherencia lógica es el criterio primario para una teoría científica (véase el capítulo 10). La correcta localización enciclopédica de los elementos teológicos es un claro criterio para la teología (ver más abajo nuestra discusión sobre la *sistematización*).

3. *Progresión y continuidad epistémicas*. Aunque a menudo se utiliza en un sentido histórico formativo, la progresión (lit. "el avance") es principalmente una retrocipación cinemática en la modalidad lógica, al igual que el "curso" de un argumento teológico o de un "desarrollo" teológico (que es una retrocipación biótica); por ejemplo, "¿en qué dirección se mueve esta escuela teológica?" Según el realismo crítico (véase *Sabiduría para los pensadores*), un movimiento teológico es progresivo si las teorías más nuevas son una mejor aproximación a la realidad que las anteriores.

Otra retrocipación cinemática dentro de la modalidad lógica es la continuidad analítica. Incluso en las revoluciones científicas más drásticas, debe existir cierta continuidad subyacente de entidades y relaciones teóricas para que se mantenga el nivel de buena ciencia.

4. *Interconexión epistémica, validez, fuerza*. La interconexión de los argumentos teológicos, o su validez (la medida en que son aplicables a un determinado estado de cosas teológicas

empíricas), son retrocipaciones físicas en la modalidad lógica, al igual que la fuerza de un argumento teológico, o la capacidad intelectual de un teólogo.

Además, la relación entre el fundamento lógico y la conclusión lógica es una retrocipación física en el sentido de que se refiere a la relación entre causa y efecto dentro del aspecto físico. Otro ejemplo de una retrocipación física es el principio lógico de *razón suficiente* para determinar la (no) validez de las teorías teológicas.

5. *Vitalidad epistémica, fertilidad, diferenciación, integración.* Esto no es, evidentemente, vitalidad o fertilidad en el sentido biótico original, sino en el sentido lógico; estamos tratando aquí con retrocipaciones bióticas. El realismo crítico otorga gran valor a las "metáforas", con las que en realidad se refiere a *ideas,* utilizadas en teorías científicas, así como a su fertilidad; las ideas más útiles son aquellas que continuamente dan fruto y son capaces de una extensión (que es una retrocipación espacial) y refinamiento cada vez mayores de una teoría (para más discusión, véase el capítulo 10). Las teorías fértiles son aquellas que continuamente dan lugar a nuevas investigaciones.

6. *Consciencia epistémica.* Ésta es una retrocipación perceptiva en la modalidad lógica. El pensamiento lógico tiene una consciencia intrínseca (conciencia) de sí mismo, aunque no se base en este caso en observaciones sensoriales; la consciencia aquí es una retrocipación modal. Es la conciencia que tiene el pensamiento de sí mismo, de la "fuerza" (que es una retrocipación física) de sus propios argumentos y de las debilidades en su propio razonamiento, incluso si éstas no siempre pueden formularse lingüísticamente.

7. *Sensibilidad epistémica.* Ésta es una retrocipación sensible dentro de la modalidad lógica. Un ejemplo de esto es que a veces decimos: "Siento", cuando lo que realmente queremos decir es que tenemos una opinión, una visión o un punto de vista. Inequívocamente, el buen teólogo, al igual que cualquier buen científico, necesita tener una cierta *sensibilidad* hacia su campo de investigación. Debe tener un *sentido* de la teología, de lo contrario, no puede ser un buen teólogo. Sin embargo, esto no es "sentimiento" en el sentido sensible (afectivo, emocional) original, sino en el sentido lógico.

Las anticipaciones espiritivas

8. *Control del pensamiento epistémico y formación del pensamiento.* Éstas son anticipaciones históricas formativas dentro de la modalidad lógica. En el control técnico sobre la materia y la formación de productos culturales, encontramos lo histórico-formativo en su sentido original. En la formación de conceptos, juicios, silogismos, argumentos, hipótesis (de trabajo) y teorías, estamos tratando con una anticipación en la modalidad lógica. Tales formaciones son un criterio del verdadero trabajo teológico. Hasta donde puedo ver, esta actividad no puede expresarse en términos en los que no surja ninguna analogía con la modalidad histórica formativa.

9. *Simbolismo epistémico e interpretación.* Estas son anticipaciones lingüísticas dentro de la modalidad lógica, las cuales se pueden ver más claramente en las ideas que juegan un papel central en las teorías teológicas. Estas ideas "representan" ciertos estados de cosas, "apuntan" a ellos de una manera simbólica. El número de ideas "fuertes" (retrocipación física), "fértiles" (retrocipación biótica), "eficientes" (anticipación económica), "creativas" (anticipación estética), "plausibles"

(anticipación jurídica) y "creíbles" (anticipación pística) constituye un criterio para una buena teoría teológica.

10. *Interacción del pensamiento epistémico*. Ésta es una anticipación social dentro de la modalidad lógica, que se refiere al intercambio de pensamientos e ideas, de argumentos y contraargumentos, tanto dentro del propio teólogo como dentro de la comunidad teológica. Ninguna teología sería posible sin este tráfico "vivaz" (una retrocipación biótica) de puntos de vista en conferencias y en revistas teológicas. Este es un criterio social de la actividad teológica: las hipótesis no son hipótesis *teológicas* si no tienen como objetivo resolver problemas que, sobre la base de un paradigma común (véanse los capítulos siguientes), han sido *reconocidos* por la comunidad teológica como problemas teológicos. También es cierto que las hipótesis teológicas no son reconocidas como tales si no producen nuevos problemas teológicos capaces de afectar la actividad científica de otros teólogos.

11. *Economía epistémica* (anticipación económica). La "eficiencia" teológica se ilustra en "la Navaja de Occam" (atribuida al filósofo británico medieval, Guillermo de Occam): *pluralitas non est ponenda sine necessitate* ("la multiplicidad no debe ser postulada sin necesidad"). En otras palabras, siempre debemos preferir la teoría alternativa más sencilla a las más complejas, y los fenómenos nuevos deben expresarse en términos de aquellos que ya conocemos. Las teorías teológicas deben ser relativamente "simples"; es decir, no deben contener suposiciones y argumentos superfluos. Las hipótesis teológicas que son más complicadas de lo que demandan los hechos que conocemos hasta ahora no ofrecen una imagen clara de las cosas o sus relaciones mutuas, y por lo tanto no son buenas teorías científicas.

12. *Armonía y creatividad epistémica* (anticipaciones estéticas). Un sistema de pensamiento teológico coherente exhibe una cierta belleza intelectual y armonía. Las teorías científicas (incluidas las teológicas) no son "deducidas" de la realidad, sino que son "invenciones" libres de una mente creativa, aunque están diseñadas para dar cuenta de manera óptima de los datos bíblicos. Esta creatividad se pone de manifiesto especialmente en las ideas teóricas que forman el corazón de una buena teoría científica. La creatividad científica es un criterio para una buena ciencia. Según el realismo crítico (véase el capítulo 10), la ciencia ofrece conocimiento verdadero sobre la realidad cósmica, no sólo en sus afirmaciones directas respecto a fenómenos empíricos directamente accesibles, sino también en estas ideas teóricas. Aunque las teorías son invenciones creativas de la mente, los realistas críticos sostienen que uno de los objetivos definitivos de la ciencia es *descubrir* las estructuras de la realidad cósmica. La teología es una actividad que no intenta crear un cierto orden místico, sino que pretende más bien *develar* (desenredar, revelar) el orden místico instituido por Dios.

13. *Evidencia epistémica y plausibilidad* (anticipaciones jurídicas). Estas anticipaciones se refieren a otro criterio importante de buena ciencia en general y buena teología en particular. Ésta es la cuestión de hasta qué punto las teorías de la ciencia (incluida la teología) están *justificadas* por los datos empíricos disponibles. ¿Hacen *justicia* a todos ellos, o algunos datos sensoriales serán barridos bajo la alfombra? ¿Hasta qué punto la "evidencia" lógica de las teorías en cuestión satisface nuestro sentido de plausibilidad? ¿O sentimos que otro enfoque habría sido más apropiado?

14. *Eros epistémico e integridad* (anticipaciones éticas). Primero está el criterio del *eros* teórico, sin el cual ninguna buena
teología es posible. Es esa peculiar afectividad, ese amor, ese
impulso, ese celo por el propio trabajo, que el científico tiene
respecto a su campo de investigación. Alguien que no esté
activo en ese campo difícilmente puede tener una comprensión real de esta afectividad, esta pasión. ¡No podría haber
escrito este libro si escribir no hubiera sido placentero! Si
no te *gusta* la teología, será muy difícil que produzcas algún
trabajo teológico fructífero. (Esto no debe confundirse con
el amor por Dios; una persona puede amar a Dios sin amar
el trabajo teológico, y viceversa).

La integridad intelectual es otra anticipación ética y una
norma para la actividad teológica. Un teólogo está ligado a
una fe personal y generalmente a una cierta tradición teológica. Como consecuencia, puede ser tentado ocasionalmente
a sacrificar su honestidad intelectual a las demandas de su
fe o tradición. Sin embargo, la buena teología también necesita una base de integridad intelectual. El teólogo debe
revelar las conclusiones que *él* ha alcanzado de manera independiente, no las que siente que su tradición lo obliga
a encontrar. Ésta es, en particular, una tentación para los
estudiantes de doctorado en facultades de teología perte-
necientes a ciertas denominaciones. Afortunadamente hay
excepciones positivas. En su disertación en la Universidad
Teológica de Apeldoorn (Países Bajos), Willem A. den Boer
se atrevió a llamar al teólogo neerlandés Jacobo Arminio
(1560-1609) un teólogo "reformado" a pesar de las severas
críticas del lado conservador de su denominación (2008).
Solo después de que la junta de la universidad declaró que
"reformado" es el nombre de un cierto movimiento, y no

significa necesariamente que Arminius fuera "ortodoxo", se callaron los críticos.

15. *Credibilidad epistémica.* Ésta es una anticipación pística dentro de la modalidad lógica, la cual se refiere al criterio de la credibilidad, veracidad, fiabilidad y certidumbre última de la ciencia (incluida la teología), y particularmente de sus axiomas lógicos. Aquí tratamos con la confianza lógica en los axiomas no comprobables a partir de los cuales comienza toda actividad científica, tales como: (a) la confiabilidad de la observación empírica ("¿lees lo que lees, y cómo sabes que lees lo que lees?"); (b) la fiabilidad del pensamiento lógico ("¿cómo *sabemos* en última instancia que, por ejemplo, si A = B, y B = C entonces A = C?"); (c) el conocimiento fundamental del cosmos ("¿cómo *sabemos* que podemos conocer, y conocemos, [partes de] el cosmos?").

Más generalmente, en la credibilidad epistemológica, son en última instancia las presuposiciones racionales teóricas y preteóricas de la teología las que importan. Al final, todas nuestras certidumbres lógicas están fundamentadas en nuestras convicciones preteóricas, y aún prerracionales, o más bien suprarracionales, que son de naturaleza trascendente religiosa. Regresaremos a esto más adelante en este capítulo.

Algunas precauciones

Tenga en cuenta nuevamente que las analogías modales nunca son metáforas arbitrarias que se pueden descartar o reemplazar fácilmente. Por ejemplo, cuando hablamos de la fuerza de un argumento, la plausibilidad de una hipótesis o la elegancia de una teoría, es prácticamente imposible reemplazar tales términos por otros que *no* sean análogos a las modalidades físicas, jurídicas o estéticas, respectivamente.

También debe señalarse una vez más que todas las normas y criterios que hemos listado deben encontrarse en el *lado ley* de las respectivas modalidades, no en el *lado sujeto* (para esta distinción, véase *Sabiduría para los pensadores*). Esto nos ayudará a entender por qué nunca podemos llamar a la Biblia una "norma" o "criterio" para la teología, aunque esto haya sido afirmado por Karl Barth, Paul Tillich, Hans Küng y tantos otros. La razón es que la Biblia está en el lado sujeto de la realidad, no en el lado ley. Los hechos nunca pueden ser criterios. Puedes decir que la Biblia es el juez final sobre todas nuestras hipótesis y teorías teológicas, pero eso no es lo que es un criterio. Un criterio para la teología es una especie de ley que debes seguir para producir buena teología. Una cosa nunca puede ser una ley.

Sin embargo, *podemos* hablar de la significación universal y atemporal de la Palabra de Dios, y así podemos deducir el criterio imanente modal de *continuidad lógica*, que hemos identificado como una retrocipación cinemática en la modalidad lógica. También cuando hablamos de la Palabra de Dios en su sentido trascendente-religioso como la Ley del Amor que se dirige al corazón del teólogo, esto claramente involucra un criterio trascendente, supra-modal para la actividad teológica.

La Biblia no es en sí misma una norma. Si bien *contiene* un gran número de normas (leyes éticas), éstas no son normas para la actividad teológica, sino más bien para la vida práctica cotidiana del creyente común, que es algo que el teólogo también debería ser. Sin embargo, para su trabajo científico como tal, no tienen relevancia.

Es interesante que podrías decir que las normas en la Biblia no están en el lado ley, sino en el lado sujeto del campo de estudio del teólogo. Es decir, estas normas son parte de lo que él tiene que investigar. La Biblia no nos proporciona ni directa ni indirectamente normas para la actividad teológica, ya que no reconoce este tipo de actividad. En cambio, la Biblia nos proporciona normas imanentes modales para nuestra vida práctica de fe, y estas normas son, de hecho, investigadas por los teólogos.

Sistematización

Es sorprendente ver cuán a menudo se ha considerado el carácter *sistemático* de la ciencia como *el* criterio de la ciencia. Sin embargo, esto no puede ser correcto porque la sistematización también ocurre en el pensamiento práctico. Piensa en el carácter sistemático de un credo o un catecismo, aunque estos no son documentos teológicos en absoluto. De niño, comencé a clasificar y sistematizar todas las profecías que pude encontrar en la Biblia. Esto fue un buen entrenamiento para mi instinto de sistematización, pero tuvo muy poco que ver con la teología. Incluso el mecánico que tiene que detectar un mal funcionamiento en el motor de mi coche lo hace de manera sistemática, sin que esto lo convierta jamás en un científico.

Sin embargo, podemos decir que la sistematización *debe* ser necesariamente una característica especial en una disciplina que se llama *teología sistemática*. Una de las primeras preguntas que deben plantearse es si la sistematización siempre debe dar lugar a un sistema. Aparentemente, muchos teólogos antiguos pensaron que sí. El término *Summa* ("resumen"), utilizado por varios teólogos medievales (Alberto Magno, Tomás de Aquino en el siglo XIII), e incluso antes de esto el término *Sententiae* ("Declaraciones", de Anselmo de Laón y

Pedro Lombardo en los siglos XI y XII), sugiere la idea de un sistema. Hasta donde sé, el primero en utilizar explícitamente el término "sistema" en teología fue el teólogo reformado alemán Bartholomäus Keckermann, en su *Systema theologicum* ("Sistema teológico", 1607).

Cualquiera que sea el significado que atribuyamos al término "sistema", debe quedar claro, en primer lugar, que ningún sistema puede ser completo. Y esto es una muy buena cosa, porque de lo contrario los teólogos no tendrían nada más que hacer una vez que el sistema estuviera terminado. En segundo lugar, debemos tener en cuenta que ningún sistema puede cubrir completamente la verdad revelada de Dios. Hablando estrictamente, la misma idea de un sistema contradice el hecho de que sólo "sabemos en parte, . . . pero cuando venga lo perfecto, lo parcial se desvanecerá" (1 Cor. 13:9-10). En la medida en que pueda existir algún sistema, debe dar cuenta de lo "parcial" y lo "no todavía", reconociendo siempre que en la dimensión trascendente hay cosas que "superan el conocimiento" (Efesios 3:19). Como notó Otto Weber, "la dogmática está delimitada escatológicamente; *ese* es el verdadero contraargumento contra cualquier sistema". Y como sugiere Hendrikus Berkhof, sólo podemos observar a Dios "desde atrás" (cf. Éxodo 33:23). Sólo *dentro* del marco de nuestro pensamiento teórico imanente la sistematización puede llevar a una cierta construcción de sistema, en la que los diversos temas (*loci* en latín) de la teología sistemática están correlacionados sistemáticamente.

Trampas

Hay varios peligros que acechan cuando cualquier sistema teológico tiende a volverse demasiado rígido. Veo al menos los siguientes:

(a) *Cerradura*. El primer peligro es que el sistema dogmático se vuelva *estrictamente cerrado*. Esto puede ser consecuencia del hecho de que se considera como una totalidad de axiomas, juicios y conclusiones, comenzando desde un cierto punto de vista básico, y como tal, completo y completamente autosuficiente. La geometría de Euclides es un ejemplo perfecto de este tipo de sistema científico cerrado.

El sistema también puede estar cerrado porque está dominado por las peculiaridades de la visión de una cierta denominación eclesiástica (ver los capítulos siguientes), por las ideas de un líder teológico (sobre)estimado, o por las de una escuela teológica (sobre)estimada. Durante un tiempo, tales sistemas pueden parecer muy rígidos e inquebrantables, pero la historia nos enseña que, al final, generalmente se desmoronan. La verdadera sostenibilidad no está garantizada por la rigidez y la estricta confesionalidad, sino por la modestia, una mente abierta, la creatividad y una clara conciencia del carácter relativo y provisional de nuestros constructos teológicos.

(b) *Un punto de partida limitado*. El segundo peligro es que el anhelo de un único sistema poderoso y abarcador lleve a su diseñador a construirlo sobre una o unas pocas ideas teológicas. Ofrezco los siguientes ejemplos, que pueden servir para ilustrar esta tendencia, sin querer sugerir que los teólogos que desarrollaron las ideas en cuestión fueran unilaterales, o que las ideas a las que dieron tal prominencia no sean importantes: la soberanía de Dios (Agustín, Juan

Calvino); naturaleza-gracia (Tomás de Aquino); evangelio-ley
(Martín Lutero); el pacto (Johannes Cocceius); sentimiento
religioso (Friedrich Schleiermacher); dispensaciones (John
N. Darby); renacimiento (Franz H. R. Frank); justificación
y reconciliación (Albrecht Ritschl); cristología (Karl Barth);
el kerygma (Rudolf Bultmann); el "principio fundamental
evangélico", es decir, la doctrina de la justificación (Martin
Kähler); etcétera.

El peligro aquí es que la unidad y coherencia sistemática
que se descubren gradualmente se convierten en un principio del cual se puede derivar el siguiente paso. En este
punto, el sistema se ha convertido en esclavo de su propio
principio organizador (en alemán: *Systemzwang*; en holandés:
systeemdwang). Las ideas más prominentes se sobrecargan,
mientras que otras ideas esenciales se descuidan. El teólogo
sistemático debe dar espacio a todos los diferentes aspectos
de su campo de investigación.

(c) *Un sistema como tal*. Si, como cuestión de principio, re-
nunciamos al ideal de un sistema abarcador, esto no significa
que la teología sistemática no pueda ser sistemática. Una
forma tradicional de evitar que cualquier idea teológica do-
mine el sistema es tratar los diversos artículos de fe en forma
de *loci* (sing. *locus* en latín, "lugar"; aquí: "capítulo", "tema";
ver arriba). En el protestantismo, Felipe Melanchthon (*Loci
communes*), y Juan Calvino (*Institutos de la religión cristiana*) fueron los primeros en emplear este método. Desde entonces,
muchos teólogos sistemáticos han seguido su ejemplo escri-
biendo monografías separadas sobre varios temas dogmáticos
sin intentar colocarlas en sus propios sistemas coherentes.
Ejemplos notables son los teólogos reformados Karl Barth

(1886-1986) en Suiza y Gerrit C. Berkouwer (1903-1996) en los Países Bajos.

Fundacionalismo *versus* fideísmo

Hay varias opiniones influyentes con respecto a la fe y la razón. Pienso en términos confusos como fundacionalismo, evidencialismo, presuposicionalismo y fideísmo. Intentemos traer algo de orden a este caos. Los errores cometidos por estos diversos "ismos" pueden ayudarnos a obtener una imagen más clara de lo que veo como la relación adecuada entre la fe y la razón. Hasta donde puedo ver, podemos hacer las siguientes distinciones entre los confusos "ismos" mencionados:

1. *Fundacionalismo*: La verdad —ya sea la verdad de Dios o la verdad en general— descansa sobre una base fija, inquebrantable y axiomática. Aunque rara vez se menciona, esta base es de una naturaleza enfáticamente inmanente. Aquí encontramos varios conceptos colocados en yuxtaposición:

(a) *Presuposicionalismo*: La fe se funda en presuposiciones claras y evidentes de naturaleza racional. Esta visión se remonta a Aristóteles y Tomás de Aquino, y en tiempos más modernos al filósofo francés René Descartes (1596-1650), quien construyó toda su filosofía sobre un axioma que, al menos para él, era obvio: *Cogito, ergo sum*, "Pienso, luego existo". La verdad se considera una pirámide, en la que una verdad se deduce de otra y se construye sobre una o más verdades axiomáticas. Estos axiomas son verdades inmediatamente evidentes para todas las personas pensantes (piensa nuevamente en el sistema geométrico de Euclides). Los representantes recientes del presuposicionalismo son los teólogos estadounidenses Cornelius Van Til (1895-1987), Francis A. Schaeffer (1912-1984), Rousas J. Rushdoony (1916-2001) y Greg L. Bahnsen (1948-1995). En su pensamiento, la *presuposición* axiomática más importante es que la Escritura es la Palabra de Dios; presumiblemente, quien parte de la autoridad de la Escritura llegará automáticamente al conocimiento de la verdad.

(b) *Evidencialismo*: La fe no se fundamenta en pruebas racionales, sino en evidencia empírica; aceptamos como verdadero sólo aquello que se basa en hechos que son observables para todos. Esta concepción no conduce automáticamente al empir*ismo* o al natural*ismo*. Por el contrario, este tipo de evidencia empírica —piensa en la resurrección de Cristo (establecida sobre la base de la tumba vacía y los testimonios de testigos), de profecías cumplidas hasta ahora, o de conversiones radicales sorprendentes— también se utiliza como evidencia en la apologética. Según esta visión, la verdad no se alcanza deductivamente, como en (a), sino inductivamente, procediendo de hechos individuales a principios generales. En filosofía, esta visión se remonta al empirismo británico. Los representantes recientes del evidencialismo son los teólogos estadounidenses John H. Gerstner (1914-1996), John W. Montgomery (n. 1931), Norman L. Geisler (n. 1932), Richard Swinburne (n. 1934), Josh McDowell (n. 1939), Robert C. Sproul (n. 1939) y William L. Craig (n. 1949).

2. *No fundacionalismo*: La verdad y la apologética no se basan ni en la razón (inmanente), ni en la observación (inmanente), sino en la fe, ya sea en el sentido irracional o en el suprarracional. Ahora que ha quedado claro que, estrictamente hablando, el presuposicionalismo y el evidencialismo ya no pueden mantenerse, algunas personas llegan

a hablar de la tarea *postfundacionalista* de la teología. Distinguimos entre lo siguiente:

(a) *Fideísmo*: En línea con el (pre)existencialismo, especialmente como se expresa en el pensamiento del filósofo danés Søren Kierkegaard (1813-1855), aquí se considera que la fe es una condición irracional de todo conocimiento de la verdad —el conocido "salto en la oscuridad" de Kierkegaard— que se opone a la razón. Aquí estamos tratando con un genuino *sacrificium intellectus* ("sacrificio del intelecto"), el cual se remonta al padre de la iglesia Tertuliano (c. 160-c. 225) y al pensador medieval Guillermo de Occam (c. 1287-1347), y el cual vincula la fe con lo absurdo.

(b) La *epistemología reformacional* de los filósofos estadounidenses Alvin Plantinga (n. 1932), Nicholas Wolterstorff (n. 1932) y otros: La verdad comienza con la fe, pero no es una fe inmanente que puede basarse principalmente en la razón o la observación, ni una fe irracional. Esta visión está estrechamente relacionada con la visión filosófica cristiana que he resumido en *Sabiduría para los pensadores*. La fe en el sentido de la *fides qua* no es ni racional, ni irracional, sino suprarracional. Por lo tanto, la fe no se opone a la razón y la observación, sino sólo a la absolutización de ellas en el presuposicionalismo y el evidencialismo, respectivamente. Plantinga y Wolterstorff intentan hacer esta fe aceptable apelando a la conciencia natural de Dios que supuestamente poseen todos los humanos.

Fe y razón

Por supuesto, las distinciones que acabo de hacer son sólo relativas. En una forma extremadamente simplificada, la elección es simplemente entre cuatro puntos de partida: el empírico, el racional, el irracional y el suprarracional. Los nombres de los varios "ismos" son muy confusos porque los cuatro puntos de vista podrían ser descritos como *fundamentum, presuppositio, evidentia* o *fides*, si así lo deseáramos. En mi opinión, todo se reduce a esto: el pensamiento racional (incluyendo el pensamiento irracional) y la percepción empírica no son más que funciones inmanentes del corazón trascendente, y como tales, siempre presuponen la actitud trascendente religiosa del corazón, es decir, una *fides qua*. En mi opinión, esta percepción es de la mayor importancia para toda teología, toda apologética y toda filosofía de la religión.

El problema de la relación entre fe y razón, entre *pistis* ("fe") y *gnosis* ("[conocimiento] racional"), o, como lo planteó el padre de la iglesia Agustín, entre *credere* ("creer") e *intelligere* ("entender"), ha estado presente durante siglos. En 1998, el Papa Juan Pablo II (1920-2005) incluso dedicó una encíclica (*Fides et ratio*) al problema de la fe y la razón. Toco este asunto en *Sabiduría para los pensadores*, pero ahora debemos considerarlo con un poco más de detalle. Estoy convencido de que este problema sólo puede abordarse en el contexto de una filosofía cristiana radical.

La relación entre razón y fe debe considerarse desde dos ángulos diferentes, que podríamos llamar el punto de vista vertical y el horizontal:

1. *Vertical*: Ésta es la relación entre la razón en el sentido de la función modal lógica y la fe en el sentido trascendente religioso (*fides qua*). La función lógica es sólo una de las muchas funciones modales que surgen del corazón humano; es decir, del *Ego* trascendente religioso. El pensamiento lógico está dirigido por el motivo religioso básico que gobierna el corazón

humano. En otras palabras, no existe tal cosa como un argumento teológico neutral y objetivo porque esto está *a priori* dominado por la actitud trascendente religiosa del corazón del teólogo. Ya hemos tratado este tema anteriormente.

2. *Horizontal*: Ésta es la relación entre la razón en el sentido de la función modal lógica y la fe en el sentido de la función modal pística. Investigamos esta relación un poco más de cerca al estudiar las diversas analogías modales (que son todas retrocipaciones) dentro de la modalidad pística. Primero miraremos las analogías con, o retrocipaciones sobre, las modalidades naturales, y luego las analogías con, o retrocipaciones sobre, las modalidades espirituales.

Retrocipaciones písticas naturales

1. *Unidad y multiplicidad de la fe* (retrocipaciones aritméticas dentro de la modalidad pística): Hay una multiplicidad de creencias, dogmas, credos y confesiones, y al mismo tiempo "la unidad de la fe" (Efesios 4:13) y "la [única] fe que fue entregada una vez por todas a los santos" (Judas 3). Hay una multiplicidad de verdades de fe y, sin embargo, sólo una Verdad (Juan 1:14, 17; 14:6; 17:17). El todo es más que la suma de sus partes, así como la Iglesia es más que la suma de todos sus miembros.

La idea de la Trinidad es internamente contradictoria si se toma en el sentido aritmético original (algo no puede ser uno y tres al mismo tiempo), pero no si se considera como una retrocipación aritmética dentro del aspecto pístico. En ese caso, el sujeto es principalmente un asunto pístico y no un asunto aritmético, aunque hay una analogía con la modalidad aritmética. La Trinidad no se trata de contar, sino de creer.

2. *Esfera de la fe* (retrocipación espacial): Hablamos del espacio típico en el que la fe puede funcionar, la esfera en la que la vida de fe se desarrolla y la comunión con Dios tiene lugar (Eclesiastés 5:1; Salmos 139:5-10). Otros ejemplos son el corazón "amplio" del apóstol Pablo y los corintios que, al estar demasiado "restringidos" (estrechados) en sus afectos, deben "ampliar" sus corazones también (2 Corintios 6:11-13). Jesús habla de una "pequeña fe" (Mateo 6:30ss.) y de una "gran fe" (Mateo 15:28). También podemos pensar en estar "sentados a la derecha de Dios" (por ejemplo, Mateo 26:64), la "oscuridad exterior" (por ejemplo, Mateo 8:12), el cielo "por encima" de la tierra (Salmos 103:11), etcétera. Ninguno de estos asuntos debe entenderse de manera estrictamente geométrica, sino como retrocipaciones dentro del aspecto pístico.

En teología, estamos familiarizados con términos como *locus* (un capítulo en dogmática), o centro (Cristo como el "centro" del pensamiento bíblico), en contraste con las verdades de fe más "periféricas". Términos comparables son *focus* (una retrocipación física), y *scopus* (una retrocipación perceptiva).

3. *Constancia, movilidad y progreso de la fe* (retrocipaciones cinemáticas): En el lado sujeto de la realidad cósmica hay, por un lado, la constancia de las creencias, y por otro lado, por ejemplo, la movilidad, el progreso (y a veces el retroceso) en los desarrollos confesionales y teológicos, y el curso de la fe cristiana a lo largo del mundo (cf. Romanos 10:18) y a través de las edades. Otro ejemplo es el hecho de que la fe pone en movimiento a las personas y las cosas.

En el lado ley de la realidad, la fe ofrece la norma para la debida constancia (en oposición a la falsa obduración), y para el ritmo adecuado de la fe en las vidas humanas (en oposición a la prisa o a la excesiva lentitud): "El que cree no se apresurará" (Isaías 28:16).

4. *Poder, energía y dinámica de la fe* (retrocipaciones físicas): Jesús habla de una fe tan fuerte que puede desplazar montañas y arrancar árboles (véase arriba), y la Epístola a los Hebreos habla de una fe que puede conquistar reinos, cerrar las bocas de leones, apagar el poder del fuego, hacer que las personas se "fortalezcan a partir de la debilidad", etcétera. (Hebreos 11:33-38). Santiago nos dice: "La oración de un justo es poderosa y eficaz" (Santiago 5:16). "Todo lo puedo en Cristo que me fortalece", dice Pablo (Filipenses 4:13). Estos son sólo algunos ejemplos.

5. *La vida de la fe* (retrocipación biótica): Podemos pensar en la *vitalidad* (del latín *vita*, "vida") de la fe, el *desarrollo* de nuestras creencias, la *nutrición* de la fe (la Biblia tiene diversas referencias a la "leche" y "alimento sólido" (1 Corintios 5:2; Hebreos 5:12-14; 1 Pedro 2:2), la coherencia *orgánica* de nuestras creencias, nuestro crecimiento espiritual (Efesios 4:13; 2 Pedro 3:18).

6. *Percepción de la fe, susceptibilidad, conciencia* (retrocipaciones perceptuales): La fe es consciente de sí misma y de sus fuentes. La fe viene por "oír" con los oídos de nuestro corazón (Romanos 10:17), por "ver" con los ojos iluminados del corazón (Efesios 1:18), e incluso por "gustar" la bondad del Señor, o de su Palabra (Hebreos 6:5; 1 Pedro 2:3).

7. *Sensibilidad de la fe* (retrocipación sensible): Con esto nos referimos a la confianza "cálida" (una retrocipación física) afectiva de la fe. Esto no debe confundirse con la alegría o la ira de la fe, porque estas son verdaderas emociones y, por lo tanto, deben verse como anticipaciones písticas dentro

de la modalidad sensible (lo opuesto a las retrocipaciones sensibles dentro de la modalidad pística). La confianza de la fe es un asunto *pístico*, aunque retrocipando sobre el aspecto sensible, mientras que el éxtasis de la fe es un asunto *sensible*, aunque anticipando el aspecto pístico.

Retrocipaciones písticas espiritivas[1]

8. *Pensamiento de fe* (retrocipación lógica): "La distinción" es la marca distintiva del aspecto lógico. Sin embargo, en el lado ley de la modalidad pística, hay distinciones písticas que a menudo no son lógicas en absoluto. Como dice Pablo: "El hombre natural no percibe las cosas del Espíritu de Dios, porque para él son locura, y no las puede entender, porque se han de discernir espiritualmente" (1 Corintios 2:14). Algunos ejemplos son las distinciones entre las tres personas dentro de la Trinidad, entre las naturalezas divina y humana de Cristo, y entre la soberanía de Dios y la responsabilidad del hombre.

En el lado sujeto, notamos que la fe nunca es un "salto en la oscuridad", como si tuviéramos que dejar nuestra razón en casa o apagarla en el momento en que comenzamos a creer. La fe nunca se limita a distinciones lógicas (por el contrario, cf. Isaías 55:8; Romanos 9:19-20; 11:33); pero definitivamente contiene tales distinciones. De hecho, apenas podría manejarse sin ellas. Por ejemplo, el contraste entre fe y falta de

---

[1] El término "espiritivo" fue acuñado por el autor. Significa las ciencias que tienen que ver con el espíritu humano o la mente (en alemán *Geisteswissenschaften*). Frecuentemente son llamadas humanidades; esto es, ciencias que investigan el fenómeno humano. Reserva "espiritual" para los asuntos religiosos (nota del traductor). Véase *Sabiduría para los pensadores*, pp. 56-7.

fe sólo es posible a través de la analogía con el principio lógico de contradicción (cf. Romanos 11:20: "Ellos fueron desgajados por su incredulidad, pero tú estás firme por la fe").

9. *Formación de la fe* (retrocipación histórica formativa): Esto entra en juego cuando das forma —consciente o inconscientemente— a tu vida de fe, tus creencias, tu crecimiento espiritual, la relación con tu iglesia, etcétera. También podemos pensar en el poder formativo o reformador de la fe, a menudo encarnado en ciertas *autoridades* (es decir, personas que ejercen poder formativo), que Dios ha colocado dentro de una comunidad de fe. Algunos ejemplos son los reformadores como el alemán Martín Lutero y el francés Juan Calvino, pero también, por ejemplo, el alemán Nikolaus L. von Zinzendorf (1700-1760), el inglés Juan Wesley (1703-1791) y el angloirlandés John N. Darby (1800-1882). Este trabajo formativo depende de muchos factores: carácter y disposición, educación y crianza, cultura regional y eclesiástica.

10. *Lenguaje de la fe e interpretación* (retrocipaciones lingüísticas): No nos referimos aquí al lenguaje en sentido literal, que está cualificado por la modalidad lingüística, sino al proceso mediante el cual expresamos el significado de las creencias cristianas, las cuales se supone que representan los pensamientos de Dios (cf. 1 Corintios 2:9-13). Es debido a esta retrocipación lingüística dentro de la modalidad pística que la teología es más que sólo una ciencia literaria. En la exégesis teológica, estamos principalmente interesados en el significado pístico del texto, no sólo en los aspectos literarios (gramaticales históricos), aunque hay una interconexión con las ciencias literarias e históricas.

11. *Comunión de fe e interacción* (retrocipaciones sociales): Podemos pensar aquí en la comunión del creyente con Dios y con otros creyentes, de modo que surja una comunidad de fe. La fe crea lazos horizontales y compañerismo con todos aquellos que experimentan la misma relación vertical con Dios. Creer en aislamiento, fuera de cualquier forma de comunidad de fe, significa un empobrecimiento serio para la persona misma. Podríamos incluso decir que esto es, de hecho, imposible, ya que incluso la fe más individual está marcada por la comunidad de fe en la que la persona está arraigada.

12. *El sacrificio de la fe, evaluación de la fe* (retrocipaciones económicas): La Biblia da muchos ejemplos de la disposición de la fe a hacer sacrificios (cf. Lucas 18:22; Romanos 12:1; Hebreos 3:15-16; 1 Pedro 2:5), de sopesar el valor de bienes temporales frente a bienes eternos (2 Corintios 4:16-18), de "aprovechar al máximo el tiempo" (Efesios 5:16; ASV: "redimiendo el tiempo"), y de "contar el costo" de la fe (Lucas 14:28).

En otro sentido, podemos pensar en la *eficiencia* de ciertos aforismos de fe, los cuales expresan verdades universales en pocas palabras, tales como: "palabra fiel y digna de ser recibida por todos: que Cristo Jesús vino al mundo para salvar a los pecadores" (1 Timoteo 1:15). Otra retrocipación económica es también evitar "excesos". Por ejemplo, no debemos creer más de lo que la Palabra de Dios demanda (una idea que se expresa humorísticamente en el dicho, "no trates de ser más papista que el Papa"). O, para usar otro ejemplo, se puede pensar en la deuda de fe: "no debáis a nadie nada, sino el amaros unos a otros" (Romanos 13:8).

13. *Armonía de la fe* (retrocipación estética): Podemos considerar la armonía interna (o la falta de ella) en nuestra vida de fe, o entre nuestras diversas creencias. Es importante no sobre enfatizar uno o dos elementos de fe. La armonía también es un elemento importante en la paz de Dios (Filipenses 4:7), en la paz de Cristo (Juan 14:27; Colosenses 3:15), y en el descanso prometido para las almas de aquellos que siguen a Jesús (Mateo 11:29-30).

Por último, pero no menos importante, la armonía existe dentro de la Biblia misma. Podemos hablar de la armonía entre el Antiguo y el Nuevo Testamento, entre los cuatro Evangelios, entre los apóstoles Pablo y Santiago, etcétera.

14. *El derecho de la fe, la autoridad de la fe* (retrocipaciones diquéticas): Pensemos aquí en si ciertas creencias están justificadas o no. Esto es algo muy diferente de la justificación por la fe, en la que, por cierto, también encontramos una retrocipación diquética en la modalidad pística. También está el *derecho* de la fe, que es estar *habilitado* por Dios para sus promesas y, por el contrario, el derecho de Dios a nuestro servicio y adoración.

Por favor, tenga en cuenta que en la justicia de Dios, ya sea en la condenación de los malvados o en la justificación de los justos, no estamos tratando con ideas jurídicas como tales, sino con retrocipaciones diquéticas dentro de la modalidad pística. Esto es diferente de la ley canónica, donde encontramos justicia en su sentido jurídico original, aunque anticipando claramente la modalidad pística.

Un término importante es autoridad (griego *exousia*, también "poder, autorización"): en la autoridad de la Escritura, a la cual cada ser humano debe someterse, y en la autoridad de los portadores del oficio en la iglesia, a la que los miembros

de la iglesia deben someterse, encontramos una retrocipación diquética dentro de la modalidad pística. Dado que
esta autoridad está formalmente establecida en el sentido
de la ley canónica, también hay un aspecto jurídicamente
verdadero en ella.

15. *Afecto de la fe* (retrocipación ética): Piensa en el afecto
y amor inspirados por la confianza de la fe, por Dios y su
Palabra (Salmos 119:47-48, 97, 113, etcétera). La verdadera
fe no puede ser otra cosa que "fe que actúa a través del amor"
(Gálatas 5:6). Aquí nuevamente podemos decir que en el
cristianismo nunca tratamos con la fidelidad o moralidad
en sí mismas, al margen de su conexión con la fe. Es esta
fe la que marca cada forma de fidelidad y amor. No hay
verdadera fe sin verdadero amor, porque "todo aquel que
ama, es nacido de Dios, y conoce a Dios. El que no ama, no
ha conocido a Dios; porque Dios es amor". (1 Juan 4:7-8).

¡No hay confusión!

Es esencial para el teólogo ser consciente del sentido pístico
apropiado de los términos retrocipatorios o anticipatorios
análogos de los cuales hace uso, y de los cuales acabo de dar
algunos ejemplos. Este sentido pístico nunca debe confundirse con los significados que otras ciencias atribuyen a estos
mismos términos. Ya he utilizado el ejemplo de la Trinidad.
Si tomamos "Tres-en-Uno" en un sentido estrictamente aritmético —como lo hacen los Testigos de Jehová, que por lo
tanto lo rechazan— esto llevará a un absurdo. Pero este *no*
es un asunto aritmético; es simplemente una retrocipación
aritmética dentro de la modalidad pística. Es decir, es principalmente un asunto pístico, aunque retrocipando sobre la
modalidad aritmética.

Miremos otro ejemplo. Como mencioné antes, en la alegría de la fe estamos tratando con un asunto sensible, en el que la modalidad sensible anticipa la modalidad pística. Si no se reconoce esta anticipación pística, esta alegría —como pura emoción en sí misma— se considerará idéntica a cualquier otra alegría. Una consecuencia de esto será que las personas intentarán reducir los sentimientos religiosos completamente al aspecto sensible, como ha sido hecho, por ejemplo, por el psicólogo austriaco Sigmund Freud (1856-1939). En este caso, hablamos de *sensativismo* (o *psicologismo*), que es una forma de absolutizar la modalidad sensible.

Si, por el contrario, la cálida confianza de la fe —una retrocipación sensible dentro del aspecto pístico— se confunde con las emociones en su sentido sensible original, las personas comienzan a buscar tales emociones como la verdadera prueba de la fe. Éste es un error. Para ser claros, podemos experimentar la alegría de la fe sin ninguna activación del sistema nervioso simpático. Para regocijarnos en el Señor *siempre* (Filipenses 4:4), no se necesitan secreciones glandulares continuas (porque, después de todo, realmente serían un poco insalubres). El estudio de las analogías modales es un medio para ayudarnos a distinguir entre diferentes tipos de alegría, y mil otras cosas.

Un ejemplo más tiene que ver con el asunto de la justificación por la fe. En la llamada doctrina "forense" de la justificación (basada en ideas que se encuentran en los escritos de Anselmo de Canterbury (c. 1033-1109), se pone demasiado énfasis y de manera unilateral en el elemento jurídico en la justificación, es decir, en la absolución y rehabilitación del justificado. Pero una doctrina ética de la justificación subraya demasiado y de manera unilateral el elemento moral, es decir, la idea de que uno se convierte en un *tzaddiq* (una persona justa), cuya justicia se manifiesta en sus palabras y acciones de amor (cf. "la fe que actúa a través del amor" mencionada por Pablo en Gálatas 5:6). Sin embargo, la justificación por la fe no está cualificada ni por las modalidades jurídicas ni por las éticas, sino por la modalidad pística. La justicia y el amor en su sentido modal original (es decir, jurídico y ético) se confunden aquí con retrocipaciones jurídicas y éticas dentro de los estrictos límites de la modalidad pística. En otras palabras: la justificación por la fe nunca puede explicarse en términos puramente jurídicos o éticos (aunque a menudo se ha intentado), porque es de una naturaleza específicamente pística. Nuevamente, el estudio de las analogías modales puede hacer transparentes estas realidades.

Lo lógico dentro de lo pístico

La relación que más nos interesa, cuando pensamos en fe y razón, es la que existe entre las modalidades lógica y pística, particularmente la retrocipación lógica dentro de la modalidad pística. Como dije antes, la distinción lógica en asuntos de fe debe entenderse no de acuerdo con normas lógicas estrictas, sino como una retrocipación lógica dentro de la modalidad pística, y por lo tanto, de acuerdo con normas písticas.

Desafortunadamente, esta relación a menudo se ve de una manera muy diferente. La fe y la razón suelen considerarse como dos actividades que supuestamente deben ser *teóricamente* separadas primero. Posteriormente, habiendo sido forzadas a permanecer en una antítesis *teórica* entre sí, se comparan y contrastan. Luego, los resultados de esta comparación se imponen a nuestro pensamiento *práctico*, al cual tal antítesis teórica es totalmente ajena. De esta manera, especialmente después de la Ilustración, la gente se acostumbró a la marcada distinción, o incluso separación, entre fe y razón. Esto explica por qué muchas personas han sido lavadas de cerebro para pensar que si cree, no puedes ser racional, al menos no *dentro* de tu sistema de creencias, y viceversa: si quieres pensar lógicamente, debes mantener tus creencias lo más lejos posible.

Como expliqué antes, el error subyacente aquí es no distinguir entre el pensamiento práctico y el teórico. El pensamiento práctico es teorizado, y el pensamiento teórico es, a su vez, absolutizado a expensas de lo práctico. De hecho, la fe y la razón están intrínsecamente entrelazadas dentro de la realidad inmanente e integradas en el corazón humano trascendente religioso. Es en el corazón donde la fe y la razón convergen y se comprenden en su unidad, identidad y plenitud. Y es *desde* el corazón que la fe y la razón emergen como modalidades distintas, pero no conflictivas, y divergen dentro de la diversidad de la vida inmanente.

Hablé de la modalidad lógica por un lado y de la retrocipación lógica dentro de la modalidad pística por el otro. Si la *distinción* es una característica principal de lo lógico, podemos distinguir dos tipos de distinción, que están presentes en asuntos de fe:

(a) La fe en su sentido inmanente no es posible sin la distinción lógica como tal, es decir, la distinción en su sentido modal lógico original. El creyente nunca debe apagar su pensamiento lógico. ¿Cómo podría entender la Biblia si no pudiera hacer distinciones necesarias, como entre un apóstol y un evangelista, entre un judío y un gentil, entre la fe y la vista, entre la autoridad y la sumisión, entre el buey y la burra, entre el cedro y el hisopo, etcétera? Esto no se aplica sólo al pensamiento teórico, sino también a la lectura práctica de la Biblia. Aunque este es un asunto pístico, no puede manejarse sin continuas distinciones lógicas. No hay fe sin lógica y razón.

(b) También hablamos de "distinción" en un sentido típicamente pístico, es decir, como una retrocipación lógica dentro de la modalidad pística. Ya he mencionado los ejemplos de las distinciones entre las tres personas de la Trinidad, entre las dos naturalezas de Cristo, o entre la soberanía de Dios y la responsabilidad del hombre. Desde un punto de vista puramente lógico, tales distinciones están llenas de contradicciones. De una manera puramente lógica, no podemos reconciliar la verdad de que Cristo es realmente Dios con la verdad de que, cuando estaba aquí en la tierra, era un hombre humilde, dependiente y subordinado a Dios, mientras existía no como dos personas, sino como una persona.

De manera puramente lógica, no podemos reconciliar las verdades de la elección y el renacimiento, que dependen de la soberanía de Dios, con las verdades del arrepentimiento y la conversión, que, aunque no están separadas de la soberanía de Dios, dependen principalmente de la responsabilidad del hombre. La solución no puede ser de cincuenta y cincuenta. La redención del hombre es cien por ciento un asunto de la gracia soberana de Dios, y cien por ciento un asunto de la propia responsabilidad del hombre. Ésta es una paradoja que no puede resolverse mediante el uso estricto de la lógica.

De manera puramente lógica, no podemos reconciliar la verdad de que Dios no deseó el pecado, lo prohibió y no fue responsable de él, con la verdad de que su plan eterno de salvación definitivamente presuponía la caída del hombre en el pecado. En mi libro *Poder al servicio*, cité al padre de la iglesia Agustín (354-430) quien habló de *felix culpa*, la "caída afortunada": "Dios juzgó que era mejor sacar bien del mal que no permitir que existiera ningún mal". Su maestro, Ambrosio (c. 340-397), también habló de la "ruina afortunada" de Adán en el Jardín del Edén, en que su pecado trajo más bien a la humanidad que si hubiera permanecido perfectamente inocente. Pero, hasta donde sé, ninguno de ellos concluyó que por esta razón Dios fue responsable de la caída del hombre. Dejaron la paradoja tal como estaba.

Dos salidas

Tradicionalmente, las paradojas mencionadas anteriormente han llevado a dos salidas diferentes, que son comparables con las dos maneras en que la gente habla de lo trascendente en general. En breve, encontramos nuevamente que lo supra-racional se reduce ya sea a lo racional, ya a lo irracional:

1. *Lo suprarracional reducido a lo racional:* La primera salida es la del racionalismo, como lo encontramos en las corrientes de la teología escolástica que persisten tanto en el catolicismo como en el protestantismo. Este enfoque no puede resignarse a la idea de que hay misterios de fe que superan la lógica humana, porque esto se considera misticismo. Al final, todos los supuestos misterios deben reducirse a sus componentes lógicos, para que luego puedan ser incorporados en sistemas teológicos puramente racionales y cerrados. Las contradicciones lógicas son simplemente eliminadas, por ejemplo, negando ya sea la naturaleza divina de Cristo o su naturaleza humana. O se niega la soberanía de Dios en la

predestinación (reduciéndola por los arminianos a la pres-
ciencia —sin embargo, véase la distinción en Romanos 8:29),
o se repudia la responsabilidad del hombre (como en el hi-
percalvinismo). O Dios se convierte en el "autor" fáctico del
pecado, o el plan de salvación se separa del problema del
pecado (supralapsarianismo). Y así sucesivamente.

Todos estos son simplemente intentos de reducir lo suprarracional a lo racional. Hoy en día, apenas podemos imaginar
lo profundamente racionalistas que eran la teología reformada y luterana en el siglo XVII. Muchas personas han sugerido
que el protestantismo temprano hizo una transición tan sua-
ve a la teología de la Ilustración porque no tuvo que cambiar
su metodología racionalista.

2. *Lo suprarracional reducido a lo irracional:* La segunda salida
es enfatizar el carácter "misterioso" o "místico" de las grandes
verdades de fe. Los pensadores que abogan por este punto de
vista subrayan la idea de que la teología trata con asuntos que
son, en última instancia, absurdos (Tertuliano, Guillermo
de Occam). Incluso se jactan de que esto es lo que la fe les
exige: creer cosas que son estrictamente irracionales. En su
libro *La razonabilidad del cristianismo, tal como se presenta en las
Escrituras* (1695), el filósofo británico John Locke (1632-1704)
argumentó que, aunque la Escritura nos pide que creamos
en cosas que superan la razón, nunca nos pide que creamos
en cosas que van en contra de la razón. Esto corresponde
enteramente a la distinción que estamos haciendo entre lo
suprarracional y lo irracional.

Lo "misterioso" aquí no es aquello que está simplemente
oculto, sino más bien lo que es ilógico, irracional, y por lo
tanto místico, fantástico, especulativo, esotérico, estrafalario
o absurdo. El anhelo por este tipo de misterio deshonra a la

fe y a Dios tanto como lo hace el racionalismo que mencioné en el punto 1. Ni el racionalismo ni el irracionalismo son la respuesta al hecho de que de hecho hay misterios de fe que superan la razón humana. Por favor, note que este superar o trascender significa que supera *tanto* lo racional *como* lo irracional. Lo suprarracional es trascendente, mientras que tanto lo racional como lo irracional son inmanentes, porque ambos presuponen las leyes lógicas inmanentes. Lo irracional implica desobediencia respecto a las normas lógicas, mientras que lo suprarracional implica lo que está elevado por encima de las normas lógicas.

Toda la cuestión de la distinción se ve muy diferente si no la consideramos como un asunto cualificado por la modalidad lógica, sino como una retrocipación lógica *dentro* de la modalidad pística. En otras palabras, es algo que no está sujeto a las leyes de la lógica, sino a normas písticas. Precisamente porque es una retrocipación lógica *dentro* de la modalidad pística, se refiere continuamente a lo *supra*lógico (suprarracional). Lo supralógico difiere de lo ilógico (irracional) tanto como lo trascendente difiere de lo inmanente, lo infinito difiere de lo finito o la unidad, plenitud, totalidad e integridad difiere de la diversidad y variabilidad funcional modal.

CAPÍTULO VIII

PARADIGMAS Y MOTIVOS BÁSICOS

Cuando hablamos de "teología", este término puede tener dos significados diferentes. Podemos referirnos a una disciplina académica llamada "teología", pero también podemos referirnos a una de las múltiples "teologías" que consisten en las opiniones de teólogos (muchos de ellos figuras destacadas), desde los apologetas en los siglos segundo y tercero (o, como algunos dicen, desde el período postapostólico) hasta el presente.

Hay algo así como la *historia* de la teología: la sucesión de las diversas corrientes teológicas a lo largo de la historia de la iglesia, y la manera a veces drástica en que una escuela da paso a la siguiente. Por lo tanto, podemos hablar de la "teología" de Agustín, de Juan Calvino, de Friedrich Schleiermacher, de Karl Barth o de Wolfhart Pannenberg. Y, como hemos visto, algunos incluso querrían hablar —erróneamente, creo— de la "teología" de los escritores del Nuevo Testamento, como Lucas, Pablo, Juan o Pedro.

El concepto de paradigma

El conocido filósofo de la ciencia Thomas S. Kuhn (1922-1996) ha dejado una marca aparentemente permanente en la discusión sobre este fenómeno de las diversas teologías (y filosofías, en este sentido) al introducir el término *paradigma*. Según su punto de vista, la elección de teorías científicas está determinada no sólo por factores racionales, sino también

211

por factores psíquicos, sociales, económicos, culturales, políticos y religiosos. En una publicación revolucionaria en la década de 1960, *La estructura de las revoluciones científicas*, Kuhn explicó por qué rechazó la visión estándar de un progreso continuo y gradual en la ciencia. Señaló largos períodos de "ciencia normal" en la historia de las diversas ciencias especiales, que alternaban con cortos períodos de revoluciones científicas.

Durante los períodos de "ciencia normal", la investigación científica tiene lugar completamente dentro del marco de un llamado paradigma. Éste es un modelo de resolución de problemas con el que un científico aborda un cierto campo de estudio. Implica una *matriz disciplinaria* en el sentido de un marco teórico sistemático con el que un científico aborda su ciencia. El filósofo estadunidense John D. Caputo (nacido en 1940) observó que durante este tiempo no fue un filósofo quien acusó a la religión de mitologizar, sino más bien los "apóstoles de la objetividad científica". Según su opinión, un paradigma es una especie de mito que todos los practicantes de una determinada ciencia especial creen durante un cierto período, hasta que este mito se evapora y es reemplazado por uno nuevo. La ciencia no es objetiva o imparcial, sino que siempre está determinada paradigmáticamente.

Kuhn no estaba sólo en afirmar que, entre las muchas cosas que influyen en la práctica de la ciencia, hay, además de los factores racionales, también factores de fe. Hace mucho tiempo, en 1913, el gran físico y laureado con el Premio Nobel Max Planck (1858-1947) dijo que incluso en la más exacta de todas las ciencias los investigadores no pueden prescindir de una cosmovisión previa. Eso es lo mismo que decir que no pueden prescindir de presuposiciones no demostrables.

Planck dijo que incluso en física uno no puede ser "salvado sin fe" (cf. Efesios 2:5, 8), al menos la fe en una cierta realidad que nos rodea. El filósofo flamencosudafricano Herman Jan de Vleeschauwer (1899-1986) escribió que, incluso desde un punto de vista puramente racional, una ciencia imparcial es imposible; siempre comienza con un acto de fe en nuestro pensamiento.

El filósofo alemán Hans-Georg Gadamer (1900-2002) describió cómo todos los "prejuicios" habían sido "desacreditados" por la Ilustración, pero que esta condición ahora estaba cambiando en el pensamiento contemporáneo. Gadamer hizo un llamado para el reconocimiento renovado de que hay "prejuicios legítimos", incluidos los prejuicios de fe. Que todos los racionalistas, positivistas y naturalistas presten atención porque creo que Planck, de Vleeschauwer, Gadamer y tantos otros tenían razón: *no hay ciencia sin alguna fe previa*. La teología, especialmente, *estudia* la fe; pero no hay teología que no esté basada en la fe misma. A continuación analizaremos con más precisión lo que esto implica.

En el sentido más amplio, un paradigma es un marco de referencia, una tradición de investigación, que consiste en una cosmovisión común, prejuicios filosóficos generales y filosóficos especiales, un consenso metodológico, valores científicos y teorías científicas especiales. Más precisamente, Kuhn utiliza el concepto de paradigma en dos sentidos, que expreso aquí en la terminología modal que ya conocemos: (a) un significado *socialmente* cualificado, que incluye un número de convicciones, teorías, valores y métodos que son compartidos por los miembros de una cierta comunidad científica, y (b) un significado *lógicamente* cualificado (matriz disciplinaria), que se refiere a las *soluciones* concretas que, como modelos teóricos metodológicos, crean una base para la solución de los acertijos que permanecen en la ciencia normal.

Este segundo significado corresponde más a la interpretación original del griego *paradeigma* ("ejemplo, patrón, espécimen, muestra"), pero el primer significado se ha convertido, con mucho, en el más conocido. Hoy en día, la mayoría de los pensadores occidentales han incorporado la palabra "paradigma" en su vocabulario en el sentido a menudo bastante vago de filosofía, de un marco intelectual, de una perspectiva mental, etcétera.

Una vez más, racional, suprarracional e irracional

Un punto de partida fundamental para un análisis del concepto de paradigma filosófico es la idea de que las creencias nunca son exclusivamente la elección subjetiva de un individuo. En su mayor parte, son lo que llamamos la elección intersubjetiva de una *comunidad*. El yo humano que piensa y experimenta no sólo se encuentra en una relación yo–tú con Dios, sino también en una relación nosotros–tú. Esto se debe a la relación yo–nosotros inherente a todas las relaciones sociales, incluidas una denominación cristiana o una comunidad científica. No sólo la fe cristiana, sino también la fe apóstata del pensamiento secular es casi siempre la fe de una cierta comunidad. Esto también es cierto para una comunidad científica que, en un período de "ciencia normal", trabaja dentro de un cierto paradigma. Es una confesión (escrita o no escrita) que mantiene unida a una denominación; de manera similar, es un paradigma (no escrito) que mantiene unida a una comunidad científica.

En el sentido más amplio, tal paradigma necesariamente incluye no sólo teorías filosóficas y científicas especiales, sino también creencias de diversos tipos, preteóricas. Según nuestra filosofía cristiana, tales teorías y creencias son en última instancia de carácter trascendente religioso —lo que Pablo Tillich llamó el "a priori místico". El término "místico" es desafortunado aquí, ya que lo místico es sólo una forma de manifestación de lo trascendente religioso. Pero la idea básica de Tillich de un (transcendente) religioso *a priori* me parece correcta.

Antes de describir la visión de Kuhn con más detalle, debo enfatizar que la idea de que todo pensamiento científico se basa en prejuicios no racionales y precientíficos no se originó con él. Mucho antes que Kuhn, el pensador húngaro Michael Polanyi (1891-1976) señaló que todo nuestro trabajo científico exhibe casi sistemáticamente los rasgos de un compromiso personal oculto (1958). Esto incluye la originalidad, intuición y pasiones científicas del investigador, pero especialmente sus presuposiciones, convicciones, compromisos y creencias, que son en parte no racionales o semirracionales. Sin embargo, incluso Polanyi planteó esto sólo veinte años después de que el filósofo cristiano holandés Herman Dooyeweerd (1894-1977) señalara la raíz trascendente religiosa, suprarracional y suprateórica del pensamiento.

Pero hay más que decir aquí. Dooyeweerd rompió de manera más radical con el dogma de la autonomía racional que Polanyi. Incluso Polanyi no pudo desprenderse completamente del racionalismo que permeaba la cultura occidental en ese momento, como lo vemos en el hecho de que describió el conocimiento como principalmente racional. Para Dooyeweerd, sin embargo, el conocimiento racional es sólo una de varias formas y tipos de conocimiento, como el conocimiento estético, el conocimiento moral y el conocimiento místico (o de fe). Este último no debe confundirse con el conocimiento ético y teológico, ya que la ética y la teología son ciencias especiales. Por lo tanto, el conocimiento perteneciente a estas ciencias es de naturaleza racional. Pero la conciencia moral, por ejemplo, aunque es una forma de conocimiento, es no racional (¡tenga en cuenta que no es irracional!). Hay cristianos "que han tenido sus poderes de discernimiento entrenados por la práctica constante para distinguir el bien del mal" (Heb. 5:14), a menudo sin poder analizar lógicamente por qué esto es bueno y aquello es malo.

Después de Dooyeweerd, Thomas Kuhn fue —hasta donde yo sé— el *primero* que realmente rompió con la idea de la estricta racionalidad de la ciencia. Sin embargo, aunque Dooyeweerd y Kuhn puedan parecer aliados, no lo son. Para Kuhn, el conocimiento es, en última instancia, una cuestión *ir*racional, mientras que para Dooyeweerd es una cuestión *supra*rracional. Los dos tipos de conocimiento no podrían ser más diferentes (véase el capítulo 7): lo suprarracional, que supera la razón y es *trascendente*, es esencialmente diferente de lo *irracional*, que va en contra de la razón y es *inmanente*. Lo que falta en el pensamiento de Kuhn es la visión de la dimensión trascendente en todo conocimiento, y así la noción de lo trascendente y lo suprarracional, que supera tanto lo racional como lo irracional. Pero a pesar de esta falta de comprensión básica, aún hay mucho que podemos aprender de Kuhn.

Las revoluciones científicas

Ahora examinemos con un poco más de detalle la visión de Kuhn respecto al desarrollo de la ciencia. Mientras un cierto paradigma gobierne a un grupo de científicos y los una, esa ciencia goza de gran armonía y estabilidad. Sin embargo, a través de una investigación más profunda, tal paradigma puede entrar en crisis. Esto ocurre cuando cada vez más acertijos resultan ser irresolubles en términos del paradigma dominante. En ese caso, el paradigma seguirá siendo defendido obstinadamente durante algún tiempo, si es necesario con todo tipo de hipótesis auxiliares y otras gimnasias mentales, especialmente mientras no haya un nuevo paradigma a la vista. "No deseches los zapatos viejos hasta que tengas unos nuevos", como dice el viejo refrán.

Sin embargo, al final, el paradigma estará bajo tanta presión que inevitablemente tendrá lugar una *revolución científica*. En el transcurso de unas pocas décadas, el paradigma será reemplazado creativamente, total o parcialmente, por un nuevo paradigma alternativo, que inaugurará un nuevo período de "ciencia normal". En tal revolución, los factores científicos desempeñan algún papel, pero, según Kuhn, el papel más decisivo es el que juegan los factores no racionales que hemos mencionado. Esta visión contradice de plano la visión previa de la ciencia como un proceso completamente racional: en momentos decisivos, este proceso no es racional en absoluto, ya que otros factores desempeñan el papel principal.

Curiosamente, Kuhn comparó la "ciencia normal" con el dogmatismo religioso. Debes suscribirte al paradigma dominante, de lo contrario no serás aceptado por la comunidad científica. Nadie siquiera pensaría en contradecirlo. Hablando figurativamente, serías quemado en la hoguera si lo hicieras, tal como hicieron con los herejes en la Edad Media. Este dogmatismo religioso sólo puede romperse mediante una *reforma*; es decir, una *conversión* radical o un *cambio de Gestalt*. De ahí los términos populares de *cambio de paradigma* y *desplazamiento de paradigma*, que hoy se utilizan para muchos tipos diferentes de cambios de opinión.

Un nuevo paradigma no se acepta principalmente por su éxito, sino más bien por su *potencial* de éxito. Los científicos se aferran a la convicción de que el nuevo paradigma *debe* ser mejor que el que ahora está obsoleto porque ya no funciona. Esta característica atractiva del nuevo paradigma se basa no tanto en argumentos racionales, sino más bien en una fe o convicción casi religiosa, que es compartida por sus adherentes —uno podría casi decir sus "convertidos" que ahora forman la nueva "denominación"; es decir, la nueva comunidad científica. A menudo sucede que los científicos mayores no tienen la capacidad mental (sin importar cuán brillantes sean) para abandonar el viejo paradigma y aceptar el nuevo. El nuevo paradigma es algo que apela en particular a los científicos más jóvenes —especialmente aquellos de, digamos, menos de treinta y cinco años— dentro de la ciencia especial en cuestión. Cuando el químico francés Antoine Lavoisier (1743-1794) introdujo un nuevo paradigma en química, *ninguno* de los químicos más antiguos —algunos de ellos muy famosos— lo aceptó, mientras que después *todos* los más jóvenes sí lo hicieron. Aquí vemos lo que el prejuicio puede hacer incluso en los pensadores más grandes.

Como consecuencia de tal revolución científica, se descubren, reconocen y abordan problemas completamente nuevos. Se desarrollan nuevos criterios para probar teorías científicas. Los datos anteriores, así como los más recientes, se interpretan de una manera nueva, a la luz del nuevo paradigma. Los conceptos, ideas y teorías más antiguas se reformulan. Se abre el camino a observaciones, experimentos y teorías completamente nuevos. En resumen, toda la perspectiva científica de la comunidad científica en cuestión se reforma drásticamente. Si los períodos de "ciencia normal" están caracterizados por una especie de dogmatismo religioso, como dice Kuhn, los períodos de revoluciones científicas pueden compararse con "grandes avivamientos" o verdaderos "renacimientos", del tipo que vemos a lo largo de la historia protestante.

En el siglo XX, la idea de una ciencia neutral, objetiva y completamente racional también ha sido combatida por otros filósofos de la ciencia, cada uno a su manera, sobre la base de sus propias presuposiciones filosóficas y preteóricas. Sólo menciono a los racionalistas críticos Karl R. Popper e Imre Lakatos, al "anarquista" científico Paul K. Feyerabend, al neomarxista y pragmatista Jürgen Habermas, a los representantes de la hermenéutica filosófica (Paul Ricœur, Hans-Georg Gadamer) y a los filósofos postmodernos (Jean-François Lyotard, Jacques Derrida, Richard Rorty). Principalmente son los físicos acérrimos quienes todavía creen en la vieja idea de una física neutral, objetiva y completamente racional —ya sea porque simplemente no están interesados en la filosofía, o porque en realidad la desprecian.

Kuhn y Dooyeweerd

Para una visión filosófica cristiana de la ciencia, Herman Dooyeweerd es, sin duda, uno de los pensadores más importantes e influyentes. Esto se debe a que fue el primero y el filósofo más completo en señalar que todos las presuposiciones preteóricas son, en última instancia, de carácter suprarracional y trascendente religioso. La palabra "religioso" aquí no tiene el significado que Thomas Kuhn le atribuye. Para él, "religioso" no es más que —como diría Dooyeweerd— uno de los aspectos funcionales inmanentes de nuestra realidad empírica, es decir, la modalidad pística. En otras palabras, "religioso" para Kuhn se refiere sólo a facetas de nuestra vida y pensamiento inmanentes.

Sin embargo, para Dooyeweerd, *toda* la vida funcional modal inmanente es religiosa en el sentido de que las personas han sido llamadas a servir a Dios en cada faceta de sus vidas cotidianas, incluida su actividad científica. La razón es que toda nuestra vida funcional modal inmanente converge en la vida *trascendente* religiosa del ego humano, el cual es supramodal y suprafuncional. Como hemos visto, esto es lo que la Biblia llama el "corazón", en el cual el hombre se encuentra en una relación ya sea con el Dios de la Biblia o con los falsos dioses de la sociedad, ya sea que esa sociedad sea primitiva o moderna y sofisticada. Para Kuhn, los factores "religiosos" —es decir, písticos— tienen un lugar junto a los factores psíquicos, racionales, sociales, económicos y otros. Dooyeweerd ve esto de la misma manera. Pero más allá de todos estos factores inmanentes, de los cuales los písticos son sólo algunos, él es consciente de ese corazón trascendente *religioso*, en el que se concentran todas estas funciones inmanentes.

Sin embargo, hay una clara conexión entre Kuhn y Dooyeweerd; a saber, entre la idea de *paradigma* de Kuhn (especialmente en su sentido filosófico) y lo que Dooyeweerd llama la idea básica trascendental o la idea *cosmonómica* (en neerlandés: *wetsidee*). Según Dooyeweerd, un motivo básico trascendental religioso —la fuerza motriz del corazón humano— se expresa teóricamente en una idea básica trascendental. En esta idea básica Dooyeweerd distingue *tres ideas teóricas trascendentales* que subyacen y atraviesan todo pensamiento científico (e, incluso, se podría añadir, todos los paradigmas científicos). Éstas se refieren, respectivamente, a los tres *problemas básicos trascendentales* del pensamiento teórico:

(a) El problema de la *coherencia*; es decir, la relación mutua y la coherencia de las diversas modalidades de la realidad inmanente.

(b) El problema de la *unidad*; es decir, la unidad radical más profunda de estas modalidades y, por lo tanto, de toda la realidad cósmica.

(c) El problema del *origen*; es decir, el origen último de la diversidad y coherencia de la realidad inmanente.

Aplicado a la idea del paradigma de Kuhn, tomada en el sentido más amplio de la palabra, esto significa que cada paradigma debe proporcionar soluciones a los problemas de coherencia, unidad y origen de las cosas. Como ejemplo de cómo se hace esto a veces, tomemos el materialismo. Esta filosofía resuelve el primer problema al reducir todas las modalidades al aspecto físico; es decir, según el reduccionismo, todos los fenómenos cósmicos no son más que materiales y físicos al final. Resuelve el segundo problema al absolutizar este aspecto físico y elevarlo por encima de todas las demás modalidades. De este modo, la materia (lo físico) se convierte en una especie de ídolo. El materialismo resuelve el tercer problema de una manera evolucionista. La evolución es un asunto físico en el sentido de que la vida biótica también se reduce a las propiedades de átomos y moléculas. Todas las cosas inanimadas y animadas del universo son producto de un desarrollo evolutivo.

Compare esto con el enfoque radical de la filosofía cristiana. La filosofía cristiana resuelve el primer problema al aceptar todas las diversas modalidades de la realidad inmanente en la misma medida, en toda su divergencia y variabilidad, sin intentar reducirlas entre sí. Resuelve el segundo problema al mantener que todos los aspectos immanentes modales, todas las funciones modales, encuentran su unidad, plenitud e integridad en el corazón humano trascendente, supramodal y suprafuncional. Tenga en cuenta que, en todo el universo, el corazón del hombre es la *única* ubicación donde tal convergencia de todos los aspectos modales tiene lugar. Esta visión asigna al hombre una posición especial y única en toda la realidad cósmica, de acuerdo con la revelación bíblica. La filosofía cristiana resuelve el tercer problema por su fe en Dios, el Creador, Legislador y Sustentador del universo. La diversidad y la coherencia de la realidad inmanente pertenecen al orden nómico que Dios ha instituido para ella.

Un superparadigma cristiano

Los tres problemas fundamentales trascendentales y otras ideas que he mencionado podrían agruparse en una especie de superparadigma cristiano. Este es un marco teórico cristiano general para el pensamiento filosófico y científico especial, incluida la teología (toqué este tema en mi *Sabiduría para los pensadores*, pero aquí lo trato con más detalle). En mi opinión, además de los tres problemas fundamentales trascendentales del pensamiento teórico, algunos de los elementos preteóricos y teóricos más importantes de tal paradigma son los siguientes:

(a) Cada persona (pensante), no menos que el científico, está en su ser existencial más profundo enfocada en la pregunta vital acerca del Origen y Fundamento absolutos de toda la realidad empírica. En su corazón, cada persona (pensante) tiene un profundo anhelo existencial por este tipo de apoyo sólido para su pensamiento. No es de extrañar que esta orientación sea un verdadero "impulso". Por lo tanto, Dooyeweerd habla de un *motivo básico* (del latín *movere*, "mover"), una fuerza motriz básica que "mueve" (dirige, gobierna) al hombre en lo más profundo de su corazón. Desde su corazón, el hombre orienta toda su existencia hacia este Origen y Fundamento, que puede ser verdadero o falso, Dios o ídolos —y por ídolos nos referimos tanto a dioses como a ideologías.

Esta discusión sobre el impulso del hombre hacia su Origen y Fundamento es una manera filosófica de describir la *religión* (véase mi *Sabiduría para los pensadores*). Por lo tanto, hablamos de un motivo básico *religioso*. Esto es lo que otros han llamado el *compromiso último* de cada ser humano. La religión es "la relación con lo Absoluto" (Hendrikus Berkhof). El compromiso genuinamente último es, por lo tanto, necesariamente religioso, y cada humano es, por lo tanto, necesariamente religioso en el sentido trascendente (que he llamado "trascendente religioso", en contraste con el "religioso-inmanente", que es lo mismo que pístico). Esta religiosidad trascendente del hombre es simplemente la forma en que Dios lo ha creado; Dios ha diseñado al hombre para la comunión con él. El hombre no puede evitar ser religioso en este sentido trascendente; no puede vivir sin esta fuerza impulsora religiosa. Hay un "hueco" en él que sólo puede ser llenado por Dios (Francis A. Schaeffer) —o, desde la caída, por los dioses.

(b) En el punto (a) anterior, indiqué que este motivo básico religioso no es el mismo en todos los humanos. Puede ser *anastático*; es decir, estar bajo la influencia de la revelación de la Palabra de Dios acerca de Dios, Cristo, creación, caída, redención, Reino, el fin del mundo, etcétera. También puede ser *apostático*; es decir, estar bajo la influencia de una idea pagana, o bajo la influencia de ideas mezcladas, en las que la revelación de la Palabra de Dios no se honra completamente, o incluso se rechaza por completo. (Por supuesto, debido al pecado, ninguna persona en la tierra puede estar *plenamente* bajo el control de la Palabra de Dios; me refiero sólo a la intención fundamental y tendencia del corazón). En última instancia, sólo hay estos dos motivos fundamentales: uno está en el espíritu de las Escrituras (anastático), mientras que el otro va en contra de él (apostático). Esto es, o bien el hombre se ha comprometido con el testimonio que la Biblia da de sí misma como Palabra de Dios inspirada, autoritativa, confiable, digna de confianza, o no lo ha hecho.

Aquí tocamos la profunda *antítesis*, que ya fue enfatizada por el polímata holandés Abraham Kuyper (1837-1920), pero que no siempre fue comprendida adecuadamente. Esta no es una antítesis entre la iglesia y el mundo, o entre la iglesia y el estado, o entre cristianos y sociedad, etcétera, que serían antítesis *estructurales*. No; es una antítesis *direccional* entre corazones regenerados y no regenerados. O más bien, debido a la naturaleza pecaminosa que los cristianos en la tierra todavía poseen, es la antítesis entre carne y Espíritu, que atraviesa el corazón y la vida de los creyentes (Juan 3:6; 6:63; Rom. 8:4-14; 2 Cor. 7:1; Gal. 5:16-26; Fil. 3:3; 1 Ped. 4:1-6).

(c) Este motivo básico *prerracional* y *preteórico* colorea, impregna o incluso determina nuestras suposiciones de trasfondo, nuestra cosmovisión racional pero preteórica (John Wisdom), nuestras "suposiciones globales" (Gerard Radnitzky), nuestro *sensus communis* o "conciencia común" (Hans-Georg Gadamer), nuestra ideología (Jürgen Habermas), nuestros "principios de primer orden" (John F. Miller), nuestras "creencias de control" (Nicholas Wolterstorff), nuestra perspectiva vital o punto de vista confesional (Al Wolters), nuestro "compromiso último" (Wentzel van Huyssteen), o como quieras llamarlo.

Para el cristiano, es evidente que esta cosmovisión está gobernada por su motivo básico religioso. Es difícil ver cómo sus convicciones más profundas sobre Dios, Cristo, creación, caída, redención, Reino, el fin del mundo, etcétera, *no* podrían determinar fuertemente sus puntos de vista sobre el cosmos, la naturaleza, la cultura, la historia, el hombre, etcétera. Cada punto de vista racional respecto a todos estos diversos aspectos de nuestro mundo está necesariamente gobernado por el motivo básico prerracional, o más bien suprarracional del hombre. La razón del hombre no es autónoma; por el contrario, está dominada por su fe suprarracional. Sobre la base de sus presuposiciones, el hombre no podría, por un lado, confesar su finitud, incluida la finitud de la razón, y, por otro lado, ver la razón como autónoma. La razón está *a priori* gobernada y determinada existencialmente por aquello que trasciende su propia finitud: la *fides qua*, en la que el hombre puede rendir cuentas de manera suprarracional por su propia racionalidad. En esta fe, él puede encontrar en todos los aspectos posibles su fundamento y certeza última.

(d) En el punto (c) se han citado muchas expresiones que más o menos expresan la misma idea de una visión preteórica del conocimiento y del mundo. Sin embargo, no siempre está claro hasta qué punto los respectivos autores mismos hacen una distinción entre preteórico y teórico, o entre elementos inmanentes y trascendentes. En cualquier caso, la idea del paradigma científico de Kuhn parece sugerir más bien una matriz teórica, pero aquí también, los elementos preteóricos están ciertamente incluidos, sin mencionar los elementos trascendentes. Sea como sea, me gustaría hacer dos distinciones claras. La primera es la distinción entre, por un lado, una cosmovisión *preteórica* cristiana general y, por otro lado, un paradigma *teórico* que está inspirado e impregnado por esta cosmovisión subyacente y que forma la base para una cierta comunidad científica en un período dado de "ciencia normal". La segunda es una distinción entre una cosmovisión preteórica, que es inmanente, y el motivo básico suprateórico del corazón, el cual es trascendente.

(e) Todo trabajo científico especial tiene lugar dentro del marco de paradigmas como he explicado anteriormente. En la filosofía contemporánea de la ciencia, esto parece ser bastante aceptado en general. La mayor diferencia entre el consenso en la filosofía de la ciencia y la visión que yo represento es el lugar central y fundamental que asigno al "compromiso último" del hombre, que es de carácter claramente suprarracional y trascendente. Ciertamente creo que toda actividad científica tiene lugar dentro del marco de un paradigma, pero creo aún más firmemente que todos los paradigmas, a través de ciertas cosmovisiones preteóricas, están en última instancia fundados en el compromiso religioso del individuo.

Teología "cristiana"

Ahora comprenderás mi tesis central de que toda actividad científica está determinada en última instancia por el compromiso último de alguien. En esta simple pero fundamental declaración se da toda la justificación para una ciencia "cristiana". Sólo de esta manera también podemos dar cuenta teóricamente de la noción de una teología "cristiana". Curiosamente, cuando hablamos de una matemática cristiana, o incluso de una lingüística cristiana, muchas personas mueven la cabeza. Piensan que la sociología cristiana es un sinsentido. Y saludarían con similar escepticismo las materias que se discutirán en los próximos volúmenes de esta serie, como la psicología cristiana y la biología cristiana. Pero la noción de una teología cristiana se toma generalmente como un hecho.

Esta distinción sigue siendo un subproducto del antiguo dualismo escolástico Naturaleza-Gracia: la teología cristiana parece pertenecer a la "parte superior" de la gracia, mientras que la economía cristiana, relegada a la "parte inferior" de la naturaleza, se considera absurda. Sin embargo, si este esquema es defectuoso, y una estética cristiana es absurda, ¿por qué no sería absurda también una teología cristiana? De hecho, algunos filósofos de la ciencia sostendrían que puede haber una teología del cristianismo, pero no una "teología cristiana". O dirían que si existiera algo así como una "teología cristiana", nunca podría ser llamada una "ciencia".

Creo que están equivocados. Si toda ciencia está arraigada en algún compromiso último —y definitivamente creo que lo está— esto podría muy bien ser un compromiso cristiano. Incluso creemos que éste es el compromiso más deseable posible. Pero eso entonces hace posible no sólo una teología cristiana, sino también una física cristiana, una biología cristiana, una psicología cristiana, una lingüística cristiana, etcétera —en otras palabras, una teología, ética, ciencia jurídica, estética, economía, sociología, lingüística, psicología, etcétera, arraigada en el motivo básico cristiano. Por supuesto, explicaré esto más a fondo en los volúmenes sucesivos.

Como enfaticé en mi *Sabiduría para los pensadores*, la interesante implicación de mi punto de vista es que tanto los argumentos a favor de la afirmación de que la ciencia tiene un fundamento trascendente religioso, como los argumentos en contra, siempre funcionan dentro del compromiso religioso de un individuo. El pensador cristiano que cree que toda ciencia está gobernada en última instancia por el compromiso último del hombre lo hace debido a su propio compromiso último. Y un pensador no cristiano que cree que *ninguna* ciencia está gobernada en última instancia por el compromiso último del hombre lo hace debido a su propio compromiso último.

No hay manera de escapar de esta conclusión: estás a favor o en contra de la idea de un compromiso religioso sobre la base de tu propio compromiso religioso particular. Desde el principio, la cuestión de si una teología cristiana es en absoluto posible está determinada por el compromiso último preteórico de un individuo.

Si es un pensador cristiano quien niega que el trabajo científico de alguien esté necesariamente gobernado por el (anastático o apostático) compromiso último de aquel, separa una parte de su vida, a saber, su trabajo científico, de su compromiso último. De hecho, esta es una negación de una de las tesis fundamentales de la Reforma: la tesis de que toda la vida del hombre está bajo la dominación (objetivamente hablando) de Dios y su Palabra, o bajo la dominación (subjetivamente hablando) de su fe o su incredulidad (o del Espíritu o de la carne). Tales pensadores se colocan fuera de la tradición reformacional al suponer que debe haber algún terreno neutral —la ciencia tal vez, o algún otro dominio, como las artes o la economía nacional— donde Dios y su Palabra no tienen nada que decir.

Motivo básico y dogmatismo

En nuestro enfoque de la teología sistemática, la noción de un motivo básico preteórico, bíblico, trascendente religioso juega un papel esencial, como ya habrás comprendido. Lo mismo es cierto para la visión cristiana de la realidad y el conocimiento, arraigada en este motivo básico. A lo largo de estas líneas, la filosofía cristiana radical hace una clara distinción entre las siguientes dos cuestiones:

(a) La verdad *a priori* (es decir, que precede no sólo a todo pensamiento teórico, sino incluso a toda fe), suprarracional de Dios, encarnada en la revelación de la Palabra divina. Esta verdad se concede al corazón del creyente por el poder del Espíritu Santo , y actúa allí como un motivo básico trascendente religioso. Aunque cada formulación (racional) o resumen del significado de esta verdad es defectuoso humanamente, ideas como la creación y preservación, la caída en pecado, la redención a través de la obra de expiación de Cristo, la resurrección y glorificación de Cristo, el Reino de Dios y el fin del mundo en Cristo, ciertamente forman una parte esencial de ello.

(b) Las teorías lógicas-racionales-analíticas *a posteriori* (es decir, que siguen a la fe), producidas por la reflexión teológica sobre las ideas que acabo de mencionar y muchas otras. Cada una de estas ideas puede y debe convertirse en el objeto de reflexión teológica teórica y, como tal, esperamos que produzca teorías teológicas útiles, pero en cualquier caso defectuosas humanamente. Sin embargo, la verdad suprarracional, suprateórica de Dios no se ve afectada en lo más mínimo por tal razonamiento teórico defectuoso.

La distinción anterior plantea un enorme desafío que no debe pasarse por alto. El problema es que, por un lado, no deseamos arriesgarnos a terminar en el misticismo y el irracionalismo. Es decir, no queremos evitar todos los riesgos y trampas en la teología al recurrir una y otra vez a nuestro compromiso último. No debemos apelar prematuramente a "misterios impenetrables" sólo para cubrir el hecho de que simplemente somos demasiado perezosos para hacer un trabajo teológico arduo. Por otro lado, no deseamos caer en el peligro del racionalismo, el cientificismo o el positivismo, el cual cree que es posible encerrar toda la verdad de Dios en dogmas y teorías teológicas, ignorando o negando la dimensión suprarracional, trascendente en esta verdad.

¡Éste es un dilema complicado! Por un lado, si enfatizamos demasiado nuestro compromiso último preteórico, suprarracional (y especialmente si lo hacemos sin siquiera preocuparnos por explicarlo racionalmente), las personas pueden acusarnos de cosas como biblicismo, misticismo, irracionalismo, dogmatismo, fideísmo u oscurantismo. En resumen, nuestros oponentes nos acusarán de escondernos detrás de nuestro compromiso último que, en su opinión, vuelve no científico nuestro propio trabajo. Por otro lado, si ocultamos la importancia de nuestro compromiso último suprarracional y enfatizamos la racionalidad de nuestro trabajo teológico, otras personas pueden acusarnos de cosas como racionalismo, positivismo, inmanentismo, cientificismo o liberalismo.

Primero, debemos señalar que los racionalistas tienen la costumbre de llamar "irracional" o "irracionalista" a toda postura que intenta trascender las limitaciones de nuestra racionalidad. La razón de esto es que muchos pensadores distinguen sólo entre racional (lógico) e irracional (ilógico). No son conscientes de, o no aceptan, ideas como lo suprarracional; es decir, aquello que no es ni no racional ni irracional, sino que trasciende el mundo inmanente al que pertenecen lo racional y lo irracional. La función lógica es sólo una de las muchas funciones modales inmanentes que surgen del corazón, mientras que lo supralógico pertenece al dominio existencial y trascendente del corazón mismo. Como he dicho antes, lo irracional implica desobediencia a la dimensión legal de la modalidad lógica, mientras que lo suprarracional trasciende todo lo que es no racional, racional o irracional.

Retirada en el compromiso

En 1962, el filósofo americano William W. Bartley III (1934-1990) escribió un libro titulado *La retirada hacia el compromiso*. En esta obra nos advierte correctamente sobre el peligro de huir hacia la segura fortaleza de nuestra fe suprarracional sólo para hacernos inmunes a la crítica. Bartley se refiere a lo que las personas aceptan como un cuerpo de "verdades inatacables" consideradas esenciales. Estas verdades a menudo se resumen en una "confesión", una colección que, para sus adherentes, es no negociable. De manera similar, el teólogo alemán Wolfhart Pannenberg (nacido en 1928) se refiere al peligro de una "teología gueto", que tiene sólo significado esotérico —un significado sólo para los iniciados— pero que no merece el nombre de ciencia. El teólogo alemán Gerhard Sauter (nacido en 1935) habla del peligro de una "teología de punto de vista" autoritaria, que se abstiene de argumentar, ya sea porque no tiene buenos argumentos, o porque siente que está demasiado por encima para rebajarse a esto.

El teólogo sudafricanoamericano Wentzel van Huyssteen (nacido en 1942) sostiene que toda forma de exclusivismo dogmático no sólo es poco realista e irresponsable, sino que se basa en una ceguera intencionada respecto a la presencia y actividad de Dios en formas para las cuales la teología tradicional a menudo no nos ha preparado. Para usar una imagen bíblica, los cristianos dogmáticos acampan en una cierta ubicación teológica porque en algún momento del pasado la columna de nube se asentó allí. No pueden imaginar que un día la nube podría levantarse y asentarse en algún otro lugar (cf. Números 9:15-23). Y así permanecen acampados en su oasis mientras el resto del pueblo de Dios avanza.

Argumento principal del dogmatismo es siempre, "¿Quiénes somos nosotros para pensar que sabemos más que los grandes hombres de Dios del pasado?" Olvidan que estos grandes hombres nunca argumentaron de esta manera, y esa fue una razón por la cual fueron grandes. Imaginen lo que podría haber sucedido si Tomás de Aquino hubiera pensado: "¿Quién soy yo para saber más que Agustín?". O si Martín Lutero hubiera pensado: "¿Quién soy yo para saber más que Tomás de Aquino?". O si Friedrich Schleiermacher hubiera pensado: "¿Quién soy yo para saber más que Martín Lutero?". O si Karl Barth hubiera pensado: "¿Quién soy yo para saber más que Friedrich Schleiermacher?". O si Wolfhart Pannenberg hubiera pensado: "¿Quién soy yo para saber más que Karl Barth?". Si estos hombres hubieran argumentado de esta manera, la teología no habría progresado mucho. Además, el punto no es tanto que estos hombres "sabían más" que sus predecesores. Más bien, es que vivieron en tiempos y culturas diferentes, con desafíos diferentes, que exigían respuestas diferentes, o las mismas respuestas reformuladas de diferentes maneras.

Una vez compré un libro de teología de segunda mano de un grupo de personas bastante conservadoras. Al principio del libro, leí este versículo: "nadie después de beber vino viejo desea vino nuevo, porque dice: 'El viejo es bueno' " (Lucas 5:39). Estoy seguro de que el autor o el editor querían expresar la idea de que las ideas teológicas más antiguas son mejores que las más nuevas ("modernas"). Aparentemente, no se dieron cuenta de que Jesús significaba esta expresión en un sentido negativo; él estaba condenando, de hecho, la actitud de los escribas y fariseos, quienes, aferrándose obstinadamente a sus antiguas opiniones, se negaron a abrirse a cualquier nueva luz del Espíritu.

Al reaccionar ante esta o cualquier actitud dogmática, debemos hacer dos distinciones bastante importantes. Una es la distinción entre, por un lado, nuestro motivo básico "suprarracional" y, por otro lado, nuestras creencias racionales, incluso las más preciadas, que siempre deben permanecer abiertas a la crítica. La otra distinción es la que se refiere a nuestras creencias y a la forma en que las formulamos. Ninguna de las formulaciones de nuestras creencias, por más firmemente ancladas que estén en nuestra tradición confesional, está más allá de la crítica. Esto es aún más cierto para nuestras teorías teológicas. Nunca pueden ser la última palabra sobre ningún tema, no importa cuán exaltado sea un teólogo en cierta denominación eclesiástica.

Me doy cuenta de que muchas personas laicas se asustan cuando alguien intenta sacudir algunas de sus firmes creencias, particularmente cuando esta persona presenta argumentos contundentes. Pero al menos los teólogos profesionales no deberían tener miedo de esto. Por el contrario, deberían disfrutarlo porque es parte del "juego" teológico. "El hierro afila al hierro, y un hombre afila a otro", dice Proverbios 27:17. No hay nada de malo en eso. El dogmatismo es una de las cosas que están prohibidas a un teólogo académico. Nunca debería tener miedo de argumentos sólidos (a menos, por supuesto, que sienta que su reputación académica está en juego). Y no se sentirá tan amenazado si se da cuenta de que, aunque los argumentos racionales pueden sacudir su paradigma teológico, no pueden sacudir tan fácilmente las convicciones más profundas (suprarracionales, existenciales, trascendentes) de su corazón.

Diversos puntos de vista

Reitero que nuestro motivo básico suprarracional está, de hecho, más allá de la crítica, no porque deseemos que así sea dogmáticamente, sino porque simplemente no podría ser de otra manera. ¿Sobre qué "motivo básico más profundo" podemos criticar nuestro propio motivo básico? Es nuestro motivo básico el que juzga todas nuestras creencias y teorías, no al revés. No puede ser criticado por la misma razón de que precede a toda crítica. Pero, por favor, ten en cuenta que esto no nos libera de la obligación de *rendir cuentas racionalmente* por este motivo básico lo mejor que podamos. Intenta formularlo y haz lo mejor que puedas para decirnos qué implica. Sabemos que tus formulaciones siempre serán defectuosas humanamente, pero esto siempre es mejor que no formular nada. En el último caso, podrías terminar en algún tipo de misticismo esotérico, donde quizás serías entendido por un grupo de iniciados, pero no por nadie más.

Sin embargo, lo opuesto también es cierto. En todas las discusiones sobre tus creencias cristianas, siempre es posible que llegues a un punto donde no tengas más argumentos, y debas decir (como se supone que hizo Martín Lutero en 1521): "Aquí estoy, no puedo hacer otra cosa". Esta es una "retirada en el compromiso", pero esta vez no puedes evitarlo. Los cimientos del evangelio están en juego y, aunque no tengas más argumentos, debes mantener tu posición. En tal caso, hablas en *statu confessionis*; es decir, como un firme confesor de tu fe. Y aun así, como testigo de la verdad, no tienes que aceptar el reproche del irracionalismo. Dices con el apóstol Pablo: "No estoy loco... sino que hablo palabras verdaderas y racionales" (Hechos 26:25) aunque, en este caso particular, la intención de Pablo no era tanto *probar* algo como dar su testimonio personal.

En principio, es posible criticar el motivo básico de alguien, por supuesto. ¿De qué otra manera podríamos marcar ciertos motivos fundamentales como apostáticos? Pero si comienzas a cuestionar tu propio motivo básico, al final puedes arrojarlo por la borda y adoptar otro. ¿Te das cuenta, sin embargo, de lo drástico que sería hacer esto? Un reemplazo de este tipo tiene el carácter de una verdadera conversión existencial (o, si lo prefieres, un *cambio de paradigma*) de alguna otra religión o ideología al cristianismo, pero posiblemente también de cristianismo a alguna otra religión o ideología, o de catolicismo a protestantismo y viceversa. Tales conversiones han ocurrido muchas veces.

Podemos entender por qué la idea de lo suprarracional —como quiera que se le llame— ha encontrado a menudo

críticas severas. William W. Bartley estaba entre los muchos
que abogaron por una racionalidad exhaustiva y consistente.
Argumentó que el compromiso con tal racionalidad es más
racional que otros puntos de partida más "ideológicos". Sin
embargo, éste es un argumento circular. Ha sido señalado
por varios filósofos, Karl R. Popper entre ellos, que tal racionalismo no puede ser *él mismo* defendido racionalmente
porque eso sería incurrir en una petición de principio. En
última instancia, la elección por la racionalidad no puede
ser justificada racionalmente. Esto es lo que Michael Polanyi
llamó el enraizamiento de fe de toda racionalidad. Después
de todo, la visión de Bartley —su elección por la racionalidad
y su negación de lo suprarracional— también está arraigada
en un compromiso último. Como dijo Wentzel van Huyssteen, Bartley estaba comprometido con el no compromiso.
De esta manera, Bartley se volvió culpable del mismo tipo
de "retirada en el compromiso" por la que culpó a otros. Los
propios argumentos de Bartley simplemente demuestran que
un compromiso último es ineludible, incluso si es "sólo" un
compromiso con el no compromiso.

Van Huyssteen mismo no es lo suficientemente preciso en
su refutación, sin embargo, porque no distingue (a) entre fe
(nuestra *fides qua* suprarracional) y (b) creencias (racionales),
(b) entre creencias preteóricas y teorías teológicas, o (c) entre, primero, nuestro compromiso prerracional, preteórico;
segundo, nuestra cosmovisión racional preteórica; y tercero,
nuestro paradigma teórico racional. Lo que le falta, como es
el caso de tantos filósofos y teólogos, es una visión filosófica
cristiana radical subyacente de la realidad y el conocimiento.
Como consecuencia, nuestro conocimiento cotidiano co-

mún se teoriza, y lo suprarracional no se reconoce, o bien se confunde con lo irracional.

Motivos básicos y mezclas

Como he argumentado antes, básicamente hay sólo dos tipos de motivos básicos en el sentido verdaderamente trascendente religioso de la palabra: el *anastático* y el *apostático*. Tales motivos fundamentales son actitudes existenciales del corazón trascendente religioso del hombre. Se expresan en ciertos contenidos de pensamiento inmanente, que el teólogo y filósofo holandés Andree Troost (1916-2008) atribuyó a lo que él llamó el *ethos*. Todo trabajo científico, llevado a cabo dentro de un cierto paradigma, requiere tal motivo básico, como he argumentado anteriormente en gran detalle.

Cuando se trata de estos "contenidos de pensamiento inmanente" de los que habló Troost, podemos distinguir entre los siguientes esquemas "paganos":

(a) En la *antigüedad griega*: el dualismo de materia y forma (que se manifiesta, por ejemplo, en la supuesta dualidad de la sustancia del cuerpo y la sustancia del alma).

(b) En el *humanismo renacentista y de la Ilustración*: el motivo básico de naturaleza y libertad; es decir, por un lado, el ideal de la ciencia con sus leyes naturales fijas, y, por otro lado, el ideal de la personalidad "libre" (autónoma), que no está sujeta a leyes naturales.

Rara vez pudo trabajar el motivo básico anastático en una forma casi pura; tal vez lo hizo en la iglesia primitiva y en la época de los Reformadores, o durante otros grandes avivamientos y renacimientos —que fueron "destellos de luz". En la práctica, desafortunadamente, el motivo básico anastático fue, y es, fácilmente contaminado por los esquemas paganos de varias épocas anteriores:

(c) El dualismo *escolástico* de naturaleza y gracia se basó en tal mezcla del motivo básico anastático y el dualismo griego materia-forma. El gran padre de la iglesia Agustín (354-430 d.C.), así como el gran filósofo griego Aristóteles (384-322 a.C.), inspiraron este tipo de pensamiento, no sólo en la iglesia católica romana medieval, sino también en las primeras iglesias protestantes. Aristóteles fue la autoridad para el dominio de la naturaleza, Agustín para el dominio de la gracia.

(d) Desde la época de la Ilustración en los siglos XVII y XVIII, muchos pensadores cristianos mezclaron elementos humanísticos en su pensamiento cristiano: tanto el racionalismo como el irracionalismo, el idealismo alemán, el cientificismo, el historicismo, tanto el positivismo como el neopositivismo, la filosofía del proceso, el existencialismo, el neomarxismo, la filosofía lingüística, la fenomenología, el postmodernismo, el deconstruccionismo y muchos otros.

Para dar algunos ejemplos: la teología dialéctica (adoptada por Karl Barth, Friedrich Gogarten y Emil Brunner) fue influenciada por los (pre)existencialistas, especialmente Søren Kierkegaard y Karl Jaspers. La teología atea de Thomas J. J. Altizer y Harvey Cox fue influenciada por el positivismo de Auguste Comte y el neopositivismo del Círculo de Viena (en alemán: *Wiener Kreis*). La teología de la esperanza de Jürgen Moltmann fue influenciada por el neomarxista Ernst Bloch. La teología de Wolfhart Pannenberg fue influenciada por el historicismo de Ernst Troeltsch y Wilhelm Dilthey. Lo que hoy se conoce como teología de proceso fue influenciada por la filosofía de proceso de Alfred N. Whitehead. La teología de la desmitologización de Rudolf Bultmann fue influenciada por *El ser y el tiempo* de Martin Heidegger. ¿Y qué hubieran sido Friedrich Schleiermacher, Albrecht Ritschl y Ernst Troeltsch sin el filósofo alemán Immanuel Kant?

Las formas más recientes de teología existencial fueron influenciadas por el filósofo del siglo XX Heidegger. La teología de la liberación fue influenciada por la Escuela neomarxista de Frankfurt. La nueva forma de teología irracionalista fue influenciada no sólo por el historicismo y el relativismo de Thomas Kuhn, sino más particularmente por el postmodernismo de Jean-François Lyotard y el deconstruccionismo de Jacques Derrida. El nuevo énfasis en la hermenéutica filosófica y el supuesto carácter metafórico de todo lenguaje (incluido el lenguaje de la teología) está estrechamente relacionado con la filosofía lingüística antilógica del Wittgenstein tardío. La dogmática de Hendrikus Berkhof está arraigada en un análisis fenomenológico de la idea de religión de Edmund Husserl, etcétera. ¿Y qué habría sido la teología luterana (alemana) actual sin Wilhelm Dilthey, Edmund Husserl, Oswald Spengler, Ernst Bloch, Franz Rosenzweig, Martín Heidegger, Karl Jaspers y Martin Buber?

Que nadie piense que la teología fundamentalista moderna puede escapar de esta lista debido a su supuesto carácter "bíblico". En mi opinión, muchas de sus afirmaciones son inconcebibles sin el positivismo y el antiguo racionalismo que caracterizó a la teología protestante ortodoxa casi desde su comienzo. Basta con escuchar la vehemencia con la que algunos fundamentalistas acusan a sus oponentes de todo tipo de "ismos", mientras ellos mismos, de una manera verdaderamente positivista, aparentemente se apegan a los "hechos sólidos" de la Biblia. ¡Como si tales "hechos objetivos" pudieran existir alguna vez! Los hechos son siempre hechos-para-las-personas. Lo que consideramos hechos depende de nuestro marco de pensamiento.

En sentido estricto, por supuesto, no existe tal cosa como una teología sistemática puramente bíblica en el sentido absoluto de la palabra, existiendo como una nube intemporal flotando en el aire. Incluso el teólogo más "ortodoxo" o "bíblico" (normalmente autodesignado para su tarea) siempre es un hijo de su tiempo, incrustado en su propia cultura, y así —a menudo inconscientemente— expuesto a todo tipo de influencias en su pensamiento. La única manera en que se podría liberar a la teología sistemática de estas fallas sería perseguir rigurosamente tales influencias culturales y de otro tipo, desenmascararlas y eliminarlas. Pero aun así, no importa cuán exitoso sea uno, la teología sistemática siempre seguirá siendo un trabajo provisional, humanamente defectuoso.

Sin miniconfesión, sin miniteología

Es importante siempre tener en cuenta la distinción entre un motivo básico y las creencias de las personas. Un motivo básico nunca es una especie de miniconfesión en la que se "resume" el contenido de las Escrituras. Recuerda que un motivo básico es una fuerza impulsora trascendente suprarracional del corazón, puesta en operación por el Espíritu Santo o el espíritu de las tinieblas, mientras que una confesión es una formulación de creencias racional inmanente, que necesariamente es defectuosa humanamente. Además, una confesión como tal no nos dice nada sobre la actitud del corazón del confesor, y esto es precisamente lo que importa en un motivo básico. Una verdadera comunidad ecuménica de cristianos se construye sobre tal motivo básico común, pero *no* necesariamente sobre una confesión común, como, por ejemplo, el Credo de los Apóstoles, no importa cuán útil y poderoso pueda ser. Puedes *confesar* que Jesús es Señor, y puedes significarlo racionalmente, puedes "demostrarlo" a partir de las Escrituras, y sin embargo, "nadie puede llamar a Jesús Señor, sino por el Espíritu Santo " (1 Cor. 12:3). Lo que dices como confesor es veraz, pero ¿también hablas la Verdad? Sin la guía del Espíritu Santo , incluso la mejor confesión no ayudará a tal comunidad (cf. capítulo 5).

Un motivo básico (ya sea anastático o apostático) no puede, con aún menos justificación que una miniconfesión, considerarse una miniteología, de la cual se podría "desarrollar" o "deducir" una teología completa. Primero, no puedo repetir con suficiente frecuencia que las teorías teológicas no son de ninguna manera "deducidas" de creencias cristianas, sino que están *diseñadas para dar cuenta de estas creencias*. En segundo lugar, un motivo básico no es teología en absoluto, ni es conocimiento teórico, conocimiento preteórico, creencia racional o creencia prerracional. Es nuestra última *certidumbre inatacable* existencial, trascendente, suprarracional, que no puede ser verificada contra nada más, de lo contrario no sería nuestro compromiso último. Es esta certidumbre del corazón la que subyace, dirige, gobierna y domina todas nuestras creencias, todo nuestro conocimiento y toda nuestra teología.

No podemos poner este motivo básico bajo nuestro control porque este motivo básico *mismo* tiene bajo su control todas *nuestras* creencias y teorías teológicas; al mismo tiempo, trasciende todas nuestras formulaciones, creencias y teorías. Por ejemplo, es un sinsentido hablar de un motivo básico

"ortodoxo". La palabra "ortodoxo" se refiere a nuestras creencias racionales, medidas de acuerdo con lo que los cristianos
siempre han creído. Uno puede ser ortodoxo (literalmente,
recto en cuestiones doctrinales) y, sin embargo, estar bajo la
influencia de un motivo básico mezclado. Por el contrario,
uno puede estar bajo el control del motivo básico bíblico
(un estado instintivamente reconocido en frases como "su
corazón está en el lugar correcto"), pero a través de la ignorancia y la educación defectuosa, podría al mismo tiempo ser
menos que ortodoxo.

Herman Dooyeweerd vio un paralelo entre el motivo básico bíblico y lo que Jesús llamó la "llave del conocimiento"
(Lucas 11:52). Ésta es la clave que los escribas y fariseos no
poseían, a pesar de que eran los más inteligentes eruditos
bíblicos de su tiempo. Creían todo lo que las Escrituras decían, pero no poseían la "clave" necesaria para entenderlas
realmente. Por lo tanto, Jesús les reprendió con las palabras:
"erráis, ignorando las Escrituras y el poder de Dios" (Mateo
22:29). Este es el poder del Espíritu Santo , solamente el
cual guía a toda verdad (Juan 16:13). Nicodemo era "el maestro de Israel"; sin embargo, ni siquiera entendió una verdad
tan básica como la del nuevo nacimiento como condición
para entrar en el Reino de Dios (Juan 3:1-10; cf. Ezequiel
36:25-27).

Debo enfatizar nuevamente que un motivo básico no está
abierto a discusión porque cualquier discusión sólo es posible *a través* de este motivo básico. Es aquello que precede y
subyace a cualquier discusión racional. Ninguna discusión
puede usarse para juzgar nuestro motivo básico porque es
este motivo básico el que juzga todas nuestras discusiones. No
podemos verificarlo teológicamente porque él verifica nues-

tras creencias y teorías. No puede ser interpretado porque nos interpreta. Es la única base verdaderamente ecuménica de la Iglesia, que en su manifestación institucional inmanente está desesperadamente dividida, mientras que en Cristo su unidad siempre se conserva a nivel trascendente. Y en este sentido al menos, podemos decir que la oración de Jesús —"para que todos sean uno" (Juan 17:21, 23)— fue definitivamente concedida por el Padre.

Por último, pero no menos importante, debo subrayar nuevamente que los motivos básicos *deben* ser objeto de reflexión teológica y filosófica. De lo contrario, nunca podríamos llegar a una teoría filosófica de los motivos religiosos básicos. Al mismo tiempo, nos damos cuenta de que esta reflexión teológica y filosófica, y cualquier teoría filosófica de los motivos básicos religiosos, está siempre *a priori* guiada y gobernada por nuestro propio motivo básico (anastático o apostático). Como he dicho antes, nunca podemos escapar de este círculo hermenéutico.

CAPÍTULO IX

PARADIGMAS EN LA TEOLOGÍA

A la luz de nuestra discusión sobre los motivos religiosos básicos (véase el capítulo 8), ahora podemos intentar distinguir varios paradigmas de la teología sistemática en la tradición cristiana. Uso esta palabra "tradición" a propósito. Las ideas de Thomas Kuhn y otros implican que la tradición es, de hecho, la principal fuente para el origen de los paradigmas, no sólo en la teología, sino en todas las ciencias. Todos los modelos de pensamiento en las ciencias (incluida la teología) encuentran su origen en alguna tradición de pensamiento. ¡Somos menos innovadores de lo que podemos pensar!

Dos ejemplos en la literatura

Mucho antes de Kuhn, el conocido teólogo y filósofo germanofrancés Albert Schweitzer (1875-1965) ya distinguía en su *Geschichte der Leben-Jesu-Forschung* (*Investigación sobre la historia de la vida de Jesús.*) ciertas fases, cada una con sus alternativas inherentes:

(a) David Friedrich Strauss (1808-1874): Abogaba por un enfoque puramente histórico y "científico" sobre la vida de Jesús, en oposición a un enfoque puramente sobrenatural y de fe.

(b) La escuela de Tübingen, así como el teólogo alemán Oskar Holtzmann (1859-1934): Colocaban los evangelios sinópticos, más históricos, por encima del evangelio más místico de Juan.

(c) La propia época de Schweitzer: Abogaba por un enfoque llamado escatológico, en oposición a uno no escatológico.

No explicaré más estas fases. Las menciono aquí sólo para indicar que distinguir fases en la historia de la teología no era un fenómeno nuevo.

A través de un análisis cuidadoso, el teólogo católico romano suizo Hans Küng (nacido en 1928) ha demostrado que el concepto de paradigma, que fue desarrollado por primera vez para las ciencias naturales, es completamente aplicable a la teología:

(a) Al igual que en las ciencias naturales, encontramos en la historia de la teología períodos frecuentes de "ciencia normal", caracterizados por un crecimiento acumulativo del conocimiento, la resolución de "rompecabezas" restantes y una resistencia a todo lo que pudiera amenazar el paradigma dominante.

(b) Al igual que en las ciencias naturales, la consciencia de una creciente crisis es el punto de partida en teología para un cambio en los axiomas dominantes, y, en última instancia, para el desarrollo de un nuevo paradigma.

(c) Al igual que en las ciencias naturales, en teología se renuncia a un paradigma anterior sólo cuando uno nuevo se ha vuelto disponible.

(d) Al igual que en las ciencias naturales, encontramos en teología que, durante el reemplazo de un paradigma, no sólo factores racionales científicos, sino también factores no científicos juegan un papel, de modo que este reemplazo tiene el carácter de una *conversión* genuina.

(e) Al igual que en las ciencias naturales, es muy difícil en teología predecir si un nuevo paradigma será absorbido por el anterior, si reemplazará al anterior o si será almacenado en los archivos por un tiempo. Si es aceptado, lo que comenzó como una innovación eventualmente se estabilizará en una nueva tradición.

Volviendo a los motivos religiosos básicos, nos damos cuenta de que, en su forma pura, los motivos básicos de la antigüedad griega y el humanismo apenas podrían dar lugar por sí sólos a paradigmas para la teología porque no podían evitar mezclarse con el motivo básico cristiano. Los paradigmas en la teología sistemática que no son puramente bíblicos —en la medida en que algún paradigma puramente bíblico pudiera existir— son necesariamente mezclas del motivo básico bíblico con uno de los motivos básicos puramente seculares.

En este contexto debemos recordar, sin embargo, que los humanistas modernos no son paganos en el sentido estricto de la palabra, ya que los paganos no conocen la revelación especial de Dios. En el sentido histórico del término, los humanistas modernos son cristianos apóstatas, o (física o espiritualmente) descendientes de cristianos apóstatas. (Es importante no confundir a los humanistas modernos con los humanistas del siglo XVI. ¡En ese tiempo, todos eran cristianos, y el término "humanismo" se refería a un interés especial en la antigüedad! Por ejemplo, a Felipe Melanchthon se le llamó un humanista alemán, y a Juan Calvino un humanista francés).

Tres paradigmas generales

A la luz de las mezclas mencionadas, ahora podemos distinguir tres paradigmas:

1. El paradigma *escolástico*, basado en la combinación dualista de los motivos básicos de la antigüedad griega y el cris-

tianismo. Este es el paradigma para la teología sistemática del catolicismo romano conservador. Está dominado por el tomismo, el sistema de pensamiento de Tomás de Aquino (1225-1274), que es la filosofía y teología normativa de la Iglesia Católica Romana, reintroducida en 1879 por el Papa León XIII. Se diferencia de los paradigmas posteriores particularmente en dos aspectos:

(a) Lee la Biblia a través de las "lentes" del pensamiento aristotélico (es decir, pagano antiguo), de modo que tanto los conceptos paganos como los contenidos del pensamiento han impregnado su teología. Por ejemplo, la doctrina de la transubstanciación (el pan y el vino transformándose en el cuerpo y la sangre de Cristo) sería inconcebible sin la distinción aristotélica entre *substantia* y *accidentia* (la sustancia del pan y el vino se transforma, pero no los accidentes).

(b) De hecho, el paradigma escolástico no se basa principalmente en las Escrituras, sino en la "Tradición Sagrada". Además de Aristóteles, la iglesia consideraba autoritativos a los padres de la iglesia (especialmente a Agustín) y, particularmente, a los dogmas conciliares y los decretos doctrinales papales.

Este paradigma también tuvo un poderoso efecto en la teología protestante temprana, tanto entre los luteranos (Martin Chemnitz, Johann Gerhard, Johannes A. Quenstedt, David Hollaz, entre otros) como entre los teólogos reformados (Teodoro de Beza, Amandus Polanus, William Perkins, Francisco Gomarus, Gisbert Voetius, entre otros). Los decretos sinodales, siendo los cánones de Dort el ejemplo más conocido, ocuparon aquí, *de facto* y *de iure*, el mismo lugar que los decretos doctrinales papales.

2. El paradigma *cientificista*, basado en la combinación dualista de los motivos básicos cristianos y humanísticos. Este es el paradigma de la teología sistemática para la teología liberal o modernista, marcado especialmente por los resultados de la llamada "crítica bíblica superior" o el "método histórico crítico". Los productos de una ciencia que se considera neutral y objetiva, pero que en realidad es racionalista positivista, dominan la visión de las Escrituras. Se retienen ideas típicas del motivo básico bíblico, como la creación, la caída, la redención, el Reino de Dios, el fin del mundo, etcétera, pero se transforman de acuerdo con las demandas de los ideales del motivo básico humanista: los del hombre autónomo y de una realidad manejable.

A priori, este motivo básico no permite la idea básica de las Escrituras como Palabra infalible e inspirada de Dios. Según este tipo de pensamiento, esta idea fundamental no puede ser el resultado de una investigación científica. Por el contrario, debido al error de una ciencia neutral, objetiva y sin prejuicios, este paradigma busca, con la ayuda de una investigación "científica moderna", probar lo contrario: que las Escrituras no son de hecho la Palabra infalible e inspirada de Dios.

3. El paradigma *evangélico*, o como gustes llamarlo. No me importa mucho el nombre, mientras sepamos lo que significa: el paradigma teológico sistemático de esa teología tradicional que se basa en el Credo Apostólico y el Credo Niceno, y que por lo tanto llamamos *ortodoxa*, sin discutir detalles. Negativamente hablando, es un paradigma que ha escapado en gran medida a los efectos de los paradigmas escolásticos y humanistas. Aunque esta es una declaración negativa, es crucial, porque mucho de lo que se llama "teología ortodoxa"

está de hecho fuertemente afectado por el escolasticismo tradicional y, a veces, también por el paradigma humanista. He aquí algunas características más positivas:

(a) Llamo "evangélicos" en un sentido amplio a aquellos teólogos que son fundamentalmente fieles a la comprensión de la Biblia sobre sí misma; es decir, que creen de las Escrituras lo que ellas testifican sobre sí mismas; a saber, que son la Palabra inspirada de Dios (cf. 2 Tim. 3:16), no sólo la palabra de hombres (cf. 1 Tes. 2:13, aunque este versículo se refiere a la predicación). Por lo tanto, su punto de partida no es el "moderno" (autónomo, humanista, antropocéntrico), sino uno que es estrictamente teonómico, teocéntrico y cristocéntrico (es decir, se encuentra bajo la ley de Dios, colocando a Dios y a Cristo en el centro).

(b) Llamo "evangélicos" en un sentido amplio a aquellos teólogos que buscan, como cuestión de principio, ser guiados por el contenido de las Escrituras, no por contenidos de pensamiento extrabíblicos, sean escolásticos o humanistas. *Scriptura Sacra sui ipsius interpres*, "la Escritura Sagrada es su propio intérprete", como dijo Tomás de Aquino hace mucho tiempo (cf. 2 Pedro 1:20, "ninguna profecía de las Escrituras proviene de la propia interpretación de nadie"). Estos teólogos no estudian las Escrituras y la fe cristiana desde perspectivas que le son ajenas, sino que se esfuerzan por comprenderlas desde su propio centro, sin forzarlas a conformarse con un sistema científico que les es impuesto desde el exterior.

¿Es realista suponer que tal teología realmente existe, ya no digamos que *puede* existir? La visión de la ciencia de la teología cientificista se basa en una larga tradición racionalista en la civilización occidental. Como consecuencia, la teología cientificista una y otra vez impone conscientemente sobre la fe cristiana una visión secular de la realidad y el conocimiento que le es ajena, contaminando así la fe cristiana. Sin embargo, los teólogos que quieren permanecer fieles a las Escrituras a menudo hacen lo mismo, no porque apliquen deliberadamente presuposiciones ajenas, sino porque apenas son conscientes de sus propias presuposiciones en primer lugar. En consecuencia, a menudo adoptan una cosmovisión que es escolástica, biblicista o secular, o una mezcla ecléctica de elementos de los tres. Pero los "pecados" "involuntarios" (cf. Lev. 4) siguen siendo pecados.

Ahora puedo ampliar un poco mi definición de una teología cristiana ideal. Esta teología no sólo es fiel a la autocomprensión de las Escrituras, sino que también es capaz de *dar cuenta críticamente* de esta fidelidad sobre la base de presuposiciones filosóficas que están alineadas con las Escrituras (véase mi *Sabiduría para los pensadores*). La apostasía espiritual puede manifestarse no sólo en la teología cientificista, sino también en la teología evangélica en la medida en que esta última suele ser una fortaleza abierta, con poca resistencia *teóricamente fundamentada* a todo tipo de escuelas filosóficas (Andree Troost). Por lo tanto, una teología sistemática verdaderamente evangélica sólo puede ser diseñada y mantenida sobre la base de una visión teórica filosófica coherente de la realidad y el conocimiento, enraizada en el mismo motivo básico bíblico que esta teología misma. Esta última frase significa que debe basarse en las Escrituras aceptadas de acuerdo con su propia autocomprensión como la Palabra divina y autoritativa de Dios.

Ortodoxismo

Como dije antes, el paradigma *cientificista* en teología se basa en la combinación dualista de los motivos básicos cristianos y humanistas. Es el motivo básico de la teología modernista o liberal. Su visión de las Escrituras está dominada por una ciencia racionalista positivista, aunque pueda poner *énfasis*, por ejemplo, en el sentimiento religioso (Friedrich Schleiermacher), la revelación y el kerygma (Karl Barth), la existencia humana (Rudolf Bultmann) o la esperanza (Jürgen Moltmann). Estos diversos énfasis apuntan a varias escuelas dentro del paradigma cientificista.

Por supuesto, en la Escuela A el motivo básico humanista puede estar funcionando de manera mucho más intensa que en la Escuela B. De hecho, hay incluso una transición gradual de escuelas más evangélicas a escuelas más cientificistas. En otras palabras, a veces puede haber más cientificismo en la teología evangélica de lo que podríamos esperar, y más fe genuinamente evangélica en la teología cientificista de lo que podríamos esperar. Después de un período precrítico y un período (histórico) crítico, podemos distinguir un paradigma postcrítico, en el que hay más espacio para el enfoque evangélico, pero con la esperanza de que este último nunca retroceda al período precrítico. Es decir, lo que esperamos es un enfoque que haya absorbido las lecciones correctas del período histórico crítico.

Para ser más específicos: dentro de la teología cientificista veo las siguientes fases, que son tan claramente distintas que las transiciones entre ellas nos recuerdan definitivamente a las revoluciones científicas descritas por Thomas Kuhn. No discutiremos sobre la terminología, sino que simplemente intentaremos distinguir algunas de las fases más importantes en la teología cientificista. Veremos que esta es principalmente una historia teológica del mundo de habla alemana.

La primera fase en la teología luterana y reformada, que abarca desde la Reforma hasta la Ilustración, fue una mezcla de pensamiento bíblico y escolástico. Es interesante considerar esta fase a la luz de las distinciones hechas por el teólogo reformado suizo Fritz Buri (1907-1995) sin necesariamente estar de acuerdo con todas sus evaluaciones de los diversos tipos de teología que distingue. Buri ve tres posibilidades para la relación entre razón y revelación en la teología: (1) una "teología de la razón" (véase más abajo la discusión sobre el racionalismo de la Ilustración y el sensitivismo), (2) una "teología de la revelación" (véase más abajo la discusión sobre el Kerygmatismo) y (3) una teología que consiste en una síntesis de razón y revelación (véase más arriba la discusión sobre la teología escolástica).

La escolástica en sí ya tenía claramente matices racionalistas, pero en el siglo XVIII apareció un enfoque liberal totalmente nuevo, caracterizado por el racionalismo de la Ilustración de ese tiempo. Mientras que muchos ven un fuerte contraste entre la ortodoxia protestante temprana y el liberalismo de la Ilustración, varios autores han, como ya he dicho, claramente distinguido la continuidad entre los dos debido al racionalismo subyacente. Los teólogos que pasaron de la ortodoxia protestante temprana al liberalismo de la Ilustración tuvieron que hacer cambios importantes en su pensamiento, pero una cosa no cambió: la metodología racionalista de la teología.

El racionalismo de la Ilustración

De hecho, la Ilustración no fue mucho más que el comienzo de la fase final del racionalismo occidental que había existido durante tanto tiempo. Pero ahora la diferencia era que el racionalismo ya no estaba limitado a la élite pensante, ya que la Ilustración popularizó el racionalismo y el cientificismo entre las masas: la ciencia iba a ser el nuevo dios. La noción de una poderosa razón natural como tal no era nada nueva; de hecho, había caracterizado la escolástica desde el principio. Sin embargo, el teólogo alemán Wolfhart Pannenberg (nacido en 1928) tiene razón al hablar de un verdadero *cambio de paradigma* entre la ortodoxia protestante temprana y el liberalismo de la Ilustración. En términos muy simples, la gran diferencia era que el racionalismo protestante temprano había tratado de envolver todas las verdades de la Biblia en sus conceptos racionalistas, excepto los grandes misterios: revelación, inspiración, milagros, el nacimiento virginal, la resurrección, la ascensión, etcétera. El liberalismo de la Ilustración ya no veía razón para detenerse ante estos misterios; ¿por qué erigir una barrera protectora a su alrededor? Como consecuencia, estos misterios también fueron exprimidos en conceptos considerados aceptables ante el tribunal de la razón.

El racionalismo de la Ilustración se caracteriza por un fuerte antisupernaturalismo, es decir, una feroz resistencia a cualquier cosa sobrenatural. Por lo tanto, declaró que la fe en la revelación, la inspiración, los milagros, el nacimiento virginal, la resurrección, la ascensión, etcétera, era obsoleta, porque la mente moderna ya no podía aceptar tales ideas "irracionales" (nuevamente, note la confusión con lo suprarracional). La Ilustración sí tomó en serio el valor moral de las Escrituras, pero no su valor histórico. La razón sola, elevada a un estatus casi divino, se consideraba "infinita", así como Dios es infinito. Este racionalismo se caracterizó en particular por un optimismo ingenuo y poco crítico. ¿No es ingenuo suponer *a priori* que todo lo que existe, dentro o fuera del universo, puede ser comprendido por la razón y puede ser expresado en sus conceptos?

Fue sólo con el gran filósofo alemán Emanuel Kant (1724-1804) y sus sucesores del siglo XIX Johann Gottlieb. Fichte, Friedrich W. J. Schelling y Georg W. F. Hegel que el pensamiento alemán volvió a ser crítico.

Podemos distinguir tres períodos en esta "teología liberal", que pueden ser vistos como separados por revoluciones paradigmáticas (Hans Grass). El primer período se caracterizó por la crítica histórica de David F. Strauss, Ferdinand C. Baur y Wilhelm Vatke. El segundo período estuvo marcado por Albrecht Ritschl, quien a su manera trató de superar la antítesis entre la teología ortodoxa y la liberal (ver más abajo la discusión sobre el Sensitivismo). Otras figuras importantes fueron sus seguidores, Wilhelm Herrmann (más tarde un profesor de Karl Barth) y Adolf von Harnack. Además, debemos mencionar a los defensores de la crítica histórica en la teología del Antiguo y Nuevo Testamento (especialmente a Julius Wellhausen), quienes relegaron la teología sistemática a un segundo plano.

El tercer período se caracterizó por la escuela de la Historia de las Religiones (especialmente Hermann Gunkel), que intentó comprender la fe cristiana mediante comparaciones con otras religiones antiguas.

En el siglo XX también hubo importantes representantes del liberalismo, como Rudolf Bultmann y Paul Tillich, aunque Hans Küng los incluye, junto con Karl Barth, en un único grupo postilustrado. Sin embargo, esto simplifica demasiado las cosas; las diferencias entre los teólogos postilustrados son enormes.

Sensitivismo

Después de Immanuel Kant, una fase completamente nueva en la teología comenzó con lo que me gustaría llamar el *sensitivismo* subjetivo romántico del teólogo alemán Friedrich Schleiermacher (1768-1834). Este paradigma tiene su punto de partida en el dualismo kantiano de religión y ciencia, correspondiente a lo que Kant llamó "razón práctica" por un lado y "razón pura (es decir, teórica)" por el otro. Este paradigma se caracteriza por una tendencia a reducir la experiencia religiosa a sensibilidad y sentimiento. La religión se define como el "sentimiento de dependencia absoluta", la consciencia inmediata de algo "incondicional".

Esta concepción enfatizó fuertemente la experiencia religiosa personal sensitiva, el sentimiento, la intuición, la tradición y el misticismo, en oposición a la razón y el pensamiento. El contacto inmediato con lo Infinito, arraigado en el sentimiento, se consideró mucho más importante que todos los dogmas, las Sagradas Escrituras e incluso nuestra creencia en la inmortalidad personal. Schleiermacher veía la vida religiosa personal como más amplia que el pietismo moravo en el que había sido criado, porque incluía todo el ámbito de la vida sociocultural. También la consideró más profunda que la sensibilidad estética intelectual común del Romanticismo, porque esta última carecía de una auténtica dimensión religiosa. La "doctrina de la fe" de Schleiermacher difería de la dogmática tradicional —que él consideraba un conjunto de doctrinas "secas" y objetivas— en que enfatizaba la experiencia personal subjetiva y veía a la persona de Cristo, la comunidad eclesial, el pecado y la redención en términos de conciencia negativa o positiva de Dios.

Además de esto, Schleiermacher quería desarrollar para la teología una sólida base científica, como las que se desarrollaron para las ciencias físicas y las ciencias históricas, para convertirla en una genuina y madura ciencia como las demás. Además, su teología era empírica en el sentido de que descartaba todas las especulaciones escolásticas no saludables y limitaba la teología a lo que se conocía empíricamente a partir de la experiencia religiosa. En estos puntos, permaneció en línea con la teología de la Ilustración. Sin embargo, el énfasis en el enfoque estrictamente empírico también fue útil como argumento contra el deísmo (liberal), que negaba la preocupación de Dios por el mundo: Schleiermacher afirmaba la presencia inmanente de Dios en este mundo y en la experiencia humana, y en este sentido permaneció en línea con la teología tradicional.

Debido a que creó una especie de "mediación" entre la teología tradicional y la liberal, Schleiermacher ha sido descrito como el fundador de la teología moderna. Frente al frío clima racionalista de la teología postilustrada, emprendió una reconstrucción completa de la teología cristiana. Desde Schleiermacher, ninguna teología científica seria puede eludirlo. Según Paul Avis, o lo sigues, como hicieron Albrecht Ritschl, Wilhelm Herrmann y Rudolf Bultmann, o luchas contra él, como hicieron Karl Barth y Emil Brunner, o entras en diálogo con él, como hace Wolfhart Pannenberg, pero no se le puede evitar.

Esta transición del liberalismo de la Ilustración al sensitivismo de Schleiermacher suena exactamente como una revolución científica tal como la definió Thomas Kuhn. Karl Barth aplicó a Schleiermacher algunas palabras que este último había aplicado al rey de Prusia, Federico el Grande: "No fundó una escuela, sino una era". Al mismo tiempo, Barth fue el mayor crítico y oponente de Schleiermacher, tanto que podemos decir de Barth lo que él dijo de Schleiermacher. Con Barth, comenzó un nuevo paradigma teológico, aunque este no *reemplazó* al paradigma schleiermacheriano. (En este aspecto, la teología difiere de otras ciencias especiales, donde los nuevos paradigmas suelen reemplazar a los más antiguos. En teología, los paradigmas más antiguos suelen permanecer, ¡especialmente cuando hay denominaciones eclesiales asociadas a ellos!).

Schleiermacher rompió claramente el poder de la teología liberal de la Ilustración. Al mismo tiempo, su enfoque olía demasiado a liberalismo: no veía las Escrituras *objetivamente* como un registro de intervenciones divinas y una colección de declaraciones divinas, sino *subjetivamente* como un registro de experiencias religiosas humanas. Por lo tanto, no sentía la necesidad de tomar la Biblia en serio en cada detalle. En su visión, la vara de medida para el creyente no es la Biblia, sino su propia experiencia religiosa. Éste es el mismo punto donde, un siglo después, Barth atacó a Schleiermacher al volver al dato *objetivo* de la revelación divina. Para Schleiermacher, la Palabra divina no es la Biblia, sino más bien lo que está dentro de nosotros, los creyentes —o, como él lo llamó, el "Espíritu" en nosotros. Para Barth, la Palabra divina es aquella que nos dirige desde "afuera" —Dios— a través de las Escrituras.

En el transcurso del siglo XIX encontramos estas cuatro corrientes principales: (a) la teología católica romana tradicional (teniendo como punto de partida la *iglesia* y su tradición autoritativa); (b) la teología protestante tradicional (teniendo como punto de partida la *Biblia* como la Palabra de Dios); (c) el liberalismo de la Ilustración (teniendo como punto de partida la *razón* humana); y (d) el sensitivismo de Schleiermacher (teniendo como punto de partida el *sentimiento* religioso humano).

A primera vista, los puntos (c) y (d) parecen ser muy diferentes; al menos, el mismo Schleiermacher pensaba que lo eran. Sin embargo, de hecho, ambas son formas de la teología "subjetiva" de la "conciencia cristiana", en la que es de importancia secundaria si se ubica esto en la conciencia humana, el sentimiento humano o la razón humana. La teología tradicional católica romana, al igual que la protestante, son formas de "teología objetiva" en las que el teólogo encuentra su punto de partida fuera de sí mismo: en la tradición eclesial o en la Biblia.

Los tres teólogos suizos, Karl Barth, Fritz Buri y Hans Küng —los dos primeros reformados y el tercero católico romano— también menospreciaron la diferencia entre el liberalismo de la Ilustración y el sensitivismo de Schleiermacher. Vieron ambos como formas de "dogmática modernista" (Barth), o de "la religión intelectual del tipo neo-protestante (*Verstandsreligion*) en el sentido más amplio" (Buri), o como formas que se alejaron de la ortodoxia protestante (Küng).

Kerygmatismo

Ahora llegamos al *kerygmatismo* o *dialéctica* de Karl Barth (1886-1968). Su teología fue un claro paso atrás hacia la ortodoxia tradicional con su énfasis en la revelación "objetiva" de Dios, y, por lo tanto, en el mensaje inmutable e inatacable (griego: *kerygma*) de Dios, alejándose del pensamiento racionalista y sensitivista. A veces se le llama "neoortodoxia", aunque a Barth no le gustaba ese término.

En la visión de Barth, Dios es el "totalmente Otro", perfectamente trascendente, no identificable directamente con nada en el mundo, ni siquiera con las palabras de las Escrituras. Debido a que la revelación es el encuentro con el "totalmente Otro", no podemos describirla. Lo único que hicieron los autores bíblicos fue describir lo que sintieron después de que esa revelación les llegó. Y nosotros mismos no podemos hacer más que esto cuando la revelación nos llega. Dios no puede ser considerado como evidente, como alguien que simplemente está "ahí", como un "dado" a nuestra disposición, establecido en las palabras de las Escrituras (ortodoxia clásica), o en nuestra conciencia religiosa (Schleiermacher), o en cualquier otro lugar. Dios sólo puede ser encontrado en un verdadero encuentro, en el cual el Dios infinito y eterno se enfrenta a nosotros, que somos criaturas finitas y temporales.

Tal encuentro es, de nuestra parte, ni predecible ni controlable. La Palabra de arriba nos abruma, y nos muestra al "totalmente Otro" en el "momento eterno". En este mismo momento, la Palabra de Dios, que tocó el tiempo y la historia en la persona de Jesucristo, nos toca de nuevo. De esta manera, escuchamos la Palabra original misma, que atraviesa las distancias del tiempo, distancias que no forman una barrera ni un obstáculo para el curso de la comunicación desde la eternidad (formulación de Alasdair Heron).

Está claro cómo esta visión formó un contrapeso a Schleier-macher. Barth lo acusó de haber sustituido al hombre por Dios, a la antropología por la teología. De esta manera, se quejaba Barth, Schleiermacher excluyó la necesidad de la revelación y la autoridad de las Escrituras como vehículo de la Palabra de Dios, sin mencionar la necesidad de la fe, que Schleiermacher veía como una conciencia general de Dios más que como la respuesta obediente del hombre al "momento eterno" de la Palabra de Dios.

Al mismo tiempo, también debe subrayarse una de las diferencias más esenciales entre la ortodoxia clásica y la neoortodoxia de Barth. Radica en la distinción enfática que Barth hace entre la Biblia y la Palabra de Dios. Barth utilizó las siguientes palabras famosas sobre estas dos: "Las Escrituras son la Palabra de Dios en la medida en que Dios permite que sea su Palabra, en la medida en que Dios habla a través de ella... Así, las Escrituras se *convierten* en la Palabra de Dios en este evento, y es a su *ser* en este *devenir* a lo que se refiere la palabra 'es' en la frase que la Biblia es la Palabra de Dios". En otras palabras: "de vez en cuando, esta o aquella Palabra pronunciada por los profetas y apóstoles y predicada en la iglesia se convierte en *su* Palabra".

Es innecesario decir que me siento más cómodo con esta visión que con la teología racionalista o incluso con la teología sensitivista (es decir, modernista). Al mismo tiempo, como muchos otros cristianos, me siento incómodo con Barth porque intenta hacer algo que, en mi opinión, es verdaderamente *imposible:* encontrar una posición intermedia entre el punto de vista tradicional ortodoxo y los (supuestos) resultados de la crítica bíblica superior; entre la confesión ortodoxa bien intencionada de que toda la Escritura fue inspirada y el reconocimiento leve de que los autores bíblicos a veces cometieron errores; entre la Biblia como la infalible Palabra de Dios y la Biblia como la palabra falible y defectuosa de hombres. Una revelación no puede ser de Dios cuando, como sugirió Barth, es al mismo tiempo, en su forma escrita, irrelevante con respecto al mundo físico y a los eventos históricos (puntos en los que la Biblia supuestamente se equivoca muchas veces). Pero no es de extrañar que lo haga porque, en la visión de Barth, las Escrituras no son la revelación de Dios, aunque Dios *puede* revelarse a través de las palabras humanas de las Escrituras.

Éste es el talón de Aquiles del barthianismo, dice el teólogo británico estadunidense Colin Brown (nacido en 1932). El primer Barth enfatizó tanto el carácter sobrenatural de la revelación que parecía no quedar espacio para el mundo natural y los eventos naturales. Y el Barth posterior estaba más interesado en encontrar una interpretación teológica para los eventos que en preocuparse por su historicidad. De esta manera, trató de convertir al cristianismo en una religión esotérica y de otro mundo, en lugar de una que tiene sus raíces en la historia. Pero si pensamos que podemos tener la revelación divina sin una defensa de su fundamento histórico a fondo, el cristianismo se evapora. Desafortunadamente, Barth parecía ser indiferente a esta objeción.

Podríamos decir que, así como la teología racionalista en los siglos XVIII y XIX aisló y absolutizó el dominio escolástico de la Naturaleza (razón natural), el barthianismo aisló y absolutizó el dominio escolástico de la Gracia (incluida la revelación). Curiosamente, de esta manera, tanto el racionalismo de la Ilustración como el barthianismo continuaron, a pesar de sí mismos, presuponiendo el esquema de

Naturaleza-Gracia de la escolástica, en lugar de refutar y rechazarlo por completo. Esto es lo que la filosofía y teología cristianas radicales intentan hacer.

¿Nuevos paradigmas?

No es tan fácil señalar el surgimiento en la segunda mitad del siglo XX de un nuevo paradigma que tenga el calibre del kerygmatismo de Barth, mientras forma un contrapeso suficiente a él. No voy a entrar muy profundamente en esta cuestión; sólo enumeraré aquí algunos de los nombres que se han mencionado, como el teólogo germanoestadounidense Paul Tillich (1886-1965), o el teólogo alemán Wolfhart Pannenberg (nacido en 1928), a veces llamado la "tercera fuerza en la teología moderna", después de Schleiermacher y Barth. Pero aún no está claro si su teología tiene la misma estatura que la de ellos.

Hans Küng ha tratado de presentar un único "paradigma contemporáneo postilustrado, postmoderno", en el que incluye el kerygmatismo, la teología existencialista, la teología hermenéutica, la teología política y la teología de la liberación (incluida la teología feminista, negra y del tercer mundo). En su opinión, la teología gobernada por este paradigma debe ser veraz, libre y crítica. Pero también debe ser tanto católica como evangélica, tanto tradicional como contemporánea, tanto cristocéntrica como ecuménica, tanto teórica científica como práctica pastoral.

Por supuesto, la era postmoderna nos ha proporcionado candidatos propios para un nuevo paradigma para la teología. El teólogo estadounidense Chester Gillis (nacido en 1951) sugiere un "pluralismo" que introduce datos de otras religiones en el pensamiento cristiano. A continuación, está la Escuela de Yale en teología, con, como figuras principales, George A. Lindbeck (nacido en 1923), Hans W. Frei (1922-1988) y, de una generación posterior, Stanley Hauerwas (nacido en 1940). Este llamado movimiento "postliberal" cree que el movimiento liberal se ha estancado en meras antropologías y agendas políticas, mientras que el movimiento evangélico está luchando con una crisis de identidad aguda, colgando en algún lugar entre el fundamentalismo y el neoevangelicalismo. Se ha sugerido que el diálogo entre los evangélicos y los postliberales podría dar lugar, milagrosamente, a algún tipo de confesión común, que podría implicar un verdadero *cambio de paradigma*.

Desde la perspectiva de la filosofía cristiana radical, es interesante notar que la teología postliberal destaca no sólo el papel de la razón humana, sino también el de todo el ser humano al describir la adquisición del conocimiento teológico y del conocimiento de la fe. También podemos mencionar aquí a James K. A. Smith (nacido en 1970) con su énfasis en los aspectos sensibles y sociales del hombre, así como la importancia de las prácticas litúrgicas como la Eucaristía. Es demasiado pronto para afirmar que tal movimiento involucra realmente un nuevo paradigma que afecte a una parte considerable de la cristiandad, que incluya no sólo sectores postliberales, sino quizás incluso postevangélicos. Ya ahora, algunos hablan de una posible transformación de la teología postliberal.

Esta incertidumbre también puede verse en otros movimientos como la "teología débil", también llamada "teología no dogmática", a raíz del deconstructivismo del filósofo francés Jacques Derrida. Se llama débil debido a su actitud antiideológica, antitotalitaria, antimilitante hacia la teología.

Importantes representantes son John D. Caputo (nacido en 1940) (quien se refirió al pensamiento de Derrida como una "religión sin religión"), Gianni Vattimo (nacido en 1936) y Jeffrey W. Robbins (nacido en 1972). La idea de una teología "débil" está correlacionada con la idea de la "debilidad" de Dios, que no es, como tradicionalmente se ha creído, un poder físico abrumador, sino "una exigencia incondicional sin fuerza".

Una tercera escuela que merece ser mencionada es la "Ortodoxia Radical" británica de John Milbank (nacido en 1952), Catherine Pickstock (nacida en 1952) y Graham Ward (nacido en 1955), originalmente denominada por Milbank como "agustinismo crítico postmoderno". El movimiento ha sido influenciado por el neoplatonismo, Juan Duns Escoto (c. 1255-1308), Karl Barth y el jesuita y teólogo francés Henri-Marie de Lubac (1896-1991), quien enfatizó el antiguo esquema Naturaleza-Gracia. Recientemente, James K. A. Smith ofreció una crítica significativa a esta escuela. Subrayó la importancia de los grandes pensadores postmodernos franceses (Jacques Derrida, Jean-François Lyotard, Michel Foucault) para la teología y ha —curiosamente— establecido una conexión tanto con la tradición reformada como con el movimiento pentecostal.

Postmodernidad y ortodoxia

Debido a su "relativismo" y a su "pluralismo", las escuelas postmodernas han sido consideradas a menudo por los protestantes ortodoxos como una amenaza para sus teorías teológicas "absolutas". Esto me parece exhibir una especie de ignorancia con respecto a:

(a) El *estado de ánimo postmoderno* (incluida cierta autorrelativización saludable y apertura a otras opiniones), que caracteriza toda la cultura occidental. Esto no debe confundirse con el postmodernismo como un nombre colectivo para varias escuelas filosóficas seculares.

(b) La batalla que libramos, en común con la postmodernidad, contra el estricto *racionalismo* del modernismo, una lucha que crea espacio no sólo para factores irracionales, sino también para factores suprarracionales.

(c) La lucha común contra la fe modernista en el *progreso*. Mientras tanto, esta fe ha muerto en gran medida, aunque todavía sobrevive aquí y allá en el marxismo, y especialmente en el "tecnologismo" (por ejemplo: la tecnología informática es "moderna", mientras que Internet es, en cuanto a su contenido, una mezcla caótica de sabiduría y necedad típicamente "postmoderna").

(d) La idea postmoderna de verdad. Los dogmas son relativos (siendo obra de humanos), y la verdad en su sentido inmanente es pluriforme. (Pero, como añadirían los cristianos ortodoxos, la Verdad en su sentido trascendente, la verdad en Cristo, es absoluta e inatacable ante el bisturí disector de la razón).

(e) Los beneficios del pensamiento postmoderno. Está la idea de que deberíamos tomarnos un poco menos en serio (cf. la idea de *ironía* del filósofo estadounidense Richard Rorty [1931-2007]), con la consecuencia muy real de un creciente interés en la religión. El ateísmo, por ejemplo, es típicamente "moderno" (no "postmoderno"). La religión está de nuevo "bien"; para citar el eslogan del filósofo austriacoestadounidense Paul K. Feyerabend (1924-1994): "todo vale".

(f) La estrecha relación de la postmodernidad con la hermenéutica filosófica del filósofo alemán Hans-Georg Gadamer (1900-2002), del filósofo francés Paul Ricœur (1913-2005) y otros. Toda interpretación teológica es "contextual" (determinada por el contexto tanto del texto como del lector). Es decir, ocurre sobre la base de paradigmas que no son sólo racionales, sino también, y especialmente, suprarracionales.

(g) La necesidad de relativizar las propias normas y valores (occidentales), a través de los cuales se ha vuelto posible más respeto por otras culturas. Esto es un gran avance en misión y misología.

(h) La necesidad de enfatizar las similitudes entre las diversas denominaciones eclesiales, que son más importantes que las diferencias. Esto conduce a menos pretensión y más apertura hacia una teología pluriforme (posiblemente incluso una que sea internamente menos consistente), con más énfasis en el sentimiento, la experiencia y la acción que en el conocimiento (teórico) —en nuestra terminología: una teología con tanto énfasis en los aspectos sensibles, formativos, lingüísticos, sociales, estéticos, etcétera, como en el aspecto lógico.

Aquellos que ven los lados positivos del pensamiento postmoderno —que, nuevamente, no es lo mismo que el postmodernismo— sólo pueden concluir que, en este aspecto también, la filosofía dooyeweerdiana estaba muy por delante de su tiempo. Esto es especialmente cierto respecto al punto (b) (la batalla contra el racionalismo y el énfasis en lo suprarracional); el punto (d) (la verdad relativa de los dogmas y teorías teológicas, y más allá de ellas, la verdad absoluta en

Cristo); y el punto (f) (toda interpretación es "contextual", y en última instancia suprarracional).

El paradigma reformacional clásico

Dentro del paradigma reformacional clásico, podemos distinguir al menos tres "subparadigmas" que pueden considerarse tanto tradicionales como ortodoxos:

(a) El subparadigma *escolástico*. Éste es el paradigma de la teología protestante temprana y del protestantismo conservador ortodoxo actual, ya sea luterano o reformado, en la medida en que estos aún se apoyan en gran medida en la teología de sus predecesores de los siglos XVI a XVIII. En el siglo XIX, el teólogo reformado alemán Heinrich Heppe (1820-1879) fue uno de los representantes más conspicuos de este grupo. Pero, en gran medida, Abraham Kuyper (1837-1920) y Herman Bavinck (1854-1921) también caen en esta categoría.

(b) El subparadigma *fundamentalista*. Éste es el paradigma de muchos teólogos evangélicos, especialmente en América del Norte. Es una mezcla notable de la tradición ortodoxa y todo tipo de influencias modernas positivistas y cientificistas. Quizás su representante más notable fue el ala más conservadora del Consejo Internacional de Inerrancia Bíblica de los años setenta y ochenta, con hombres como John Gerstner (1914-1996), James I. Packer (nacido en 1926), Norman L. Geisler (nacido en 1932), Robert C. Sproul (nacido en 1939) y Greg Bahnsen (1948-1995). No puedo evitar simpatizar con este paradigma debido a las buenas intenciones con las que fue construido. Su mayor problema es simplemente que carecía de una visión radical filosófica cristiana de la realidad cósmica y del conocimiento, especialmente del conocimiento científico.

(c) El subparadigma *cosmonómico*. Éste es el paradigma basado en la visión radical filosófica cristiana de la realidad y el conocimiento desarrollada en particular por Herman Dooyeweerd de los Países Bajos, con el apoyo de su compatriota Dirk H. Th. Vollenhoven, Hendrik P. Stoker de Sudáfrica, el estadounidense H. Evan Runner y muchos otros. Puede ser llamado "cosmonómico" en referencia al nombre inglés inventado para el sistema de pensamiento de Dooyeweerd: "filosofía de la idea cosmonómica". Este paradigma enfatiza especialmente la "idea cosmonómica"; es decir, la idea de fundamento trascendental de coherencia, unidad y origen, que, según Dooyeweerd, subyace a *toda* filosofía y a *todas* las ciencias especiales. Como paradigma para la teología, ha sido desarrollado en particular por el teólogo y filósofo holandés Andree Troost (1916-2008), el teólogo estadounidense Gordon J. Spykman (1926-1993), el filósofo sudafricano Daniel F. M. Strauss (nacido en 1946), y yo mismo, desde que escribí mi disertación teológica (Bloemfontein, 1993). La intención de este paradigma es proporcionar a la teología una base verdaderamente bíblica, libre tanto del escolasticismo como del cientificismo (véanse los puntos [a] y [b] arriba).

En la presente reseña, hasta ahora he explicado las presuposiciones filosóficas. Permítanme también mencionar algunas distinciones teológicas dentro del pensamiento protestante ortodoxo sin elaborarlas. Mi primer ejemplo es el *federalismo*, el paradigma que tiene en su centro el concepto de pacto. Ni la teología católica romana ni la luterana desarrollaron alguna vez una verdadera teología del pacto. Esto sólo sucedió en la teología reformada, de modo que parece justificado hablar, con Wentzel van Huyssteen, de un "paradigma reformado". En palabras de Vollenhoven, las Escrituras "ven la religión como un pacto (*unio federalis*), conocido por la raza humana incluso antes de la caída a través de la revelación de la Palabra". Por supuesto, las Escrituras no dicen explícitamente nada de esto. Pero esto no significa necesariamente que esta visión sea incorrecta. Es un ejemplo típico de una teoría teológica, o incluso de un paradigma, diseñado para dar cuenta de los "datos científicos" que se han hecho disponibles a través de la exégesis bíblica sin ser directamente "derivados" de las Escrituras.

Examinaré el federalismo más de cerca en el próximo capítulo. Aquí enfatizaré sólo su contexto histórico. El paradigma reformacional clásico surgió como consecuencia de la Reforma del siglo XVI, la cual no sólo fue una revolución psíquica, socioeconómica, cultural histórica y pística, sino que también fue una revolución científica tal como la definió Thomas Kuhn. Implicó un trastorno del pensamiento católico romano, y dio lugar a un paradigma protestante completamente nuevo. La Reforma no destruyó el paradigma católico romano; perdura hasta el día de hoy, simplemente porque la *Iglesia* Católica Romana también perdura hasta el día de hoy. Además, además de producir su propio nuevo paradigma, la Reforma protestante también contribuyó indirectamente a una reforma dentro del catolicismo romano mismo, específicamente, a una renovación del paradigma escolástico (tomista). Concomitantemente, poco después, el nuevo paradigma protestante también fue fuertemente afectado por el paradigma escolástico y adoptó muchos elementos de él.

El paradigma dispensacionalista

Mi segundo ejemplo de un paradigma protestante ortodoxo es el paradigma dispensacionalista, caracterizado por el pre-milenialismo (la creencia de que la segunda venida de Cristo tendrá lugar *antes* del reino milenario), y ya sea una forma clásica o una forma más moderada de dispensacionalismo. Así como el federalismo distingue una serie de diferentes pactos en la historia de la salvación, el dispensacionalismo distingue una serie de varias dispensaciones, es decir, épocas, cada una con sus propias características divinas específicas. En palabras del teólogo estadounidense Cyrus I. Scofield (1843-1921, bien conocido a través de la muy bien vendida Biblia Scofield): "Una dispensación es un período de tiempo durante el cual el hombre es probado con respecto a la obe-diencia a una revelación específica de la voluntad de Dios". El teólogo angloirlandés John N. Darby (1800-1882) es ge-neralmente visto como el fundador del dispensacionalismo, mientras que el teólogo estadounidense Lewis Sperry Chafer (1871-1952) ha dado la exposición más extensa de él. Todos los dispensacionalistas son necesariamente premilenialistas, pero los premilenialistas no siempre son dispensacionalistas.

El paradigma dispensacionalista surgió a través de una re-volución "científica" en la Europa occidental del siglo XIX co-nocida como "el Réveil". Por supuesto, el Réveil también fue más que sólo una revolución en la teología científica. Tam-bién fue una revolución psíquica, socioeconómica, cultural-histórica y especialmente pística. El Réveil no destruyó el paradigma federalista —este último ha perdurado hasta el presente. Pero además de producir su propio nuevo paradig-ma, el Réveil también contribuyó a una reforma dentro del calvinismo mismo, un movimiento conocido como Neocalvinismo (Abraham Kuyper).

Como dije, tanto la Reforma como el Réveil fueron principalmente revoluciones písticas. En la medida en que también implicaron revoluciones teológicas, los nuevos paradigmas que produjeron estaban estrechamente entrelazados con los cambios písticos que estaban ocurriendo. Además, la Reforma y el Réveil fueron, en última instancia, revoluciones de carácter *trascendente religioso*. No sólo implicaron una renovación en el pensamiento, en el desarrollo social y cultural-histórico y en la vida de la iglesia, sino principalmente una renovación del corazón en muchos —aunque no todos— los involucrados en estas revoluciones. Esta renovación llevó a una nueva reflexión (preteórica) sobre la fe, y esto, a su vez, provocó la formación de los nuevos paradigmas teológicos. En este sentido, la Reforma y el Réveil involucraron "revoluciones científicas" según lo definido por Kuhn.

Esto se hace aún más obvio cuando observamos las relaciones entre estas revoluciones teológicas y el clima filosófico de los períodos en los que ocurrieron. La Reforma no puede verse separada del Renacimiento. Esto se pone de manifiesto especialmente en (a) su carácter *nacionalista*, que dio lugar a la formación de iglesias protestantes nacionales frente a la iglesia "católica" (es decir, mundial, universal), y (b) su carácter *individualista*, expresado por su gran énfasis en la necesidad de conversión personal y regeneración, el sacerdocio general de todos los creyentes, su relación personal con Dios y el estudio personal de la Biblia.

De manera similar, el Réveil no puede verse separado del Romanticismo. Ambos son ardientes, sinceros y apasionados. Ambos cultivan la susceptibilidad, la exaltación, la intensa sensibilidad, la amistad, el disfrute común de las cosas del intelecto, la nostalgia por el pasado (es decir, el tiempo anterior a la Ilustración combatida), la veneración del individuo original, la preferencia de la fe sobre la filosofía, la preferencia de lo inspirador y edificante sobre lo racional. Durante el Réveil, la mayor renovación *dentro* del paradigma reformacional clásico fue traída por Abraham Kuyper, cuyas ideas se denominan por esta razón a menudo "neocalvinistas". Para el paradigma dispensacionalista, John N. Darby fue, con mucho, el pensador más original e influyente. El teólogo reformado estadounidense Vern S. Poythress (nacido en 1946) resumió la influencia de Darby de la siguiente manera: enseñó (a) una distinción clara entre ley y gracia; (b) una distinción vertical clara entre los pueblos de Dios "terrenales" y "celestiales", es decir, Israel y la Iglesia; (c) una interpretación "literal" de la profecía en conexión con la nación judía; (d) un fuerte énfasis premilenialista y la expectativa del cumplimiento inminente de la profecía; y (e) una evaluación negativa y separatista de la iglesia institucional existente. Fue particularmente su premilenialismo, pero no su eclesiología, lo que comenzó a caracterizar rápidamente al dispensacionalismo estadunidense.

Las principales diferencias entre los paradigmas federalista y dispensacionalista pueden resumirse en las siguientes preguntas:

(a) ¿Hay un pueblo de Dios o dos? En otras palabras, ¿hay una Iglesia desde Adán hasta el último día, o hay una distinción eterna entre Israel y la Iglesia?

(b) ¿Debemos interpretar las profecías del Antiguo Testamento literalmente, es decir, principalmente con respecto a Israel, o deben ser espiritualizadas y aplicadas a la Iglesia?

¿Podría haber un tercer camino? ¿Deberíamos abogar por una combinación de (a) y (b): un cumplimiento literal de las profecías, pero en última instancia un sólo pueblo de Dios (ya sea que lo llamemos "la Iglesia", "Israel espiritual", o algo más)? ¿Podría esto incluso llevar a un paradigma completamente nuevo, en el que se integren los paradigmas federalista y dispensacionalista, como han sugerido Poythress y otros?

¿Cómo elegir?

Finalmente, llegamos a una pregunta metodológica que es crucial para toda teología sistemática: ¿cómo podemos decidir cuál paradigma teológico sistemático de los muchos que están disponibles es preferible? Los problemas implicados en tal decisión son básicamente los mismos que respectan a paradigmas científicos alternativos en todas las otras ciencias especiales. En última instancia, tales elecciones son determinadas por la cosmovisión de los científicos especiales concernidos, que a su vez está gobernada por un motivo básico religioso. En varias ciencias especiales podría mencionar ejemplos llamativos de esto (véanse los volúmenes posteriores en esta serie). ¡sólo considera la importancia de la teoría evolutiva en las ciencias de la vida, del psicoanálisis o el conductismo en la psicología clásica, del marxismo o el keynesianismo en la teoría económica!

Partiendo de los principios del paradigma evangélico *general,* nos preguntamos cómo podemos determinar qué (sub)paradigma está más cerca de la verdad bíblica: ¿el federalismo o el dispensacionalismo? Es difícil suponer que *ambos* podrían tener razón. Teóricamente, sin embargo, es posible que ambos sean parcialmente correctos, o incluso totalmente erróneos. Esto significa que los defensores del federalismo y del dispensacionalismo harían bien en al menos escucharse atentamente entre sí, para aprender tanto como sea posible el uno del otro. Cada paradigma corre el riesgo de endogamia y de cierta unilateralidad. Incluso si estamos convencidos de que nuestro propio paradigma está más cerca de la verdad que el otro, siempre podemos beneficiarnos de profundizar en el otro paradigma. Podemos incluso aprender algo útil de un estudio de los paradigmas cientificistas si, sobre la base de una visión radical cristiana de la realidad, sabemos al menos cómo distinguir la cizaña del trigo.

Incluso para algunos teólogos académicos dotados, tal polinización cruzada parece ser muy difícil. Tienen una visión simplista de este tipo de confrontación entre paradigmas. Una de las principales razones de esto es el apelativo escolástico de larga data a los *loca probantia* ("textos de prueba"), y la idea ingenua de que: (a) sus teorías teológicas han sido derivadas de tales textos de prueba; y (b) un simple llamado a tales textos será suficiente para poner en jaque al oponente. No se dan cuenta de que los textos de prueba y otros "datos bíblicos" —que ven como objetivos— siempre funcionan dentro de los límites de un paradigma. Un cierto punto que parece ser un argumento fuerte dentro del paradigma A puede no impresionar en absoluto dentro del paradigma B. Por el contrario, puede incluso causar asombro porque el mismo punto a veces se utiliza dentro del paradigma B como un contraargumento contra el paradigma A. Un ejemplo sorprendente es Colosenses 2:11-12, que es ofrecido tanto por bautistas como por paidobautistas como evidencia de sus respectivas opiniones.

Por lo tanto, una discusión sólo es útil si ambas partes al menos se preguntan cómo un cierto argumento no sólo funciona dentro de su propio paradigma, sino también en el de su oponente. Los teólogos que no tienen cierta capacidad de empatía harían mejor en no involucrarse en discusiones en primer lugar, si no quieren que el debate termine con los oponentes disparándose desde fortalezas inalcanzables e inexpugnables. E incluso si los teólogos tienen una gran capacidad de empatía, no deberían contar con persuadir fácilmente a sus oponentes. En el peor de los casos, algunos teólogos ortodoxos reprochan a sus oponentes por no estar dispuestos a renunciar a su visión evidentemente equivocada y por desobedecer las claras palabras de las Escrituras. El teólogo liberal Paul Tillich (1886-1965) llegó a afirmar que en algunos aspectos el fundamentalismo tiene "rasgos demoníacos". Esta no es la forma adecuada de desarrollar un mejor entendimiento mutuo.

Debemos recordar que tanto los paradigmas federalista como dispensacionalista son muy complejos y abarcadores por naturaleza. En estos paradigmas, muchos aspectos diferentes de las Escrituras se han reunido en un marco coherente. Pedir al federalista o al dispensacionalista que renuncie a su paradigma es pedirle que renuncie a muchas visiones diferentes al mismo tiempo. En realidad, significa que debe construir su sistema de pensamiento entero sobre una base totalmente nueva. En muchos casos, esto incluso involucra todo tipo de decisiones prácticas, a veces incluyendo la mudanza a otra denominación eclesial. Los paradigmas científicos no existen por sí mismos; en última instancia, están enraizados en un trascendente motivo básico religioso. Por lo tanto, un *cambio de paradigma* teológico generalmente involucra, entre otras cosas, cambios písticos, sociales y culturales drásticos, o, en otras palabras, una especie de conversión.

Además, el federalismo y el dispensacionalismo son internamente muy coherentes. Si uno intenta atacar un elemento en tal paradigma, los otros elementos en él inmediatamente acudirán en su defensa. Aceptamos los puntos débiles en nuestro propio paradigma —si es que somos conscientes de ellos— creyendo que el resto del paradigma es tan fuerte que puede permitirse esos puntos débiles. Al mismo tiempo, creemos que los puntos débiles en el paradigma del oponente son una prueba suficiente de que está equivocado. Sin embargo, si intentamos disparar agujeros en el paradigma del otro en esos puntos, resulta que el oponente puede fácilmente retirarse a aquellas partes de su fortaleza que considera más fuertes. Cada teólogo debería tener suficiente autoconocimiento para saber esto por experiencia. Si intentamos interpretar un pasaje de las Escrituras en nuestro propio beneficio, el oponente nos ofrecerá ya sea su "superior" interpretación, o vendrá con dos o tres otros pasajes que él cree apoyan su visión. Pronto descubrimos que estamos obligados a interpretar docenas de pasajes de las Escrituras a la vez, mientras que en realidad sólo podemos discutirlos uno por uno.

Incertidumbre

En un tiempo en el que el paradigma teológico cientificista disfruta de un gran número de adherentes, muchos teólogos conservadores sienten ansiedad. Experimentan una gran necesidad de un sistema de pensamiento poderoso y fuertemente coherente. Retirarse a tal refugio crea una sensación de seguridad. En tiempos de incertidumbre, muchos creyentes son más incapaces que nunca de manejar este desafío a sus certezas paradigmáticas. Es por eso que muchos no pueden permitirse pensar a fondo y reevaluar sus fundamentos teológicos de una manera verdaderamente exhaustiva y crítica. Se apresuran a rechazar incluso la idea de hacerlo y se niegan a entrar en los argumentos presentados. A veces incluso recurren a una actitud de arrogancia o burla —especialmente si son teólogos con alta reputación— sólo para encubrir su propia inseguridad. Por supuesto, esto es cierto no sólo para federalistas y dispensacionalistas, sino también para cualquier otra marca de teología, ya sea ortodoxa o liberal. Es humano actuar de tal manera —pero eso no lo hace correcto.

Muchos cristianos tienen grandes dificultades para aceptar que los textos de prueba que citan no hablan un lenguaje tan claro como siempre habían pensado. Como mencioné antes, incluso los teólogos experimentados parecen a veces pensar que "sólo tienen que dejar que las Escrituras hablen" para probar la corrección de sus teorías teológicas. Aparentemente, no se dan cuenta de que estas Escrituras sólo hablan de tal manera "simple" y "clara" para ellos porque las leen a través de las "lentes" de su paradigma federalista o dispensacionalista —o de cualquier otras lentes que hayan decidido ponerse. Las cosas que conciernen a la salvación son simples y claras para todos los cristianos que creen en la Biblia. La razón es que estas cosas *no son el fruto de la investigación teológica*, sino más bien el fruto de la obra del Espíritu Santo en sus corazones, que aplica el testimonio simple y claro de la Biblia a sus conciencias. "No hay salvación en ningún otro [más que en Cristo], porque no hay otro nombre bajo el cielo, dado a los hombres, en que podamos ser salvos" (Hechos 4:12). Punto. No se necesita más discusión ni interpretación.

Por supuesto, los aspectos fundamentales de la salvación pueden y deben convertirse definitivamente en un objeto de estudio para la teología (soteriología). Pero mi punto principal en este momento es que el conocimiento de ellos no es el *fruto* de la investigación teológica, sino que *precede* y *subyace* a tal investigación, porque estos aspectos son principalmente de naturaleza trascendente religiosa. Por lo tanto, son realmente *fundamentales*: separan a los cristianos ortodoxos de los liberales, no en el nivel de paradigmas racionales teóricos, sino en el nivel del conocimiento del corazón suprarracional, suprateórico y trascendente religioso (*fides qua*).

Esto es muy diferente en el caso de paradigmas como el federalismo o el dispensacionalismo. Estos *son* el fruto de la investigación académica, y como tales, son objeto de crítica teológica. Llamar a estas cosas "fundamentales", o desacreditar a los cristianos que piensan de manera diferente, es una de las causas importantes del sectarismo. De hecho, el trasfondo de esta actitud es el cientificismo. Las personas sobreestiman enormemente sus propias habilidades y hallazgos teológicos, y elevan estos últimos al nivel de verdades *fundamentales* de las Escrituras. Incluso permiten que estas teorías interrumpan a los creyentes comunes. Así, cuestiones estrictamente teológicas, como el concepto central del pacto, o de dispensaciones, se reducen a "santos y señas" (cf. Jueces 12:6), razones para divisiones eclesiales, y pruebas para determinar la ortodoxia de los demás.

Mientras no comprendamos el trasfondo racionalista cientificista de esta actitud objetable, nunca romperemos con tales tendencias sectarias, y seguiremos creando nuevas divisiones en la iglesia (aparte de las divisiones aún peores que son simplemente el resultado de enfrentamientos de personalidad entre líderes venerados). Estrictamente hablando, las teorías teológicas no son —ni pueden ser jamás— "verdades fundamentales". Son nada más que las creaciones libres de la mente de los teólogos. Por supuesto, deben ser diseñadas de tal manera que den cuenta de los datos bíblicos, como he explicado antes. Pero no es *a priori* seguro que esto se haga correctamente, o que haya sólo una forma correcta de hacerlo. Las teorías científicas son siempre falibles y defectuosas. Por lo tanto, es un pecado imponerlas a los creyentes comunes como "verdad final". Este importante asunto será tratado más a fondo en el próximo y último capítulo.

CAPÍTULO X

CONSTRUCCIÓN DE LA TEORÍA
TEOLÓGICA Y VERDAD

En este capítulo final, me dirigiré a un tema algo abstracto que no es el más fácil de este libro. Por lo tanto, espero que mis lectores ya estén más o menos familiarizados con lo que escribí en mi libro *Sabiduría para los pensadores*, especialmente en los capítulos 9 y 10 (sobre teología y verdad, respectivamente).

La verdad es un concepto fascinante, incluso desde un punto de vista etimológico. Está relacionada con el alemán *Treue* y el holandés *trouw*, los que significan "fidelidad" o "lealtad". También está relacionada con el danés, noruego y sueco *tro*, que significa "fe", una palabra que, por supuesto, está relacionada con "fidelidad". Curiosamente, la palabra griega *pistis* significa también "fe" y "fidelidad"; véase, por ejemplo, *pistis* en Gálatas 5:22, que se traduce como "fe" en la KJV y "fidelidad" en la ESV. En referencia a Dios, *pistis* se traduce como "fidelidad" (Romanos 3:3), correspondiente al hebreo *èmet* o *amnah*. En referencia al creyente, *pistis* se traduce como "fe" (Romanos 3:22-31), correspondiente al hebreo *èmunah*. Las palabras *èmet*, *amnah* y *èmunah* derivan de la raíz hebrea *'-m-n*, que significa "ser verdadero" o "ser fiel".

La palabra "verdad" también está etimológicamente relacionada con la palabra "confianza" en el sentido de "seguridad", una palabra que se deriva a su vez del latín *fides*, "fe".

Éste es un grupo interesante en varios idiomas: verdad, fe, fidelidad (fidelidad), confianza, seguridad. Dios es "verdad" en el sentido de que es tanto leal como digno de confianza. Si reflexionas sobre estos términos relacionados, pronto verás que, para captar el significado bíblico de "verdad", la noción de verdad científica no te ayudará mucho. La verdad bíblica y la verdad científica se mueven en niveles diferentes, por así decirlo. Esto es lo que intentaré explicar en este capítulo.

La noción bíblica de verdad

La palabra hebrea *èmet* puede significar tanto "verdad" como "fidelidad". Los traductores deben determinar qué traducción prefieren, por ejemplo, en Salmo 85:11, "verdad" ([NKJV, ASV]), o "lealtad" (CEF, GNB), o "fidelidad" (ESV, NIV; cf. Deut. 32:4 y Sal. 31:5 en KJV y ESV).[1] No importa cómo se traduzca, el término está relacionado fundamentalmente con la relación de fe trascendente religiosa entre el hombre y Dios. Dios es "verdad" en el sentido de que es absolutamente digno de confianza en lo que dice y hace, y merece nuestra confianza incondicional y leal (Sal. 31:6; Jer. 10:10; Rom. 3:4, 7). El hombre también debe ser "verdad"; es decir, fiel, digno de confianza, digno de la confianza de los demás (Éxodo 18:21; Neh. 7:2; Sal. 45:4).

El "Amén" bíblico significa algo así como "¡Verdadero!", "¡Realmente!", "¡Seguro!", y está relacionado con *èmet*, "verdad". En Isaías 65:16, *Èlohey amen* significa literalmente "Dios del Amén"; es decir, "Dios de la verdad" ([N]KJV, ASV, ESV), o

---

[1] Las siglas se refieren a las siguientes versiones de la Biblia: NKJV: New King James Version; ASV; American Standard Version; CEF: NKJV para niños; GNB, Good News Bible; ESV: English Standard Version; NIV: New International Version; KJV: King James Version (nota del traductor).

"el único Dios verdadero" (NIV), o "el Dios fiel" (GNB; cf. "el Dios que en quien se puede confiar", CEV). Como puedes ver, ¡no es fácil traducir términos como *èmet* y *amén* de manera consistente!

Además de estos significados elevados, la Biblia también usa "verdad" en el sentido práctico cotidiano de la palabra; es decir, en el sentido de "realidad". Esto o aquello es "verdadero" en el sentido de realmente serlo. Cuando José envió a sus hermanos de regreso a Canaán para buscar a Benjamín fue para que pudieran demostrar si había "verdad" en ellos (Gén. 42:16). Esto implica en un sentido más general la cuestión de si eran hombres dignos de confianza. Más específicamente, involucró la pregunta de si era "verdadero" que tenían un hermano menor en casa; es decir, si esto era realmente el caso. En Deuteronomio 22:20, la cuestión es si una determinada niña ha "verdaderamente", es decir "realmente", entrado al matrimonio como virgen o no. ¿Era cierto o no? En 1 Reyes 22:16, el rey Acab insta al profeta Micaías a que le diga lo que es "verdadero"; es decir, que le diga cómo están realmente las cosas. En Isaías 43:9, las naciones dicen *èmet*; es decir, "es verdadero", o "realmente es así". En Daniel 8:26, se dice de una visión que es "verdadera"; es decir, que dice cómo son las cosas "realmente" (cf. Dan. 10:1). Cuando la mujer en Marcos 5:33 le dice a Jesús toda la verdad, le dice cómo están las cosas "realmente"; lo que dijo era "correcto", correspondiente a la realidad. Cuando Pablo nos manda decir la verdad, significa que tenemos que decir cómo están las cosas "realmente" (Efe. 4:25; cf. Rom. 9:1; 2 Cor. 7:14; 12:6; 1 Tim. 2:7).

En resumen, los dos significados básicos de la verdad en la Biblia son los siguientes: (a) Es verdad en su significado

práctico *inmanente* de (conocimiento sobre) el realmente ser
así de las cosas inmanentes; o (b) es verdad en su significado
práctico *trascendente* como referencia a la relación trascendente religiosa entre Dios y el hombre; es decir, (conocimiento
sobre) el realmente ser así de las cosas trascendentes. En
ambos casos, la idea *práctica* de la verdad está involucrada, no
una *conceptual teórica*. Es esta idea práctica con la que estamos
preocupados en la ciencia, incluida la teología.

Hay una trampa aquí que debe evitarse cuidadosamente.
La verdad de una teoría teológica (ver más abajo) tiene como
objetivo la verdad bíblica en su significado trascendente
religioso, pero las dos no son idénticas, *ni jamás podrán serlo*.
La verdad científica involucra una idea teórica de la verdad,
que sólo puede ser digna de confianza si está integrada en
una visión radical cristiana de la realidad y el conocimiento.
Sólo en este caso existe la posibilidad de un vínculo entre
la verdad teológica teórica y la verdad bíblica práctica. Pero,
incluso entonces, las dos nunca son idénticas.

Teorías de la verdad

Para un cristiano el asunto de la verdad, particularmente en
su significado trascendente religioso, es de primaria importancia en toda su vida y trabajo. Jesús mismo testificó que
había venido al mundo "para dar testimonio de la verdad"
(Juan 18:37), y el apóstol Juan apela a los creyentes a "andar
en la verdad" (2 Juan 4; cf. 3 Juan 3-4; cf. el contraste en
Juan 8:44). Las personas pueden ser "ceñidas con la verdad"
(Efe. 6:14 NKJV), o "privadas de la verdad" (1 Tim. 6:5; cf. 2
Tim. 4:4; Tito 1:14; Santiago 5:19). Para el cristiano, ningún
dominio de la vida, incluida la teología, está exento de esta demanda de veracidad, de permanecer y caminar en la

verdad. Dado que el trabajo científico del cristiano también debe estar marcado por la verdad, se enfrentará a la pregunta de si, y hasta qué punto, su trabajo científico, teológico o de otro tipo, produce alguna *verdad* sobre su campo de investigación.

Para muchos científicos, incluidos los teólogos, una respuesta afirmativa a esta pregunta es bastante evidente. Muchos de ellos creen que pueden simplemente "partir de los hechos objetivos" en esa parte de la realidad que están investigando —por ejemplo, la Biblia— sin darse cuenta de que están atrapados en una visión secular de la realidad, que ha sido adoptada especialmente por el (neo)positivismo. Éste es el sistema de pensamiento que desea partir de lo que se da "positivamente", los "hechos" empíricos "objetivos" de la realidad (datos sensoriales). Muchos científicos creyentes se sorprenden al oír que una filosofía radical cristiana de la ciencia rechaza necesariamente el positivismo, incluidos conceptos como "hechos científicos objetivos" y "ciencia neutral, imparcial". Muchos teólogos apenas pueden creer que es problemático hablar de los "hechos objetivos de las Escrituras", y que no es *a priori* evidente que sus teorías teológicas representan la verdad sobre su campo de investigación.

Para los teólogos sistemáticos, este problema es aún mayor que para los científicos naturales porque para los primeros no es costumbre utilizar el concepto de "teoría" en su disciplina. Aunque puede que no estemos de acuerdo con sus presuposiciones, al menos podemos expresar nuestra apreciación por filósofos como William W. Bartley y Hans Albert, y teólogos como Wolfhart Pannenberg, Gerhard Sauter, Gordon D. Kaufman, Heinzpeter Hempelmann, David Tracy, Andree Troost, Danie Strauss y Wentzel van Huyssteen. Todos han llamado la atención de los teólogos sobre la importancia de la "teoría de teorías" para la (sistemática) teología. Es decir, la teoría, o teorías, avanzadas por la moderna filosofía de la ciencia, sobre cómo se forman las teorías científicas en primer lugar, ya sea en teología o en cualquier otra ciencia especial, o incluso en la propia filosofía de la ciencia.

Permíteme darte un ejemplo de la importancia de la filosofía de la ciencia para la teología. Algunos filósofos y científicos niegan firmemente que la ciencia tenga algo que ver con "la verdad" en cualquier sentido de la palabra. Argumentan que, en el mejor de los casos, las teorías científicas tienen alguna validez siempre que no hayan sido refutadas. Son instrumentos útiles para crear cierta coherencia entre ciertas observaciones, para hacer ciertas predicciones con respecto a la realidad y para construir ciertas máquinas en la ciencia aplicada. Más adelante veremos que esta visión se llama *instrumentalismo*.

Tal visión tiene algunas consecuencias obvias para el teólogo. Si su disciplina es realmente *científica*, ¿por qué no debería la argumentación instrumentalista que acabo de dar no aplicarse a él también? Si es cierto que él es un *científico*, entonces diseña teorías teológicas que, según esta visión, no tienen nada que ver con la verdad (o "la" Verdad). Es difícil imaginar que muchos teólogos aceptarían esta visión. Generalmente resuelven este dilema separando la teología "sagrada" de la "profana" ciencias naturales de una manera escolástica —¡y el viejo dualismo Naturaleza-Gracia aparece de nuevo! De este modo, estos teólogos pueden afirmar que las teorías científicas naturales pueden ser meramente "válidas" (por un tiempo), mientras que las teorías teológicas están relacionadas con la verdad permanente de Dios. Sin embargo, si se rechaza esta división escolástica —como abogamos firmemente— no hay razón para que la visión de que las teorías científicas no producen verdad no se aplique igualmente a la teología, como ocurre con todas las ciencias especiales.

Una cosa debe quedar clara. La cuestión sobre la posible verdad de las teorías teológicas no puede resolverse de manera intuitiva, por ejemplo, a partir de alguna intuición "bíblica" o "creyente", ya que es evidente que esta intuición puede llevar a respuestas conflictivas. La pregunta sólo puede ser respondida dentro del marco de una visión cristiana filosófica de la realidad, que incluye una perspectiva filosófica cristiana sobre la construcción de teorías científicas.

Tres teorías de la verdad

A lo largo de la historia, los filósofos de la ciencia han desarrollado varias teorías de la verdad. Voy a mencionar siete de las más importantes:

(a) La teoría *pragmática* de la escuela filosófica llamada pragmatismo (Charles S. Peirce, William James, John Dewey) establece que un juicio lógico es verdadero si "funciona", o si es útil. La verdad no es (sólo) la cualidad lógica de los juicios sino (también) la cualidad de las acciones que conducen al objetivo deseado. Lo que esto podría significar en teología lo ilustra el filósofo americano William James (1842-1910) en su libro *Pragmatism* (1907): "Si la hipótesis de Dios funciona satisfactoriamente... es verdadera". Si las acciones religiosas "funcionan"; es decir, son útiles para quienes las realizan, son "verdaderas".

Un teólogo que se inclina hacia un enfoque pragmático es Hans-Dieter Bastian (nacido en 1930). Se puede tener cierta simpatía por este enfoque porque, en la práctica, las personas apenas están interesadas en la "verdad" a menos que también obtengan algún beneficio de ella. La verdad práctica no es meramente un asunto abstracto y objetivo, sino un asunto relacional. Un problema mayor con la teoría, sin embargo, es que la "verdad" según se pretende aquí también podría encontrarse en cualquier otro libro, incluso en un libro de cuentos de hadas. Y, por el contrario, si ciertas personas afirman que, para ellas, la Biblia no es útil, o incluso les causa daño (por ejemplo, al desanimarlas con sus afirmaciones de que ciertas cosas que les gusta hacer son pecaminosas), para ellas la Biblia es falsedad.

(b) La teoría *performativa* de los filósofos lingüísticos, como el filósofo británico Peter F. Strawson (1919-2006), establece que hacemos un juicio verdadero al acordar con él. La descripción "verdadera" o "falsa" es una acción performativa; es decir, hace que el juicio involucrado sea verdadero. Por ejemplo, "Te prometo" o "Te agradezco" no son descripciones de un rendimiento, sino que son en sí mismas un rendimiento. Al decir que prometo, estoy prometiendo; al decir que agradezco, estoy agradeciendo. En la vida cristiana, ejemplos de tales afirmaciones performativas son "Te bendigo" o "Te bautizo". En la última afirmación, se involucra una acción práctica —rociar con agua o sumergir en ella— pero al pronunciar las palabras se convierte en un bautismo cristiano.

En teología, la teoría performativa parece reclamar que las Escrituras se hacen verdaderas al aceptar su contenido. Cuando las personas aceptan las Escrituras como la Palabra de Dios, se convierte en verdad para ellas. Aquí nuevamente, se puede tener cierta simpatía por esta teoría porque se podría preguntar qué significaría la verdad si no hubiera nadie que la reconociera y aceptara como tal. Como he dicho antes, la verdad es un asunto relacional.

(c) La teoría *existencialista* establece que la verdad no está determinada por la calidad lógica de las elecciones que las personas hacen, sino por la autenticidad de sus elecciones. Esta autenticidad depende únicamente de la pregunta de si las personas pueden hacer sus elecciones libre e independientemente. Lo que esto podría significar para la teología ha sido aclarado por teólogos que fueron fuertemente influenciados por el existencialismo, como Paul Tillich (1886-1965) y Rudolf Bultmann (1884-1976). Tillich se sintió inspirado por esta filosofía para formular las preguntas existenciales de la filosofía moderna, que relaciona con los símbolos de la fe cristiana. El hombre vive en "libertad finita"; es decir, en ansiedad, y, en esta situación, pide un fundamento sobre el cual apoyarse, por un poder (Dios, el Ser Infinito) en quien pueda confiarse para realizar su libertad, sus potenciales, su ser como posibilidad. La verdad es veracidad con respecto al "Nuevo Ser", que ha aparecido en Jesús.

Bultmann ve a los cristianos como personas cuyos ojos han sido abiertos por el *kerygma* cristiano al hecho de que han existido "incorrectamente"; es decir, en una autocomprensión inauténtica. Éste era el estado en el que estaban rígidamente cerrados a una verdadera existencia; es decir, rehusaban elegir o realizar su "ser" verdadero y único aún desconocido. El *kerygma* les pedía que abandonaran su autocomprensión inauténtica y existieran en lo sucesivo a la luz de su "ser adecuado" prospectivo; es decir, Dios. Los cristianos son aquellos que responden activamente al *kerygma* y experimentan la posibilidad de renunciar concretamente a su antigua autocomprensión y existir en un sentido "correcto"; es decir, en Dios. La verdad es veracidad con respecto al desafío del *kerygma* para llevar una vida verdadera de libertad y amor.

Aquí nuevamente, se puede tener cierta simpatía por esta teoría porque le da a la verdad un ámbito (*¡existencial!*) mucho más amplio que sólo los aspectos lógicos racionales de la misma, como se ha hecho tradicionalmente con frecuencia. Por lo tanto, como enfoque de la verdad cristiana práctica, es mucho más aceptable que el racionalismo tradicional. El punto es, sin embargo, que la teología científica como tal es un asunto lógico racional. Hay una diferencia tremenda entre la verdad práctica, *existencial*, y la verdad teórica; es decir, lógica. Por lo tanto, la pregunta que estamos haciendo en este momento sigue siendo: ¿Tiene la verdad teológica algo que ver con la Verdad?

Dos teorías más de la verdad

Al mirar las tres teorías de la verdad que acabo de describir, puedo explicar fácilmente por qué, en mi opinión, las teorías pragmáticas, performativas y existencialistas son inaceptables en el marco de una visión filosófica cristiana de la realidad y el conocimiento. El principal problema con las tres es que son formas de subjetivismo; es decir, ven la verdad como algo que está determinado en última instancia por el hombre, por lo que *él* encuentra útil, lo que *él* realiza, o lo que *él* elige existencialmente y auténticamente, respectivamente. Los partidarios del subjetivismo no pueden reconocer que haya —o pudiera haber— algo así como una verdad objetiva ontológica, que consiste independientemente de nuestra experiencia y de nuestra relación con esa verdad. Esta es una verdad que nos aborda desde "más allá" y que permanece verdad, incluso si no respondemos a ella, o respondemos de manera negativa.

Las siguientes dos teorías no son mejores porque tampoco desean o se atreven a aceptar una relación entre la verdad y alguna realidad cósmica "ahí afuera".

(d) La teoría de la *redundancia* dice que el juicio *A*, el cual establece que el juicio *B* es verdadero, es completamente idéntico al juicio *B* en sí mismo. Es superfluo decir, "El juicio 'el cielo es azul' es verdadero", porque esto es lo mismo que decir, "El cielo es azul". Lo que esto significa es que, en esta visión, el término "verdad" como tal es una palabra superflua. El término no se refiere a nada en la realidad, sino que se basa en una práctica convencional general. "Es azul" se refiere a una característica del cielo, se argumenta, pero "es verdadero" no se refiere a una característica de ningún juicio. Aparentemente, esta teoría de la verdad también se aleja de relacionar "verdad" con "realidad" debido a los problemas que resultarían de tal conclusión (véase más abajo).

(e) La teoría del *consenso* establece que algo es verdadero si es más o menos aceptado entre las personas. La verdad nunca es una posesión individual; la persona individual que afirma en oposición a las masas que *ella* posee la verdad simplemente se engaña a sí misma. La verdad es siempre la posesión de una comunidad. En esta visión, nuevamente, no hay relación entre "verdad" y "realidad", y, por supuesto, no hay espacio para la absolutidad: la verdad cambia a medida que cambia el consenso. Especialmente en política, esta teoría es importante: en una democracia, algo es "verdadero" cuando al menos el cincuenta por ciento lo llama verdadero.

En realidad, no muchos filósofos sostendrán una forma *pura* de esta teoría. Además, la mayoría de los filósofos suscriben una teoría de la verdad diferente, de modo que incluso, según sus propios estándares, la teoría del consenso no puede ser verdadera, porque entre los filósofos no hay consenso sobre ella. La teoría no nos protege de los deseos, de las multitudes mal informadas, de engaños ampliamente aceptados como la astrología y la numerología. La democracia es buena, no porque conduzca a alguna forma de verdad, sino porque mantiene equilibrados los poderes (véase mi *Poder al servicio*).

La teoría de la coherencia de la verdad

Ahora miremos las dos teorías que en la filosofía han jugado, y aún juegan, el papel más importante:

(f) La teoría de la *coherencia*. Esta teoría dice: "Un juicio es verdadero si y sólo si es coherente (o consistente) con los otros juicios en un cierto sistema de pensamiento". La verdad no reside en juicios separados, sino en la integración continua y coherente de juicios en un sistema. No decimos que la verdad es, sino que *se convierte*, y se completa sólo en el progreso del pensamiento. Esta teoría se encuentra especialmente en el racionalismo y el idealismo alemán (Baruch de Spinoza, Gottfried W. Leibniz, Georg W. F. Hegel, Francis H. Bradley), pero también en los escritos de varios positivistas lógicos (Otto Neurath, Rudolf Carnap, Carl G. Hempel), y en la filosofía de la ciencia, donde aparece especialmente en Thomas S. Kuhn y pensadores relacionados.

Aquí nuevamente, podemos hacer una distinción. Los adherentes consistentes de la teoría de la coherencia nunca apelarán a la "experiencia" o a la "realidad". Sin embargo, los adherentes más metafísicos no se avergüenzan de asumir alguna relación entre el sistema de pensamiento involucrado y la "realidad".

Los adherentes consistentes de la teoría de la coherencia utilizan lo que llamaría un criterio de verdad debilitado. En su visión, la verdad no es más que "validez lógica". Algo que es "verdadero" es verdadero sólo dentro del contexto de una teoría; un juicio es verdadero si es coherente con los otros juicios en una teoría. Como tal, esta teoría de la coherencia es muy importante para una correcta construcción de teorías, también dentro de la teología. Como dice el teólogo suizo Emil Brunner (1889-1966), no sólo las declaraciones teológicas no deben contradecir la verdad revelacional, sino que tampoco deben contradecirse entre sí. Una teoría es consistente (coherente) si ningún juicio en esa teoría entra en conflicto con ningún otro juicio en esa teoría. Tal teoría es "verdadera" en el sentido del criterio debilitado de verdad; es *internamente* verdadera, pero no necesariamente más que eso.

Si este criterio de verdad fuera correcto, una teoría científica nunca podría demostrar la verdad de un juicio en el sentido *óntico*; es decir, en términos de lo que realmente es, de las cosas "ahí afuera". Los juicios dentro de una teoría, o las presuposiciones filosóficas sobre las que se basa la teoría, son *ónticamente* verdaderos o falsos en el sentido de que corresponden o no corresponden con la realidad (verdad *externa*). Por supuesto, uno podría mantener la teoría de la coherencia señalando que las presuposiciones filosóficas involucradas no pertenecen a una teoría científica cierta como tal. Sin embargo, pertenecen al paradigma subyacente, que a su vez está arraigado en una cosmovisión precientífica. Además, en nuestra visión, todas las presuposiciones están, en última instancia, arraigadas en las elecciones de fe existenciales transcendentes religiosas (anastáticas o apostáticas) que se hacen en el corazón del científico. Esto significa que, en última instancia, más allá de todas nuestras reflexiones (prácticas y teóricas), estamos, en un nivel trascendente religioso, interesados en la cuestión de si nuestras visiones corresponden con la realidad, si "las cosas son realmente así" como afirmamos en nuestras teorías.

La teoría de la coherencia ciertamente tiene algún valor relativizador *dentro* del marco de nuestro pensamiento teórico. Primero, no afirmamos que una cierta teoría sea verdadera en el sentido de que *todos* los juicios dentro de esa teoría correspondan con la realidad. En segundo lugar, los juicios teóricos se basan en cierta distancia abstracta de la realidad, de modo que en su sentido completo e integral nunca *podrían* corresponder con la realidad (explicaré esto más adelante). No es teóricamente sino sólo suprateóricamente que sabemos *a priori* de una realidad objetiva (independiente del observador). Éste es el punto donde el criterio de coherencia queda corto. La cuestión de la coherencia externa de las teorías implica nuestras creencias preteóricas, en las que poseemos la certidumbre de fe trascendente religiosa de que nuestra visión práctica de la realidad corresponde con la realidad misma.

La teoría de la coherencia sufre del mismo problema que *todas* las teorías de la verdad: intenta evaluar el problema de la verdad en un nivel puramente teórico, mientras que la filosofía cristiana radical afirma que esto es *a priori* imposible. En última instancia, la cuestión de la verdad —al igual que la posible verdad de las teorías científicas, entre las que se incluyen las teorías teológicas— sólo puede resolverse en el nivel trascendente, como intentaré explicar con más detalle a continuación.

La teoría de la correspondencia de la verdad

(g) La teoría de la *correspondencia* dice: "Un juicio es verdadero si, y sólo si, corresponde con un estado de cosas que es independiente de la experiencia humana". En términos más simples, un juicio es verdadero si corresponde con la realidad. Esta teoría fue defendida en la antigüedad griega (por Platón y Aristóteles en los siglos V y VI a.C.). Posteriormente, fue sostenida por pensadores como el filósofo francés René Descartes (1596-1650) y el filósofo británico John Locke (1632-1704), y floreció en las tradiciones empiricista y positivista.

Los adherentes modernos de la teoría de la correspondencia han adoptado ya sea una visión ontológica ("un juicio es verdadero si y sólo si corresponde con la realidad descrita") o una concepción epistemológica ("un juicio es verdadero si y sólo si corresponde con los datos empíricos involucrados"). Más adelante, indagaremos un poco más en esto, así como en la teoría de la coherencia, y consideraremos su posible relevancia para la teología.

Por las razones mencionadas al final de la sección anterior, la teoría de la correspondencia como *teoría* es tan insatisfactoria como la teoría de la coherencia. Primero, ofrece muy poco porque se limita al dominio de lo lógico. Por ejemplo, no toma en cuenta que una correspondencia entre juicio y hecho puede ser *lógicamente* verdadera, pero por otras razones (por ejemplo, *morales*) puede ser falsa. Si un paciente, al preocuparse por su salud, desarrolla una dolencia física de la que no es consciente, es lógico que el médico le diga que tiene esta dolencia. Sin embargo, terapéuticamente, eso es una mentira. La verdad terapéutica es que el médico le dice que no tiene nada de qué preocuparse, para no agravar

su situación (cf. las "mentirillas piadosas" en Éxodo 1:18-19;
Josué 2:4-5; 2 Samuel 17:20; en todos estos casos sería *inmoral*
decir la verdad *lógica*).

Esta es la razón por la que varias escuelas filosóficas han
intentado diseñar teorías de la verdad que escapen a las limitaciones lógicas de las teorías actuales. Siempre que se adopte
una teoría de la correspondencia, entonces a veces es una
que afirma una correspondencia entre el comportamiento
en general (no sólo el comportamiento lógico racional) y
estados de cosas. Dooyeweerd ha expresado esto con mayor
precisión al afirmar que, además de la verdad lógica, también hay verdad histórica formativa ("esto o aquello es un
comportamiento histórico o ahistórico"), una verdad social
("esto o aquello es un comportamiento social o asocial"), una
verdad estética ("esto o aquello es bello o feo"), una verdad
jurídica ("esto o aquello es justo o injusto"), y una verdad
ética ("esto o aquello es moralmente bueno o malo") (ver
más abajo). Ninguna de éstas es una verdad lógica porque la
verdad histórica formativa, la social, la estética, la jurídica y
la ética tienen cada una sus propias cualidades modales y no
pueden ser reducidas a lo lógico.

En segundo lugar, la objeción opuesta a la teoría de la
correspondencia como *teoría* es que ofrece demasiado. Acier-
ta al asumir que hay una realidad externa, independiente
del observador, pero olvida que, como *teoría*, no tiene acceso
independiente a esa realidad para determinar si nuestras
teorías científicas corresponden a ella. La certidumbre de
que hay una realidad extramental, independiente del observador, no es en absoluto teórica. Es una fe *preteórica*, o más
bien *suprateórica*, incluso *suprarracional*, que, en mi opinión,
es de naturaleza *trascendental religiosa*. Creemos en la existen-

cia del mundo "ahí afuera" porque creemos en el Dios que creó nuestros órganos sensoriales y no nos engaña a través de ellos. No hay "teoría" alguna involucrada en esta certidumbre existencial.

La "teorización" del pensamiento práctico, incluido el pensamiento cristiano-creyente, es bastante perturbadora, como indiqué anteriormente. Para mencionar a algunos pensadores cristianos, el filósofo y teólogo holandés estadunidense Cornelius Van Til (1895-1987) escribió sobre la "teoría de la realidad" que supuestamente contiene la Biblia. El teólogo americano Norman L. Geisler (nacido en 1932) afirmó que la teoría de la correspondencia es indirectamente "enseñada" por la Biblia. El teólogo americano John S. Feinberg (nacido en 1946) establece como su opinión que los escritores bíblicos presuponen una "teoría de la verdad"; a saber, una forma de la teoría de la correspondencia.

Esta es una confusión típicamente cientificista entre, por un lado, una *teoría* filosófica de la correspondencia y, por otro, la experiencia cotidiana del hombre que, en relación inmediata con la realidad, no es consciente de ninguna teoría. Los escritores bíblicos ni siquiera eran conscientes del *problema* (teórico) de si su descripción de la realidad realmente *corresponde* a esa realidad. Esto no es porque fueran primitivos, sino porque una teoría de la correspondencia presupone la *distancia teórica* entre la realidad y el pensamiento. Esta distancia simplemente no *existe* en el pensamiento práctico, no sólo en tiempos bíblicos, sino también hoy en día entre los humanos más "modernos".

Por lo tanto, una filosofía cristiana de la ciencia *trasciende* necesariamente tanto la teoría de la coherencia como la teoría de la correspondencia. En otras palabras, la pregunta sobre la relación entre las teorías científicas y la realidad de nuestro campo de estudio puede ser respondida afirmativamente —pero sólo si entendemos que el pensamiento teórico siempre debe retroalimentarse con nuestro pensamiento práctico, y especialmente con nuestro pensamiento trascendente religioso. Sólo en nuestra fe tenemos verdadero conocimiento (existencial) de la realidad creada. Las teorías, incluidas las teorías teológicas, contienen en el mejor de los casos ciertos "elementos de verdad". Estos sólo se desplegarán si, en la actitud de fe *supra*teórica, se relacionan con la creación en su plenitud integral, unidad y coherencia, y por lo tanto con el Creador como la Raíz y el Fundamento de esta creación.

La verdad científica

Suponiendo que has leído el capítulo 10 de mi libro *Sabiduría para los pensadores*, resumiré brevemente lo que he dicho allí y lo aplicaré ahora de manera más específica a la teología.

La concepción de que las teorías filosóficas y científicas, por defectuosas y provisionales que sean, son aproximaciones a la realidad cósmica se llama *realismo* (científico). La concepción de que las teorías científicas son sólo instrumentos útiles y convenientes, que no nos dicen nada sobre la verdadera naturaleza de la realidad, se llama, como dije, *instrumentalismo*. Cuando la obra revolucionaria del erudito alemán Nicolás Copérnico (1473-1543) sobre los movimientos de los cuerpos celestes apareció en 1543, el teólogo luterano alemán Andreas Osiander (1498-1552) afirmó en un prólogo que las teorías de Copérnico debían tomarse (para usar nuestra terminología) en un sentido instrumentalista. Es decir, en la visión de Osiander, estas teorías no decían nada sobre cómo realmente funcionaba nuestro sistema solar. Para entender ese asunto, había que recurrir a la Biblia (ver, por ejemplo, Sal. 104:5, la tierra no se mueve).

El cardenal italiano Roberto Bellarmino (1542-1621) argumentó de la misma manera con respecto a las teorías del científico natural italiano Galileo Galilei (1564-1642). De manera similar, el obispo anglicano británico George Berkeley (1685-1753) defendió firmemente una visión instrumentalista con respecto a la teoría de la gravedad del científico natural británico Isaac Newton (1643-1727).

La pregunta interesante que uno podría hacer en este punto es si estos teólogos —Osiander siendo un luterano, Bellarmino un católico romano, y Berkeley un anglicano— así como muchos teólogos después de ellos, estarían dispuestos a adoptar un enfoque instrumentalista con respecto a las teorías teológicas también. ¿Por qué ser uno instrumentalista cuando se trata de teorías científicas naturales y un realista cuando se trata de teorías teológicas? Como he dicho antes, la única razón para esto sería el conocido prejuicio escolástico: el supuesto dualismo entre la *gracia*, a la que pertenecería la teología sagrada, basada en la revelación de la Palabra de Dios, y la *naturaleza*, a la que pertenecen la filosofía profana (secular) y las otras ciencias, basada en la luz de la razón natural. En cuanto uno renuncia a este dualismo y acepta el instrumentalismo, se enfrenta a la conclusión altamente interesante de que las teorías teológicas también deben verse como meros instrumentos prácticos, que no nos dicen nada sobre la realidad de las cosas.

Sin embargo, especialmente en el siglo XX, la gente comenzó a darse cuenta de que el instrumentalismo no es tan evidente después de todo. Primero, este punto de vista no puede explicar el hecho de que las teorías pueden dar lugar a predicciones arriesgadas, que además a menudo se cumplen (como ocurrió con la teoría de la relatividad de Einstein). Segundo, ¿cómo se puede explicar que ciertos "ficciones" teóricas, como el descubrimiento por Kekulé de la estructura en anillo de ciertas moléculas (por ejemplo, el benceno), pueden ahora hacerse visibles de manera casi directa con la ayuda de un microscopio electrónico? Tercero, ¿cómo puede el instrumentalismo explicar el tremendo éxito de la tecnología si las teorías físicas sobre las cuales se basa de alguna manera no tienen nada que ver con el "ser realmente así" de la naturaleza?

Las objeciones sustanciales al instrumentalismo no llevaron a un regreso al viejo realismo porque este último resultó ser demasiado ingenuo. Ya estaba claro que las teorías no son simplemente copias, imágenes, representaciones de la realidad, como se había pensado no sólo por los científicos naturales, sino también por los teólogos. Si ese fuera el caso, ¿cómo podría uno explicar que ninguna teoría tiene un carácter permanente, sino que todas las teorías, incluso las mejor establecidas —incluidas las teorías teológicas— son a largo plazo reemplazadas, o al menos fundamentalmente modificadas? Al menos *algo* tuvo que aprenderse del instrumentalismo, que había afirmado que, para cada conjunto de datos observacionales, en principio se conciben un gran número —quizás incluso infinito— de teorías. Todas estas teorías posibles pueden ser "buenas" no porque reflejen la realidad, sino porque involucran una interpretación significativa y consistente de los datos observacionales *y* hacen lugar a una ulterior comprobación de esta interpretación. Pero, ¿cómo podemos llegar a saber si una de ellas nos dice la (entera) verdad acerca del campo de estudio en cuestión, y como podemos ubicar tal teoría una y singular?

El realismo crítico

El nuevo llamado "realismo crítico" o "calificado" combina los conocimientos del viejo realismo (las teorías tienen "algo" que ver con la realidad) y el instrumentalismo (las teorías nunca pueden ser consideradas representaciones [definitivas] de la realidad). Es la visión de que las teorías no pueden ser "extraídas" (adoptadas) de la realidad como tal, sino que son inventadas, creadas, diseñadas por los científicos para explicar los datos observacionales. Este realismo sostiene, sin embargo, que las teorías que cumplen criterios académicos, de hecho, tienen que ver —sin importar en qué sentido restringido y preliminar— con el "ser realmente así" de la realidad.

El término "diseño" me recuerda una interesante observación hecha por Karl Barth: "La teología dogmática como tal no pregunta qué han dicho los apóstoles y profetas, sino qué, 'sobre la base de los apóstoles y profetas', nosotros mismos debemos decir". En nuestra terminología, las teorías teológicas sistemáticas no son descripciones de los hechos, sino respuestas a los hechos. Estas respuestas no son extraídas de la Biblia, sino diseñadas por nosotros.

Para ilustrar el realismo crítico, podemos pensar en el ejemplo que traté en el capítulo anterior: el federalismo *versus* el dispensacionalismo. Ambas teorías cumplen con las condiciones; es decir, ambas explican los datos bíblicos de manera efectiva, y ambas contienen ideas teóricas diseñadas creativamente que ofrecen posibilidades para una mayor exploración. Pero en principio podría haber muchas más teorías capaces de lograr el mismo resultado. Mientras permanezcamos inconscientes de estas otras teorías, podríamos intentar aprender tanto del federalismo como del dispensacionalismo. Pero incluso una combinación de los dos nunca puede presentarse como la verdad final respecto al asunto. Los teólogos seguirán estudiando, revisando y mejorando, y a veces verán caminos muy diferentes que les gustaría recorrer. Los realistas críticos creen que, al continuar haciéndolo, podemos estar seguros de que, a largo plazo, estaremos más cerca de la verdad sobre nuestro campo de investigación que antes.

Este carácter de las teorías teológicas aún no es bien entendido por algunos teólogos. Por ejemplo, tan recientemente como en 1998, el teólogo americano Millard J. Erickson (nacido en 1932) todavía describía lo que consideraba el método teológico definitivo completamente en términos del obsoleto método de inducción desarrollado por el filósofo británico Francis Bacon (1561-1626), el cual implica la recolección objetiva de datos observacionales, que luego se combinan para formar teorías o modelos. Ningún filósofo de la ciencia, cristiano o de otro tipo, aceptaría tal metodología hoy en día, simplemente porque ahora nos damos cuenta de que no existe tal cosa como una observación objetiva. Al igual que cualquier otra ciencia, la teología no comienza con observaciones —no sabrías por dónde empezar— sino con *problemas*, que surgen de teorías, doctrinas o dogmas anteriores. Los problemas se resuelven, no mediante teorías que supuestamente *se siguen* de los hechos científicos, sino mediante teorías que están *diseñadas* para explicar los hechos científicos —hechos que siempre están incrustados en teorías científicas. El camino adecuado en la ciencia no es de hechos a teorías, sino principalmente de teorías a hechos, y posteriormente de vuelta a teorías.

Hoy en día, los teólogos que son conscientes de la filosofía de la ciencia también han visto los grandes beneficios de un enfoque crítico realista de la teología. El teólogo sudafricano estadunidense Wentzel van Huyssteen (nacido en 1942) y el teólogo británico N. T. ("Tom") Wright (nacido en 1948) están entre aquellos que reconocen, por un lado, que la ciencia se basa en la hipótesis de que existen leyes "objetivas" y que el principal objetivo de la ciencia es el descubrimiento de estas leyes. Por otro lado, se dan cuenta de que la *formulación* de estas leyes es "inventada", y posteriormente sufre un mayor refinamiento o finalmente es refutada, de manera crítica. ¡Piensa en este fino equilibrio entre descubrir e inventar!

Sin embargo, lo que falta en tales teólogos, así como en muchos filósofos de la ciencia, es la percepción de que necesitamos *más* que el realismo crítico cuando se trata de la ciencia en relación con la verdad. Por ejemplo, donde el realismo crítico como tal no proporciona justificación para la *teoría* de la correspondencia, la filosofía cristiana radical tiene una justificación *preteórica* para nuestra fe en el mundo empírico "objetivo", una fe trascendental religiosa que subyace a todo conocimiento. En mi opinión, aquí tenemos la clave del problema sobre cómo podemos trascender todo el conflicto entre el realismo (tradicional y crítico) y el instrumentalismo, o entre la teoría de la correspondencia y la teoría de la coherencia. Cada hecho sólo puede ser verdaderamente conocido en la coherencia integral de toda la realidad empírica, lo que no es posible sin la orientación trascendente de esta realidad hacia su Creador.

La verdad suprateológica

La teología cientificista es a lo sumo consciente de ciertos "elementos de verdad". Hay al menos dos razones por las que contiene tales elementos. Primero, incluso si las personas no siempre lo reconocen, la adquisición de conocimiento está sujeta a la ley de Dios, y esta ley no puede ser evitada constantemente. Por ejemplo, los teólogos ortodoxos y liberales están sujetos a las mismas leyes de lógica, y si estas leyes son obedecidas, es virtualmente imposible evadir por completo la verdad.

En segundo lugar, la teología cientificista está históricamente enraizada en la tradición histórica ortodoxa, y por lo tanto puede aún contener muchos elementos de verdad del pasado. Inversamente, esto significa que, debido a estos elementos de verdad, los teólogos ortodoxos aún pueden aprender mucho de los teólogos cientificistas. Al igual que todos los científicos seculares, estos teólogos deben sus logros científicos, históricamente hablando, a una fe que originalmente se basaba en las Escrituras: la fe en la coherencia, la uniformidad, el conocimiento y el orden nómico de la realidad cósmica.

Al mismo tiempo, recordamos que la lógica con sus leyes no es suficiente para llevarnos a una verdad universalmente válida; es decir, plena. Esto se debe a que el aspecto lógico de la verdad, *como un aspecto*, sólo puede ser capturado en *coherencia* con todos los otros aspectos de la realidad modal completa; es decir, con la estructura integral de toda la realidad empírica inmanente modal. Por lo tanto, la verdad teológica —como verdad *lógica*— nunca puede ser la verdad *plena*. Señalo las siguientes razones para esto (cf. capítulo 10 en mi *Sabiduría para los pensadores*):

(1) La verdad teórica es una verdad *especializada* en la medida en que se refiere sólo a un aspecto modal especializado, abstraído, de nuestra experiencia plena y práctica de la realidad. Por lo tanto, el conocimiento teológico se refiere sólo al aspecto pístico de la verdad. Es necesariamente un conocimiento unilateral, desapegado, abstracto, y por lo tanto nunca es idéntico al pleno conocimiento práctico de fe del corazón.

(2) La verdad teológica es exclusivamente verdad *lógica* ("esto es lógicamente correcto o incorrecto"), no debe confundirse con la verdad *pística* ("esto es cierto o incierto, creíble o increíble, digno o no digno de nuestra fe, o de nuestra confianza"). La verdad pística es parte de nuestra verdad práctica cotidiana, mientras que la verdad teológica es una verdad teórica.

(3) La verdad lógica, la verdad pística, y todos los demás tipos de verdad sólo pueden ser comprendidos en una idea *supra*modal de la plenitud, unidad y origen de esta diversidad modal de la realidad cósmica.

(4) A su vez, tal idea filosófica de la verdad sólo es posible a través del conocimiento trascendente religioso suprateórico de la Verdad en el corazón creyente, en sumisión a la revelación divina en Cristo y en las Escrituras, y a través del poder del Espíritu Santo .

No puedo enfatizar lo suficiente que no hay brecha, ni puede haber jamás una brecha, entre alguna "verdad sobrenatural" de la fe cristiana y alguna "verdad natural" (usualmente secularizada) de pensamiento. Tal brecha sólo puede existir sobre la base del dualismo Naturaleza-Gracia escolástico, el cual rechazamos por completo.

La plenitud de la verdad

En la visión cristiana del corazón, la función lógica que surge del corazón es sólo una de muchas funciones. Por lo tanto, la Verdad, en su significado trascendente religioso, no puede ser encerrada en un pensamiento abstracto, teórico, incluida la teología teórica. Por el contrario, esta Verdad es el conocimiento supralógico, supramodal del corazón trascendente religioso. Como resultado de la regeneración y la iluminación del Espíritu Santo, este corazón está bajo la guía de la verdad revelada de las Escrituras y está orientado hacia, y lleno de, quien es la Verdad, el Cristo de las Escrituras.

Desde este corazón, esta plenitud trascendente de la Verdad brilla a través de todas las funciones de la vida modal-inmanente del hombre, y a través de todo su trabajo teórico, incluida la teología. No sólo es la teología *acerca* de la verdad de Cristo, sino que Cristo es la Verdad (Juan 14:6), también *para* la teología.

La Palabra de Dios es la "palabra de verdad" (2 Cor. 6:7; Efe. 1:13; Col. 1:5; 2 Tim. 2:15; Santiago 1:18) porque sólo sobre la base de esta Palabra puede ser posible un verdadero conocimiento de la realidad. Y el Espíritu Santo es el "Espíritu de verdad" (Juan 14:17; 15:26; 16:13) porque sólo en el poder de este Espíritu es posible un verdadero conocimiento de la realidad. Es esta verdad en su plenitud trascendente religiosa la que otorga a cada forma de verdad inmanente, calificada modalmente, su significado, validez y certeza. El hecho de que seamos "de la verdad" (Juan 18:37; 1 Juan 3:19) guía nuestra comprensión subjetiva del mundo empírico.

Por supuesto, siempre somos conscientes de que el pecado puede ser un serio obstáculo para una comprensión cristiana de la verdad. Esto sucede cuando el corazón vuelve a caer en la trampa de motivos fundamentales apostatas. Por supuesto, muchos pensadores que están influenciados por algún motivo básico no cristiano —como el escolasticismo, el cientificismo, el racionalismo o el positivismo— han descubierto estados de cosas *relativamente verdaderos* dentro de la realidad empírica. Pero eso no cambia nuestra convicción básica de que todas las verdades relativas dentro de la realidad inmanente son en última instancia verdaderas sólo en la *plenitud* de la Verdad, revelada por Dios en Cristo.

Ni siquiera la declaración lingüística más simple sobre la Biblia puede ser aislada del todo de la realidad creada, y por lo tanto de la significación de esa realidad en Cristo. Donde esto no se ve, la "verdad teológica" se reduce a "corrección lógica" o a elementos de verdad abstractos dentro de un contexto que como tal no "se encuentra en la verdad" (Juan 8:44). Cada verdad inmanente, relativa "se convierte" en verdad en el sentido pleno sólo si se refiere más allá de sí misma a la significación trascendente de la Verdad en Cristo. Inversamente, esta significación de la Verdad debe brillar a través de todo pensamiento humano, incluido el pensamiento teológico.

> "Yo soy el camino, y la verdad, y la vida.
> Nadie viene al Padre sino por mí" (Juan 14:6).

BIBLIOGRAFÍA CONCISA

Aulén, G. 1960. *The Faith of the Christian Church*. Trans. Eric H. Wahlstrom. Philadelphia: Muhlenberg Press.

Avis, P. 1986. *The Methods of Modern Theology*: The Dream of Reason. Basingstoke: Marshall Pickering.

Barth, K. 1969-1988. *Church Dogmatics*, Vol. I,1-IV,4 (14 vols.). Edinburgh: T. & T. Clark.

Bartley, W. W. 1964. *The Retreat to Commitment*. London: Chatto & Windus.

Bavinck, H. 2003-2008. *Reformed Dogmatics*, Vol. 1-4. Grand Rapids, MI: Baker.

Bloesch, D. G. 1971. *The Ground of Certainty: Toward an Evangelical Theology of Revelation*. Grand Rapids, MI: Eerdmans.

Brümmer, V. 1981. *Theology and Philosophical Inquiry: An Introduction*. London: Macmillan.

Caputo, J. D. 2006. *Philosophy and Theology*. Nashville, TN: Abingdon Press.

Chafer, L. S. 1983. *Systematic Theology*. 8 vols. Dallas, TX: Dallas Seminary Press.

Clouser, R. A. 1999. *Knowing with the Heart: Religious Experience and Belief in God*. Eugene, OR: Wipf & Stock.

Dooyeweerd, H. 1960. *In the Twilight of Western Thought: Studies in the Pretended Autonomy of Philosophical Thought*. Philadelphia: Presbyterian & Reformed Publishing Company. Traducción al español: *En el ocaso del pensamiento occidental*. Jordan Station, Paideia, 2021.

Dooyeweerd, H. 1984 (repr.). *A New Critique of Theoretical Thought, I: The Necessary Presuppositions of Philosophy* (1953); *II: The General Theory of the Modal Spheres* (1955); *III: The Structures of Individuality of Temporal Reality* (1957). Jordan Station: Paideia Press. Traducción al español: *Una nueva crítica del pensamiento teórico, I: Las presuposiciones necesarias de la filosofía* (2020); *II: La teoría general de las esferas modales* (2022); *III: Las estructuras de individualidad de la realidad temporal* (2024). Jordan Station: Paideia Press.

Erickson, M. J. 1998. *Christian Theology*. 2nd ed. Grand Rapids: Baker Book House.

Fowler, S. *What Is Theology?* Blackburn (Australia): Foundation for Christian Scholarship.

Frei, H. W. 1992. *Types of Christian Theology*. New Haven: Yale University Press.

Grenz, S. J. & Franke, J. R. 2001. *Beyond Foundationalism: Shaping Theology in a Postmodern Context*. Louisville, KY: Westminster John Knox Press.

Guarino, T. G. 2005. *Foundations of Systematic Theology*. New York: T.& T. Clark International.

Holmes, A. F. 1977. *All Truth is God's Truth*. Grand Rapids, MI: Eerdmans.

Kuhn, T. S. 1970. *The Structure of Scientific Revolutions*. 2nd ed. Chicago: University of Chicago Press. Traducción al español: *La estructura de las revoluciones científicas*. México, Fondo de Cultura Económica, 2011.

Lewis, C. S. 2009. *The Great Divorce*. San Francisco: HarperOne.

McGrath, A. E. 2001. *A Scientific Theology*. 3 vols. London: T. & T. Clark.

Michener, R. T. 2012. *Postliberal Theology: A Guide for the Perplexed*. Edinburgh: T. & T. Clark.

Oliphint, K. S. 2006. *Reasons (for Faith): Philosophy in the Service of Theology*. Phillipsburg, NJ: P&R Publishing.

Oliphint, K. S. & Tipton, L. G. (eds.). 2007. *Revelation and Reason: New Essays in Reformed Apologetics*. Phillipsburg, NJ: P&R Publishing.

Ouweneel, W. J. 2014a. *Wisdom for Thinkers: An Introduction to Christian Philosophy*. Jordan Station, ON: Paideia Press. Traducción al español: *Sabiduría para los pensadores*. Jordan Station, Paideia Press, 2021.

Ouweneel, W. J. 2014b. *Power in Service: An Introduction to Christian Political Thought*. Jordan Station, ON: Paideia Press. Traducción al español: *Poder al servicio*. Niágara: Cántaro Institute, 2024.

Phillips, T. R. & Okholm, D. L. (eds.). 1996. *The Nature of Confession: Evangelicals and Postliberals in Conversation*. Downers Grove, IL: InterVarsity Press.

Plantinga, A. 2000. *Warranted Christian Belief*. New York: Oxford University Press.

Plantinga, A. & Wolterstorff, N. (eds.). 2009. *Faith and Rationality: Reason and Belief in God*. Notre Dame, IN: University of Notre Dame Press.

Possenti, V. 2001. *Philosophy and Revelation: A Contribution to the Debate on Reason and Faith*. Aldershot: Ashgate.

Poythress, V. 1987. *Understanding Dispensationalists*. Grand Rapids, MI: Academie Books.

Scalise, C. J. 1996. *From Scripture to Theology: A Canonical Journey into Hermeneutics*. Downers Grove, IL: InterVarsity Press.

Smith, J. K. A. 2006. *Who's Afraid of Postmodernism?: Taking Derrida, Lyotard, and Foucault to Church*. Grand Rapids, MI: Baker Academic.

Smith, J. K. A. 2009. *Desiring the Kingdom: Worship, Worldview, and Cultural Formation*. Grand Rapids, MI: Baker Academic.

Smith, J. K. A. & Olthuis, J. H. (eds.). 2005. *Radical Orthodoxy and the Reformed Tradition: Creation, Covenant, and Participation*. Grand Rapids: Baker Academic & Brazos Press.

Spykman, G. J. 1992. *Reformational Theology: A New Paradigm for Doing Dogmatics*. Grand Rapids, MI: Eerdmans.

Stone, H. W. & Duke, J. O. 2006. *How to Think Theologically*. 2nd ed. Minneapolis, MN: Fortress Press.

Vanhoozer, K. J. 2005. *The Drama of Doctrine: A Canonical Linguistic Approach to Christian Theology*. Louisville, KY: Westminster John Knox.

Vanhoozer, K. J. & Warner, M. (eds.). 2007. *Transcending Boundaries in Philosophy and Theology: Reason, Meaning and Experience.* Aldershot: Ashgate.

Van Huyssteen, J. W. V. 1997. *Essays in Postfoundationalist Theology.* Grand Rapids, MI: Eerdmans.

White, J. E. 1994. *What Is Truth? A Comparative Study of the Positions of Cornelius Van Til, Francis Schaeffer, Carl F. H. Henry, Donald Bloesch, Millard Erickson.* Nashville, TN: Broadman & Holman Publishers.

ÍNDICE DE ESCRITURAS

www.ingramcontent.com/pod-product-compliance
Lightning Source LLC
Chambersburg PA
CBHW060758120626
46557CB00001B/26